DER KÜNSTLERISCHE UNTERRICHT / MALEN UND ZEICHNEN

MENSCHENKUNDE UND ERZIEHUNG

29

Schriften der Pädagogischen Forschungsstelle
beim Bund der Freien Waldorfschulen

MARGRIT JÜNEMANN
FRITZ WEITMANN

DER KÜNSTLERISCHE UNTERRICHT IN DER WALDORFSCHULE

MALEN UND ZEICHNEN

VERLAG FREIES GEISTESLEBEN

Die Deutsche Bibliothek – CIP-Einheitsaufnahme
Jünemann, Margrit:
Der künstlerische Unterricht in der Waldorfschule : Malen u. Zeichnen / Margrit Jünemann ; Fritz Weitmann. – 4. Aufl. – Stuttgart : Verlag Freies Geistesleben, 1993.
(Menschenkunde und Erziehung ; 29)
ISBN 3-7725-0229-6
NE: Weitmann, Fritz:; GT
Lektorat: Dr. Ruth Moering
4. Auflage 1993

Druck: Greiser, Rastatt

Inhalt

Die Kunst, sowohl als bildende wie als dichterisch-musikalische, wird von der kindlichen Natur verlangt. Und es gibt eine Beschäftigung mit der Kunst, die auch schon dem Kinde angemessen ist, wenn es in das schulmäßige Alter eintritt. Man sollte als Pädagoge nicht zu viel davon reden, daß diese oder jene Kunst zur Ausbildung dieser oder jener menschlichen Fähigkeit «nützlich» ist. Die Kunst ist ja doch um der Kunst willen da. Aber man sollte als Pädagoge die Kunst so lieben, daß man ihr Erleben den werdenden Menschen nicht entbehren lassen will. Und man wird dann sehen, was dieser werdende Mensch — das Kind — an dem Erleben der Kunst wird. Der Verstand wird an der Kunst erst zum wahren Leben erweckt. Das Pflichtgefühl reift, wenn der Tätigkeitsdrang künstlerisch in Freiheit die Materie bezwingt. Künstlerischer Sinn des Erziehenden und Lehrenden trägt Seele in die Schule hinein. Er läßt im Ernste froh sein und in der Freude charaktervoll. Durch den Verstand wird die Natur nur begriffen; durch die künstlerische Empfindung wird sie erst erlebt. Das Kind, das zum Begreifen angeleitet wird, reift zum «Können», wenn das Begreifen lebensvoll getrieben wird; aber das Kind, das an die Kunst herangeführt wird, reift zum «Schaffen». Im «Können» gibt der Mensch sich aus; im «Schaffen» wächst er an seinem Können. Das Kind, das noch so ungeschickt modelliert oder malt, erweckt in sich durch seine Tätigkeit den Seelenmenschen. Das Kind, das in das Musikalische und Dichterische eingeführt wird, erfühlt das Ergriffensein der Menschennatur durch ein idealisch Seelisches. Es empfängt zu seiner Menschlichkeit eine zweite.

Alles dies wird nicht erreicht, wenn das Künstlerische nur neben der andern Erziehung und dem andern Unterricht hergeht, wenn es diesem nicht organisch eingegliedert ist. Denn aller Unterricht und alle Erziehung sollten ein Ganzes sein. Erkenntnis, Lebensbildung, Übung in praktischer Geschicklichkeit sollten in das Bedürfnis nach Kunst einmünden; das künstlerische Erleben sollte nach dem Lernen, dem Beobachten, dem Aneignen von Geschicklichkeit Verlangen tragen.

Rudolf Steiner

Aus der Skizze eines Vortrags für die «Künstlerisch-pädagogische Tagung der Waldorfschule», März 1923, abgedruckt in «Der Goetheanum-Gedanke inmitten der Kulturkrise der Gegenwart», Dornach 1961 (GA 36).

Zum Geleit

In herzlichem Einverständnis mit den Autoren möchte die Pädagogische Forschungsstelle beim Bund der Freien Waldorfschulen diesen Band dem Gedächtnis des Malers *Julius Hebing* und unseres verehrten Kollegen *Dr. Erich Schwebsch* widmen. Erich Schwebsch war 1921, aus dem Berliner Höheren Schuldienst kommend, von Rudolf Steiner an die Freie Waldorfschule in Stuttgart (begründet 1919) berufen worden. Er war nach umfassenden ästhetischen, vornehmlich musikalischen Studien gerade mit seinem Buch über Anton Bruckner hervorgetreten. In der Waldorfschule wartete man auf ihn: er sollte für die aufsteigenden oberen Klassen den ästhetischen Unterricht aufbauen.

Rudolf Steiner führte damals in der Lehrerkonferenz aus: in dem Alter, in dem der junge Mensch, durch die Erdenreife hindurchgehend, selbst ein Stück Natur werde, wo auch die naturwissenschaftlichen Fächer mehr und mehr den Unterricht erfüllten, müsse ein menschlich-moralisches Gegengewicht, das der Freiheit, in die immer mehr waltenden Gesetzmäßigkeiten des Unterrichts und Lebens hereingebracht werden. Dies sei nun die Aufgabe des neu zu schaffenden Ästhetikunterrichts (des theoretischen «Kunstunterrichts» der Waldorfschule) ebenso wie der weiteren intensiven praktischen Betätigung der Kunstelemente in den Klassen 9—12.

Schwebsch hat über lange Jahre an einer Darstellung der ihm anvertrauten Aufgabe gearbeitet. Das fast fertiggestellte Werk wurde mit allen Vorarbeiten im Krieg ein Raub der Flammen. Schwebsch war wirklich berufen gewesen, auch für die Öffentlichkeit darzustellen, was von 1919 bis zum politischen Verbot 1938 in der Stuttgarter Schule selbst und in den entstandenen Schwesterschulen im In- und Ausland auf diesem Gebiet als besonderer, neuer Einschlag der anthroposophischen Erziehungskunst erarbeitet worden war. Beim begeisterten Wiederaufbau seit dem Herbst 1945 und der schnellen Ausbreitung der Waldorfschulbewegung hatte Schwebsch nicht mehr die Zeit, an einer Neufassung des vernichteten Werkes zu arbeiten; er war mit dem Aufbau der Stuttgarter Schule und des Bundes der Waldorfschulen beschäftigt, er reiste beratend zu den Neu-

gründungen, er gestaltete die zweimaligen Gesamtlehrerkonferenzen des Jahres und seit 1951 die Wiederaufnahme der Öffentlichen Erziehungstagungen der Freien Waldorfschulen in Stuttgart.
In dieser unermüdlichen, weit gespannten Tätigkeit lag ihm die besondere Mission des Kunstelementes für die Erziehungskunst Rudolf Steiners am Herzen. Er fand damals in dem Maler *Julius Hebing* einen kongenialen Freund und Helfer. In dem Kapitel «Zur Entstehung des Buches» haben Margrit Jünemann und Fritz Weitmann von Julius Hebing berichtet, als dessen Schüler sie sich empfinden. Seine Studien über Goethes Farbenlehre und ihre Fortsetzung durch Rudolf Steiner, sein durch Steiners Anregungen befruchtetes Ringen um neue Wege in der Malerei und besonders auch in der Kunstpädagogik, seine praktischen Bemühungen um die Erhaltung der Skizzen Steiners, seine Schriftenreihe «Welt, Farbe und Mensch» — all das verband sich in diesen Jahren mit der Arbeit der Waldorflehrer, durch seine Reisen zu den Schulen, durch seine Seminarkurse, durch die Einrichtung der regelmäßigen Pfingst-Maltagungen in Ulm.
Der allzufrühe Hingang von Erich Schwebsch (Pfingsten 1953) brachte in die geplanten Veröffentlichungen schwere Verzögerungen hinein: wir konnten von ihm nur zwei Bände mit gesammelten Aufsätzen aus der «alten» Waldorfschulbewegung veröffentlichen, sie sind als Band 4 und 5 in der damals neu gegründeten Schriftenreihe «Menschenkunde und Erziehung» mit den Titeln «Erziehungskunst aus Gegenwart des Geistes» und «Zur ästhetischen Erziehung» erschienen.
Auch Julius Hebings Lebenswerk ist unvollendet geblieben. Seinem Wesen lag das unermüdliche Aufgreifen der Probleme und die Ausweitung seiner Studien auf neue Gebiete. Er verstarb 1973 — bis in die letzten Monate tätig — in seinem 83. Lebensjahr.
So hat eine jüngere Generation die Aufgabe, dieses besondere Element der Waldorfschule für die Öffentlichkeit darzustellen. Wir sehen das Buch von M. Jünemann und F. Weitmann in einer Reihe stehen, die schon 1965 in der Veröffentlichung von Dr. Hildegard Gerbert über Wesen und Aufgabe des Ästhetikunterrichts begonnen wurde (Band 21: «Menschenbildung aus Kunstverständnis. Beiträge zur ästhetischen Erziehung»).
Dem hier vorliegenden neuen Band nun sollen Monographien über die verschiedenen Kunstgebiete folgen: es wird zu berichten sein über das Plastizieren, von dem ersten Modellieren in den Unterklassen bis zur plastischen Gestaltung in Ton und Stein in den Oberklassen. Es sollen sich anschließen Berichte über das handwerkliche Element, das besonders im Holz vom 6. Schuljahr an gepflegt wird und sich in den Oberklassen ebenfalls zur künstlerischen Gestaltung erhebt. In den Jahrzehnten seit

dem Wiederbeginn unserer Schulbewegung sind als wichtige Elemente der Willenspflege die Handwerksgebiete ausgeweitet worden durch Hinzunahme von Schreinern, Metalltreiben, Schmieden, Keramik. Auch das Gebiet der sogenannten «weichen» Handarbeit, das in den Waldorfschulen von Mädchen und Buben gemeinsam bearbeitet wird, in den Oberklassen fortgeführt durch Batik, Spinnen und Weben und schließlich das Buchbinden, verdient einen ausführlichen Erfahrungsbericht. Auf die grundlegende, umfassende Dokumentation zu diesem Gebiet, die wir Hedwig Hauck verdanken, ist in dem Kapitel «Zur Entstehung des Buches» hingewiesen.

Als nächste Veröffentlichung in der hier angekündigten Reihe wird hoffentlich bald das Buch über die Rolle des musikalischen Elementes im zwölfklassigen Lehrplan der Waldorfschulen erscheinen; an ihm wird schon intensiv gearbeitet. Auch die von Rudolf Steiner ausgebildete neue Bewegungskunst der Eurythmie, obligatorisches Lehrfach in allen Waldorfklassen, soll in ihrem menschenbildenden Wert behandelt werden. Schließlich verdient das sprachlich-künstlerische Element — die in allen Klassen viel geübte Rezitation, das chorische Sprechen, die dramatischen Aufführungen — eine umfassende Behandlung. In der Betreuung der geplanten Reihe über die künstlerischen Fächer im Unterricht der Waldorfschulen sieht die Pädagogische Forschungsstelle eine vordringliche Aufgabe. Immer wieder bestätigt sich den Waldorflehrern, besonders auch in unruhigen Zeitläufen der Schule (wie vor einigen Jahren), daß Wohl und Wehe des ganzen Schullebens, gerade auch der Oberklassen, von der Wirksamkeit, dem Funktionieren der künstlerischen Fächer abhängen.

Zum Schluß dieses Geleitwortes sei den beiden Autoren der Dank der ganzen Waldorfschulbewegung für ihre jahrzehntelange Arbeit auf dem besprochenen Gebiet zugerufen, zugleich auch der Dank der Pädagogischen Forschungsstelle für die gemeinsame Arbeit an diesem Buch. Herzlich sei auch *Frau Dr. phil. Ruth Moering* in Wanne-Eickel Dank gesagt für die tatkräftige Unterstützung bei der Lektorierung des Buches.

Stuttgart, Herbst 1976 *Ernst Weißert*

Zur Entstehung des Buches

Das vorliegende Buch ist aus der Unterrichtstätigkeit der beiden Verfasser erwachsen und aus den damit parallel gehenden Fachtagungen und Konferenzen mit Kollegen anderer Waldorfschulen in annähernd dreißig Jahren. Es hat also eine lange Entstehungsgeschichte, die im Zusammenhang der Lehrplan-Ausarbeitung der verschiedenen Unterrichtsfächer steht. Ihre Ergebnisse werden im Rahmen der Reihe «Menschenkunde und Erziehung» von der Pädagogischen Forschungsstelle beim Bund der Freien Waldorfschulen herausgegeben. Da die einzelnen Schulen aber auf der Grundlage der Pädagogik *Rudolf Steiners* autonom arbeiten, gibt eine solche Darstellung eine jeweils praktizierte Form des Lehrplans aufgrund gemeinsam erarbeiteter Richtlinien wieder. Das muß gerade in bezug auf den Kunst-Unterricht, der durch die besonderen Fähigkeiten des Lehrers bestimmt wird, betont werden.
Im Rahmen der Waldorfpädagogik hat der bildnerisch-künstlerische Unterricht von der ersten bis zur zwölften Klasse eine zentrale Stellung. Dabei steht die *Ausbildung von Fähigkeiten,* die der harmonischen Entwicklung des Kindes dienen, die Entfaltung seiner angeborenen Anlagen, nicht das künstlerische Ergebnis im Vordergrund. Diese Zielsetzung begründet die vielschichtigen Gesichtspunkte, unter denen Rudolf Steiner die sogenannten musischen Fächer behandelt hat. Es ist eine reiche Fülle von umfangreichen Ausführungen und kürzeren Angaben, in denen Rudolf Steiner die Richtung entwickelte, in der mit den Schülern von Stufe zu Stufe gearbeitet werden soll. Auf die Erarbeitung dieses Materials und den kontinuierlichen Erfahrungsaustausch geht unsere Darstellung zurück. Die hauptsächlichen Quellen seien hier genannt. Eine umfangreichere Bibliographie ist in den Anmerkungen vorangestellt.
Grundlegend für die menschenkundliche Orientierung und die didaktische Methodik sind die *Vorträge* und *Seminare,* mit denen Rudolf Steiner die Lehrer der ersten Waldorfschule in Stuttgart vor deren Eröffnung im September 1919 auf ihre Tätigkeit vorbereitete*. Als Leiter dieser Schule in ihren

* Anmerkungen siehe Seite 225 ff.

ersten fünf Jahren entwickelte er mit dem Kollegium in 70 Konferenzen den Aufbau von Klasse zu Klasse, faßte die Erfahrungen zusammen und gab im einzelnen Hinweise und Ratschläge. So stark der Tenor dieser Konferenzen von der jeweiligen Situation bestimmt ist, so richtungweisend sind sie doch in allem Grundsätzlichen.
In den gleichen Jahren 1919—1924 hielt Rudolf Steiner pädagogische Vorträge in der Schweiz, in England und Holland, wo lebhaftes Interesse an der Einrichtung ähnlicher freier Schulen bestand. In Stuttgart setzte er die Vorträge über spezielle Gebiete der Pädagogik fort.
Selbstverständlich wurden diese Themen auch in vielen anderen Vorträgen berührt, ganz besonders da, wo er über Fragen der Kunst sprach. Diese Ausführungen sammelte *Hedwig Hauck*, Handarbeitslehrerin in der ersten Stuttgarter Schule, in dem umfangreichen Werk «Handarbeit und Kunstgewerbe», das 1937 zum ersten Mal erschien*.
Eine erste Übersicht über den Lehrplan gab die Klassenlehrerin *Caroline von Heydebrand* schon 1925 heraus*. Ihre einleitende ausführliche Charakteristik der Grundlagen und der Situation ist auch heute noch unübertroffen. *E. A. Karl Stockmeyer*, ebenfalls Lehrer des Gründungskollegiums, hat dann 1955 nach der Vorarbeit von zwei Jahrzehnten eine Quellensammlung herausgegeben, in der die Angaben Rudolf Steiners, nach Fächern und nach Klassen geordnet, zusammengetragen sind*, ein für die interne Arbeit der Kollegien und für jeden einzelnen Lehrer unentbehrliches Werk. In ihr ist auch eine Zusammenschau über den künstlerischen Unterricht enthalten. Darin ist eine Bemerkung aus einer Konferenz im November 1920 erwähnt, mit der Rudolf Steiner einen «ordentlichen Lehrplan für die unteren Klassen» in Aussicht stellt, zu dem es dann nicht mehr gekommen ist. Auch die in Umrissen gegebenen Lehrpläne für andere Fächer sind nicht als einmal festgelegte Vorschriften gemeint, sondern sie zeigen die auf der Kenntnis der kindlichen Entwicklung beruhenden pädagogisch-didaktischen Methoden und die entsprechenden Stoffgebiete im Zusammenhang mit der Situation der jeweiligen Altersstufe. Daraus ergibt sich für die Waldorflehrer ein ständiger Prozeß der Erarbeitung aus der sich verändernden Zeitlage heraus. Das geschieht in wöchentlichen Konferenzen innerhalb der Kollegien, in jährlichen Arbeitstagungen im Rahmen des Bundes der Waldorfschulen, in Fachtagungen und in Publikationen, in denen einzelne Unterrichtsgebiete methodisch ausgearbeitet werden. Sie erscheinen in der oben erwähnten Reihe.
Als eine derartige Veröffentlichung versteht sich die vorliegende Arbeit. Ihr liegt die Unterrichtspraxis M. Jünemanns als Klassenlehrerin der ersten bis achten Klassen und F. Weitmanns als Lehrer für den Kunst- und Werk-

unterricht zugrunde. Beide haben seit 1952 an Mal-Tagungen teilgenommen, die vom Bund der Waldorfschulen für Waldorflehrer eingerichtet und von dem Maler *Julius Hebing* geleitet wurden. Julius Hebing hat eine umfangreiche, leider unvollendete Schriftenreihe «Welt, Farbe und Mensch» veröffentlicht, das schriftliche Ergebnis seiner Lebensarbeit, die darin bestand, die Farbenlehre Goethes und ihre Weiterentwicklung durch Rudolf Steiner als Grundlage einer neuen Malerei praktisch darzustellen*.
Experimente zur Farbenlehre und malerische Übungen konnte Hebing mit Lehrern und Seminaristen im Rahmen der Stuttgarter Waldorfschule viele Jahre lang durchführen. Später wurde diese Arbeit von den Lehrern selbst fortgesetzt und geht Jahr für Jahr weiter. Die Verfasser sind mitgestaltend daran beteiligt. Ihr Erfahrungsbereich dehnte sich damit über ihre Unterrichtstätigkeit in die Zusammenarbeit mit den Kollegen aus dem ganzen Gebiet des Bundes und des näheren Auslandes aus. Da sie auch künstlerische Arbeitsgruppen in den pädagogischen Sommerwochen des Bundes der Waldorfschulen für Staatsschullehrer und andere Pädagogen und innerhalb der Studentischen Seminare leiten, begegnen sie sich wiederholt mit anderen Kunsterziehern und deren Fragestellungen. Die sich aus dieser Arbeit mit Erwachsenen ergebende Forderung nach theoretischer Darstellung zwang zu immer neuer Vertiefung in die Ausführungen Rudolf Steiners und in die Hebingsche Arbeit. Auf diesem Hintergrund ist der Versuch zu sehen, den bildnerisch-künstlerischen Unterricht der Waldorfschule in einem ersten Ansatz methodisch von der ersten bis zur zwölften Klasse zu entwickeln. Dabei kann von einem eigentlichen Lehrplan nur in den unteren Klassen gesprochen werden, während später mehr Prinzipielles behandelt und einzelne Anregungen gegeben werden können. Wie unmittelbar alles aus den Angaben Rudolf Steiners abgelesen ist, zeigen die Hinweise, die von Seite zu Seite die entsprechenden Zitate bzw. die Quellenangaben bringen.
Dem Bund der Waldorfschulen und allen helfenden Kollegen möchten wir für die Unterstützung unserer Arbeit sehr herzlich danken. Sie konnte wirklich nur in diesem kollegialen Zusammenhang entstehen.

Ulm, Herbst 1976

M. Jünemann
F. Weitmann

Aquarellfarbe als Malmittel

Wer zum ersten Mal eine Ausstellung von Schülerarbeiten einer Waldorfschule besucht, dem werden vermutlich die Malereien besonders auffallen. Ihr Eindruck ist ungewohnt. Wir wollen versuchen, einen solchen Eindruck zu schildern, ohne auf Einzelheiten oder Unterschiede, die sich durch die Altersstufen ergeben, einzugehen.
Zunächst sehen wir auf den Bildern mehr oder weniger kräftige, leuchtende, und vor allem durchscheinende Primär- oder Mischfarben. Sie sind in verschiedenen Klangverhältnissen abgestimmt. Ihre Eigenart ist: sie scheinen zu schweben; sie haben nicht die dichte Stofflichkeit der Lokalfarben, die den Gegenständen der Umgebung anhaften. Die Farbflächen sind nicht von Konturen begrenzt, zeigen keine Vorzeichnung, keine Linie. Sie bewegen und begegnen sich frei im Bildraum, mischen und verdichten sich gemäß der ihnen innewohnenden Kräfte und Tendenzen. Für die Empfindung lassen sie sich nicht auf der Fläche fixieren, sondern treten aus ihr hervor oder scheinen hinter sie zurückzugehen.
Trotzdem sind die Bilder nicht ohne Formen, im Gegenteil. Die verschiedenen Farbgegensätze haben Spannungen, Verdichtungen und Abgrenzungen, die formbildend sind. Diese Formen gehen aus dem Farbgeschehen selbst hervor, nicht aus einem anderen Formelement wie der Linie. Wer in sensibler Weise solche ungewohnten Eindrücke erstmals intensiv aufnimmt, kann gelegentlich das Gefühl bekommen, daß er den Stützpunkt verliere. Dabei muß man sich klarmachen, daß bei jeder Häufung von Gleichartigem wie gerade bei einer solchen Ausstellung das Besondere eine erhebliche Steigerung erfährt. Die Werbung macht sich das bekanntlich zunutze. Auch von den ersten Impressionisten-Ausstellungen in den siebziger Jahren des 19. Jahrhunderts ist bekannt, daß Besucher häufig das Gefühl bekamen, den Boden unter den Füßen zu verlieren. Aber der Impressionismus hat doch Boden gewonnen.
Das zeichnerische Formelement wird in der Waldorfschule gesondert gepflegt. Formenzeichnen, das parallel zum Malunterricht stattfindet, wird noch ausführlich behandelt werden. Die Trennung von Malerischem und

Zeichnerischem gehört zum Prinzip der Anwendung reiner Gestaltungsmittel.

Mit der Schilderung der farbigen Bildeindrücke einer solchen Ausstellung ist weitgehend auch schon die Eigenart des angewandten Malmaterials — der Aquarellfarbe — wiedergegeben. Mit keinem anderen Mittel lassen sich ähnliche Wirkungen von Klarheit, Transparenz und Leuchtkraft gleichzeitig erzielen.

Das lebendige Wesen der Farben spricht das Seelische der Welt aus und gibt zugleich dem Erleben der Menschenseele Ausdruck. Bewußt oder unbewußt erleben wir die Farben seelisch; ob wir sie draußen wahrnehmen oder in der inneren Vorstellung: immer verbindet sich damit ein seelisches Erlebnis. An einem heiteren, farbenfrohen Tag sind die Menschen anders gestimmt als an einem trüben. Naturstimmungen sind Seelenstimmungen. Auch das Seelenleben des Menschen äußert sich durch das Medium der Farbe. Das ist bei Freude, Trauer, Zorn, Langeweile jedem geläufig. Noch intensiver, unmittelbarer als der Erwachsene erlebt das Kind die Farben seiner Umgebung. Mit welchem Entzücken läuft es in eine bunte Wiese, jagt einem farbigen Schmetterling nach!

Dieses Seelenelement kann sich am stärksten in dem durchscheinenden Medium der Aquarellfarbe zur Geltung bringen. Sie wird deshalb in der Waldorfschule aus pädagogischen, nicht zuletzt aber aus malerischen Gründen fast ausschließlich verwendet. Für das bildsame, sich entfaltende Kindeswesen ist sie ein ideales Gestaltungsmittel. Das Kind ist erfüllt von schöpferischer Phantasie, die es in sein Dasein mitbringt und im Hereinwachsen in die irdischen Lebensverhältnisse betätigen will. Diesen Zusammenhang von schöpferischer Innen- und geformter Außenwelt auf immer neue Weise lebendig zu machen, so daß auch später für den Erwachsenen alles Gewordene als Ergebnis eines ursprünglich Schöpferischen erscheint, ist Aufgabe der Erziehung. Für das malende Kind ist es darum auch wichtig, immer wieder von neuem zu erleben, wie die flüssige Farbe beim Auftrocknen auf dem Papier erst langsam fest wird.

Bei den ausgestellten Schülermalereien hat man nur das Ergebnis, wichtiger noch ist der Entstehungsprozeß, den man hinzunehmen muß. Da sind in erster Linie die Kinder zu schildern, die während des Malens so an ihr Tun hingegeben sind, als hinge ihr ganzes Glück davon ab, wie sich die Farben durch den mehr oder weniger geschickt geführten Pinsel auf dem Papier gestalten. Es ist ihnen anzusehen, wie intensiv sie das Leben der Farben mitmachen, ihr Tun und Leiden, ihr sieghaftes Kämpfen und demutvolles Entsagen. Im einzelnen wird noch zu schildern sein, wie das Kind durch den regelmäßigen Umgang mit der Farbe seine Sinnesnatur schult.

Die Kinder haben kleine Tiegel mit in Wasser gelösten Primärfarben neben sich, in die sie ihre flachen Pinsel tauchen. Das erinnert an den Fresko-Maler, der schon immer seine wäßrigen Farben in Tiegeln zubereitete und aus ihnen malte.

Aquarellmalerei setzt die Verwendung des Papiers voraus, das im späteren Mittelalter das Pergament ablöste. Das weiße Papier dient zugleich als reflektierende Lichtquelle für die transparenten Wasserfarben, die ausschließlich verwendet werden. Sie sind mit leicht löslichen Bindemitteln wie Gummi arabicum, Dextrin, Tragant, Fischleim u. a. gebunden. Man erhält sie in festen Stückchen, Tuben, Gläsern oder Dosen. Eine Malerei, bei der außer Aquarell- auch Deckfarben mitverwendet werden — Gouache — wird im strengen Sinn nicht als Aquarell bezeichnet. Der Farbauftrag erfolgt in hergebrachter Weise mit einem weichen, rundspitzen Pinsel, der auf den zeichnerischen Ursprung des Aquarells deutet. Dem Flächencharakter des rein Malerischen entsprechend, ist heute der flache Pinsel angemessener. Vor dem Malen muß das durchfeuchtete Papier auf eine feste Unterlage gespannt werden. Wählt man eine verfließende Malweise, so wird auf dem noch feuchten Grund gearbeitet; möchte man aber die Malerei in Schichten aufbauen, so muß das Trocknen des Papiers und der aufgetragenen Farben jeweils abgewartet werden.

Wie die verschiedenen Maltechniken in den einzelnen Altersstufen im Unterricht angewendet werden und was dabei zu beachten ist, wird noch ausführlich behandelt.

Oft taucht die Frage auf, ob außer der Aquarellfarbe noch andere Malmittel verwendet werden sollen. Für den speziellen Malunterricht wurde das erzieherisch Wirksame des Aquarells deutlich zu machen versucht; es ist durch nichts anderes zu ersetzen. Auf anderen Gebieten jedoch malt und zeichnet man zur Vertiefung des Unterrichtsinhalts, z. B. im Zusammenhang mit dem Erzählstoff, im Religionsunterricht, in der Landbau- und Hausbau-Epoche* und im naturkundlichen Unterricht. Hier hat das malende Tätigwerden einen mehr unterstützenden Charakter; Öl- und Wachsmalkreiden sind dafür geeignet. Besonders bewährt haben sich die eigens für solche Zwecke entwickelten Wachsmalblöcke, die das flächige Arbeiten begünstigen (Näheres findet sich im Abschnitt «Erzählendes Malen»). Die Herstellung von Kulissen für Theateraufführungen der Schüler bietet die Gelegenheit, auch mit Deckfarben — Leim-, Dispersions-, Plakatfarben — zu arbeiten. Eine ausführliche Darstellung über verschiedene Malmittel mit praktischen Anweisungen zum Malen hat J. Hebing in der Schriftenreihe «Welt, Farbe und Mensch», Heft L, gegeben*.

Die Frage des Malmaterials hat noch weitere Aspekte. Der pädagogische

Gesichtspunkt ist von dem des Malers nicht eigentlich zu trennen. Gewiß, dem Maler steht die Wahl der Malmittel nach jeder Richtung hin offen, er kann, seinen künstlerischen Intentionen folgend, frei entscheiden. Aber die Beschaffenheit des Malmittels hängt mit dem Wesen der Farben doch eng zusammen. Wie nähern wir uns nun diesem Wesen Farbe, wie können wir es begreifen?

Am reinsten offenbart es sich in den uns vertrauten Erscheinungen des Regenbogens, des schillernden Tautropfens, der auf- und untergehenden Sonne, des blauen Himmels. Wir erleben Farben als Urphänomene im Naturzusammenhang — wir können sie aber auch im prismatischen Versuch hervorbringen. Hier wie dort erscheinen sie uns als reine Lichtfarben, ohne jede Stofflichkeit. Sie offenbaren sich sinnlich und sind doch immateriell. Sie entstehen im Zusammenwirken des Lichtes mit der Finsternis. Daraus folgt, daß ein Malmittel um so mehr dem Farbwesen entsprechen wird, je weniger dicht das Mittel ist. Die reinste Malerei wäre eine Art Lichtmalerei, wie sie die Natur tatsächlich immer wieder vor die Sinne zaubert. Die Freilichtmalerei der Impressionisten ging in die Richtung solcher Bestrebungen. Die Neoimpressionisten gingen in ihren malerischen Experimenten bewußt von der Lichtfarbe aus und versuchten, durch wohldurchdachte Farbzusammenstellungen auf ihren Bildern farbige Lichteffekte im Auge des Betrachters hervorzubringen. Heute kann man die kinetischen Arrangements mit ihren farbigen Licht- und Schattenspielen, die auf matten Glasscheiben programmatisch ablaufen, als solche Lichtmalereien ansehen.

Im herkömmlichen Sinn kann man aber weder mit Licht noch mit Luft malen, während im nächst dichteren Element, dem Wasser, ein Medium gegeben ist, das sich wie kein anderes eignet, die Lichtfarbe zur Malfarbe umzuwandeln. Seine lebendige Natur, seine Durchsichtigkeit und Farblosigkeit machen es zum idealen Farbträger. Es zeigt sich in steter Bereitschaft, selbstlos Farbe aufzunehmen. In atmosphärischer Verdünnung bildet es die Grundlage für das farbige Schauspiel am Morgen- und Abendhimmel oder für die Erscheinung des Regenbogens. Die ruhige Wasserfläche zeigt das obere Geschehen in der unteren Erlebnisebene gespiegelt. Immer haben Landschaftsmaler wasserreiche Gegenden wegen ihrer Farbigkeit besonders gern aufgesucht. Die Engländer als Inselbewohner und Seefahrer bevorzugten die Aquarellmalerei und brachten sie zu besonderer Entfaltung bis zur Meisterschaft eines William Turner.

Die Entwicklung der Malerei bedeutet zugleich eine Entwicklung ihrer Malmittel und -techniken. Aus frühen Hochkulturen tritt uns das monumentale Wandbild als Wasserfarbenmalerei entgegen. Die Malereien in den ägyptischen Grabkammern sind vorwiegend mit deckenden Erdfarben auf Stein oder Kalkputz ausgeführt. Pompejanische Zeugnisse weisen auf eine wunderbare Wandbildkultur zurück, die neben der griechischen Bildhauerkunst bestanden hat. Dabei handelt es sich um Freskomalereien. Auch die frühchristlichen, mittelalterlichen und Renaissance-Fresken geben ein vielfältiges Bild von dieser ursprünglichen Wasserfarbenmalerei, die von der vielbewunderten geglätteten Fresko-Technik von Pompeji bis zum späten, von Giotto ausgehenden klassischen Buon fresco reicht. Gemalt wird auf den noch feuchten Kalkputz wie beim Aquarellmalen auf feuchtem Papier. Hier wie dort haben wir den Übergang von der flüssigen zur fixierten Farbe — beim Fresko zur kristallisierten Farbe, die ihm sein eigentümliches, zauberisches Leuchten gibt.

Dagegen wurde das Tafelbild mit der dichteren Tempera- oder Kaseinfarbe auf Holz gemalt; die letzten Übermalungen wurden jedoch lasiert. Auch die später aufkommenden Harzöl- und Ölfarben wurden zunächst als Lasur verwendet, um dem mit Temperafarben vorgearbeiteten Bild Glanz- und Tiefenwirkung zu geben. Mit dem allmählichen Verlassen des handwerklich-fundierten Bildaufbaus wurde schließlich die Ölfarbe direkt aus der Tube, manchmal sehr dick, zuweilen mit dem Spachtel auf die Leinwand aufgetragen. Den materialistischen Zeittendenzen entsprechend, wurde die dichte Farbmaterie bevorzugt und der Farbauftrag bis in die Nähe des Plastischen gebracht. Heute gibt es Bildwerke, die aus allen nur denkbaren Werkstoffen, aus Abfallprodukten unserer industriellen Welt montiert sind. So sehen wir im Bereich der künstlerischen Mittel einen Vermaterialisierungsprozeß sich abspielen, der von der flüssigen, kristallisierenden, glitzernden Farbe ausgeht und schließlich bis zur Verwendung härtester Materialien in der Bildgestaltung kommt. Dadurch sind die seelischen Ausdrucksmöglichkeiten verarmt. Ein Punkt ist erreicht, von dem aus keine Weiterentwicklung in dieser Richtung mehr denkbar ist, sondern nur noch Variationen weiterer Erstarrungen möglich zu sein scheinen.

Hier muß eine Neuorientierung einsetzen, eine Besinnung auf die Ursprungskräfte des Malerischen. Sie liegen in der Farbe selbst. Man hat sich soweit von der malerischen Kunst entfernt, wie man sich von der Farbe entfernt hat. Die Geschichte der Malerei zeigt, daß sie immer neue Seiten des Farbwesens zur Erscheinung bringen konnte. Und ganz gewiß sind diese schöpferischen Quellen noch lange nicht versiegt. Sie sind dort zu suchen, wo die Farbe an der Grenze des Sinnlichen zum Übersinnlichen erscheint, als Botschafterin einer geistseelischen Welt. Es ist das Verdienst Goethes, die Farbe als ein «sinnlich-sittliches» Wesen erkannt zu haben. Nicht minder bedeutend ist Rudolf Steiners Leistung, der Goethes Farbenlehre erst

eigentlich erschlossen und weitergeführt hat. Im Hinblick auf das Malmittel scheint eine weitere Entwicklung sich deutlich abzuzeichnen. Wer das Kunstschaffen geschichtlich nicht geradlinig, sondern in Pendelschwüngen sich vollziehen sieht, der muß an diesem Punkt den Umschwung in der Gegenrichtung erwarten. Das kann nur ein Weg der Entmaterialisierung und Entstofflichung des Malmaterials und der Farbe sein, ein Weg, der aus der Erstarrung heraus wieder zum Flüssigen, zum Lebendig-Schöpferischen der Farbe führt.
In diesem Zusammenhang sei auf eine interessante Erscheinung aufmerksam gemacht. Neben der allgemeinen Entwicklung der Malerei hat sich fast unbemerkt ein selbständiger Zweig herausgebildet: die Aquarellmalerei. Ihre Wurzeln sind einerseits in den mit Aquarellfarben kolorierten Holzschnitten, andererseits in den farbig ausgetuschten Federzeichnungen des Spätmittelalters, den Buchillustrationen zu suchen. Entscheidend dafür war die Verwendung des neuen Werkstoffs Papier, der das Pergament und die mit ihm verbundene Deckfarbenmalerei verdrängte. Die eigentliche Entstehung des Aquarells fällt zusammen mit der Entstehung der grafischen Hell-Dunkel-Kunst in der beginnenden Neuzeit. Beide Kunstgattungen werden durch Dürer repräsentiert. Seine vollendeten Aquarelle sind gleichsam Schöpfungen aus dem Nichts heraus. Und mehr noch: mit ihnen wird zu gleicher Zeit die Landschaftsmalerei geboren. Lange Zeit bleibt Dürer der einsame Gipfel, er findet kaum oder nur wenig Nachfolge, ja, er hörte selber mit dem Aquarellmalen unvermittelt wieder auf. Die Zeit des Aquarells war noch nicht gekommen.
Im 16. und 17. Jahrhundert war die aquarellierte Federzeichnung gebräuchlich, die vielfach im Dienst von Forschung und Wissenschaft stand. Auf Expeditionen und Seefahrten wurden Maler mitgenommen, die die neuen Eindrücke im Bilde festhielten. Dabei erwies sich das Aquarell als ideales Kunstmittel. Aquarellieren wurde schließlich Mode der reisenden Engländer, die im 18. Jahrhundert in Scharen nach dem Süden zogen. Dadurch wurde die hohe Kunst des Aquarellmalens in England auf breiter Basis vorbereitet, die in Künstlern wie J. R. Cosens, Girtin, Cotman, Constable, Bonington, mit Turner an der Spitze, hervortraten. Eine wichtige Vorstufe bildeten die sogenannten monochromen Aquarelle der französischen Maler Lorrain und Poussin. Ihre mit Tusche und Pinsel lavierten Landschaftsbilder zeigen bereits die typische Transparenz und Lichtwirkung eines Aquarells. Besondere Bedeutung gewinnt dann der Holländer van Dyck, der durch seinen Aufenthalt in London ein direktes Zwischenglied zur englischen Aquarellkunst bildet und dessen Kunst in England in hohem Ansehen steht. Von den englischen Malern ist es zunächst Bonington, der auf den Konti-

nent stärksten Einfluß ausübt; man spricht von «Boningtonismus» und im weiteren Sinn von einer sich in Europa ausbreitenden «Anglomanie». Turner, als virtuoser Künstler anerkannt, wurde jedoch in seinem Haupt- und Spätwerk nicht verstanden — zu weit war er seiner Zeit voraus. Erst mit dem Verständnis für Impressionismus und Expressionismus tritt sein Werk voll in das Zeitbewußtsein ein.

In Deutschland sind es die Romantiker, unter ihnen in erster Linie Carl Blechen, die im Aquarell ein adäquates Mittel für den Ausdruck ihres beseelten Natursinns finden. Ebenfalls herausragend sind der Tiroler Joseph Anton Koch und nicht zuletzt der Österreicher Rudolf von Alt, dessen Lebenswerk ausschließlich im Aquarellbild besteht. Die Freundschaft Boningtons mit Delacroix, der auf die Künstler des 19. Jahrhunderts eine entscheidende Wirkung ausübte, begünstigte die Ausbreitung der Aquarellmalerei in Frankreich. Die Freilichtmaler von Barbizon bedienen sich ihrer ebenso wie die Altmeister des Impressionismus Pissarro, Manet, Monet, Renoir, um nur einige Namen zu nennen. Van Gogh und zeitweise auch Gauguin benützen das Aquarell für spontane Farbgestaltungen. Ganz besonders aber kommt diese Malweise dem drängenden Ausdruckswillen der «Fauves», den französischen Expressionisten entgegen. Die Bilder organisieren sich zu einem wahren Farbenzauber, man spricht von «Farbaggressionen» der Künstler, zu denen der frühe Matisse, Derain, Vlaminck, Manguin gehören.

Schließlich wird Cézanne zum neuen Ausgangspunkt. Sein Bestreben ist es, aus der flüchtigen Erscheinungswelt des Impressionismus eine «dauerhafte Kunst» zu machen. In den Aquarellen, die seinem Spätwerk angehören, kommen seine Absichten am reinsten zum Ausdruck. In der von ihm entwickelten Farben-Schicht-Technik kommt er zu flächig-kristallinischen Lichtwirkungen von besonderem Reiz.

Cézannes Aquarelle bedeuten einen Wendepunkt in der künstlerischen Auffassung. Das seit Dürers Zeiten nachklingende Abbildhafte wird abgelöst durch «das antwortende Gegenbild des menschlichen Geistes» (Haftmann)*, das dem Naturbild entgegengestellt wird. Damit ist der Grundzug des modernen Aquarells, und der modernen Kunst schlechthin, bezeichnet. Das Aquarell bekommt eine neue Funktion. Nicht nur für die nachfolgenden Kubisten, die ihn als geistigen Vater betrachten, sondern auch für die Vertreter anderer Richtungen wird Cézanne zum großen Anreger.

Die Expressionisten und «Fauves» profitieren von ihm ebenso wie die Maler des «Blauen Reiter» und des Bauhauses oder die surrealistischen Maler. Ob wir an die ausgewogenen kubistischen Farbkompositionen Delaunays denken, oder an die abstrakten Bilder Kandinskys als letzter

Konsequenz aus Cézannes neuer Sehweise, oder an die mehr poetischen Farbdichtungen Klees oder Chagalls — sie sind kaum ohne Cézannes Wirken zu denken. Und wer den kostbaren Aquarellen Mackes von seiner Tunisreise, die er gemeinsam mit Klee unternahm, je begegnet ist, wird sie nie mehr vergessen. Klee selber ist auf dieser Reise, die man eine Sternstunde der Malerei und des Aquarells nennen kann, eben durch das Aquarell zum Maler geworden. Am 16. April 1914 schreibt er in sein Tagebuch: «Die Farbe hat mich ... Das ist der glücklichen Stunde Sinn: ich und die Farbe sind eins. Ich bin Maler.»* Kandinskys erstes gegenstandsloses Bild war ein Aquarell. Er erlebte in ihm ein Höchstmaß an künstlerischer Freiheit, «den Eintritt in das Reich der Kunst». Auch bei Marc, Feininger, Rohlfs und Schlemmer spielte das Aquarell eine bedeutende Rolle. Noch nicht erwähnt wurden die «Brücke»-Maler Kirchner, Heckel, Schmidt-Rottluff u. a., die Meisterliches auf diesem Gebiet schufen. Eine führende Rolle kommt den großen Aquarellkünstlern Kokoschka und Nolde zu. Unvergleichlich ist die elementare Farbkraft Noldes in seinen Landschaften, Blumen, Tieren und Menschen, in denen das Aquarell die Führung übernommen hat. Noch viele Namen müßten genannt werden — fast unübersehbar ist die Fülle der Leistungen auf diesem Felde, die bis in unsere Zeit hineinragen und nun allerdings spärlicher werden.

Dieser flüchtige Überblick über die Aquarellmalerei seit Dürer kann zeigen, wie das Aquarell von unscheinbaren Anfängen als Reisebild und Bildskizze zur eigenständigen Malerei herangereift ist und immer mehr zum Träger der eigentlich malerischen Entwicklung wurde*. Die impulsierende Kraft muß in der lebendigen Aquarellfarbe selbst gesehen werden. Nur so ist es zu verstehen, daß das Aquarell in seiner Geschichte alle Kunstrichtungen übergreifen und zu einem übergeordneten Kunstelement werden konnte. Daß diese Entwicklung weitergeht, zeigt ein allgemeines Interesse an ihm. So wurde 1972 zum ersten Mal eine Ausstellung über die Entwicklung des Aquarells seit 1400 in München veranstaltet. Auch in Einzelausstellungen von Nolde und von Malern der «Brücke» wurden besonders die Aquarelle bewundert. Schöne Publikationen der neuesten Zeit weisen ebenfalls in diese Richtung*.

In den Jahren 1914—1919 leitete Rudolf Steiner bereits eine neue Phase dieser Kunst ein, indem er mit einer kleinen Gruppe von Malern die beiden Kuppeln des ersten Goetheanum in Dornach in Aquarelltechnik ausmalte*. Als Malgrund schuf er dafür eine Art «flüssiges Papier», eine pastenförmige weiße Kasein-Wachs-Balsam-Emulsion mit Papierzellulose. Diese Emulsion wurde in mehrmaligen Anstrichen auf die aus Korkplatten bestehende Isolierschicht aufgetragen. Dann erfolgte ein letzter Überzug mit einer klar

durchsichtigen Emulsion. Auf diesen Grund wurde mit Aquarellfarbe gemalt. So erschien die Malerei wie schwebend über dem weißen Grund. Damit waren die Voraussetzungen für das Aquarellieren auf der Wand im strengen Sinn erfüllt; das Aquarell stellt sich so neben das frühere Freskobild und übernimmt dessen Aufgabe. Selbstverständlich kann man nach wie vor auch in Fresko malen. Aber das Zeitgemäßere des monumentalen Aquarells liegt zweifellos in der größeren Freizügigkeit gegenüber dem Fresko. Man kann ebenso wie im kleinen Format die Farben über aufgetrocknete Malflächen in verschiedenen Schichten lasierend führen, der spontanen Eingebung folgend. Das erlaubt das Fresko nicht. Bei ihm muß alles bis ins letzte vorgeplant werden.
Ein großes Wand- oder Deckengemälde wird in sogenannte «Tagewerke» aufgeteilt, die jeweils an einem Tag auf den feuchten Putz gemalt und so Stück um Stück zusammengefügt werden. Ein nachträgliches teilweises oder vollständiges Übermalen ist nicht möglich, weil die Farben nicht mehr abbinden würden. Auch können die Malfarben nicht mehr während der Arbeit nachbereitet oder nachgemischt werden, weil sie sich auf der Kalkwand beim Trocknen verändern. Sie müssen daher von vornherein in solcher Menge vorbereitet werden, daß sie für das ganze Werk ausreichen. Das sind nur einige Bedingungen für die Freskomalerei. Jedenfalls hängt der Erfolg von der strengen Befolgung der handwerklichen Regeln ab, was Michelangelo mit dem Ausspruch bekräftigte: «Ich aber sage es, Ölmalen ist Weiberwerk, Freskomalen aber Mannesarbeit!»*
Der Schritt, das Aquarell ins monumentale Wandbild zu überführen, wie ihn Rudolf Steiner im ersten Goetheanum getan hatte, erscheint uns von tiefer Bedeutung für die Weiterentwicklung der Malerei. Die Reinheit des Aquarells mit seiner unmittelbaren Wirksamkeit des Farbwesens kann so vom Menschen im Raum erlebt werden — bei moderner freier Malweise. Das bedeutet gegenüber dem Fresko einen Fortschritt. Heute zeigt sich das Streben nach dem Erlebnis derartiger unmittelbarer Farbwirkungen überall in der Ausgestaltung farbiger Innenräume und im Experimentieren mit ihnen bei Kranken, bei Kindern usw. Aber selbstverständlich muß eine derartige Zeittendenz auch ihren künstlerischen Ausdruck finden. Dieser scheint uns im Anschluß an die monumentale Aquarelltechnik zu liegen. Das erste Goetheanum ist tragischerweise zerstört. Etwas von dem Prinzip seiner Deckenmalerei ist aber erhalten in großformatigen Aquarellen, die Rudolf Steiner für die Programme zu Eurythmie-Aufführungen im Goetheanum gemalt hat. Auf sie wird im Zusammenhang mit den «Malerischen Beispielen Rudolf Steiners» näher eingegangen.
Erst heute, mit dem zeitlichen Abstand, ist die Bedeutung dieses Einschlags,

der mit der Entfaltung der Aquarellmalerei in dieser Zeit zusammentraf, ganz zu ermessen. Rudolf Steiner konnte der Malerei aus seiner geistigen Weltsicht heraus neue Zielsetzungen geben. Wenn Werner Haftmann meint, daß «die erst noch zu schreibende Geschichte des modernen Aquarellierens viele andere und viel weitergehende Anregungen aufdecken wird»*, so werden es vor allem die Anregungen Rudolf Steiners sein, die in diese Geschichte hineingehören. Er ist als Begründer der Anthroposophie und ihrer praktischen Anwendung in vielen Bereichen bekannt, aber seine vielfältigen Anregungen für das Gebiet der Kunst und seine eigene künstlerische Tätigkeit sind von weiteren Kreisen noch zu entdecken.

Die Kuppelmalereien im ersten Goetheanum brachten einen weiteren Entwicklungsschritt, die Verwendung von *Pflanzenfarben*. Zum ersten Mal wurde ein malerisches Werk ausschließlich mit Pflanzenfarben ausgeführt. Sie wurden eigens für diesen Zweck nach Angaben Rudolf Steiners hergestellt. Zwar kannte die alte Färberkunst die verschiedensten Rezepte zur Gewinnung von Pflanzenfarben für Färbezwecke, und bei den Malern waren Indigo und Krapprot, aus Pflanzenwurzeln gewonnen, schon immer geschätzt, aber noch nie gab es eine vollständige Skala von Malerfarben aus Pflanzenfarbstoffen.

Tatsächlich umgibt uns in der Blütenpracht der Pflanzenwelt ein mit nichts zu vergleichender Farbenzauber, der bei einem naiv Empfindenden den Wunsch auslösen kann, mit solchen Farben auch malen zu dürfen. Gelegentlich kann man Kinder bei solchen Malversuchen überraschen. So schön die Naturfarben sind, so schwierig ist das Problem, und dem Farbenchemiker vielleicht müßig erscheinend, brauchbare, lichtbeständige Malfarben aus ihnen zu machen. Aber der Versuch gelang. Die erfolgreichen Resultate der neuen Farbgewinnung wurden bei der Ausmalung der beiden Goetheanum-Kuppeln im großen Stil erprobt. Die Wirkung war eindrucksvoll und überzeugend, so lauten einhellig alle Berichte. Der Schwebecharakter der Farben ließ die Wände wie durchlässig erscheinen, der Betrachter erlebte sich in einem wogenden Farbenraum. Da der Bau vernichtet wurde*, konnte die Beständigkeit der Malerei nicht bis in unsere Tage beobachtet werden. Die Herstellung und Weiterentwicklung der Pflanzenfarben war durch die Ungunst der Verhältnisse in der Folgezeit nicht möglich. Im Jahre 1960 wurde jedoch diese Arbeit wieder neu in Angriff genommen — und so steht heute dem Maler eine kleine Skala haltbarer Pflanzenfarben wieder zur Verfügung. Am weiteren Ausbau des Farbsortiments wird gearbeitet*.

Nachfolgend soll noch einiges über Eigenart und Wirkung der Pflanzenfarben sowie über neuere Erfahrungen mit ihnen mitgeteilt werden. Pflanzenfarben sind zunächst weniger bestechend als die gewohnten Farben und

haben schon gar nicht die aufdringliche Brillanz der synthetisch hergestellten. Sie entfalten bei größerer Zurückhaltung und Milde des Farbtons ein intensives Eigenleben, das sich den gegebenen Lichtverhältnissen anpaßt. Besonders bei Dunkelheit zeigen sie eine innere Leuchtkraft. Rudolf Steiner 1921: «Wir haben für unseren Bau versucht, diese Leuchtkraft dadurch hervorzurufen, daß wir Pflanzenstoffe verwendet haben, welche am leichtesten dazu zu bringen sind, dieses innere Leuchten zu entwickeln.»*
Eine weitere positive Eigenschaft der Pflanzenfarben ist ihr harmonisches Zusammenstimmen. Die Ursache dafür ist, daß die einzelne Farbe zugleich mehrere Farben in feinster Verteilung enthält. In einem modernen Pflanzenfärbebuch wird von der meisterhaften Mischung von Farbstoffen gesprochen, die die Natur in einer einzigen Pflanzenfarbe zustande bringt*. Besonders bemerkenswert ist ein Hinweis, den wir einem älteren Textilbuch entnehmen: «. . . bei alledem können wir gewisse Farben, welche die Hausfrauen in Indien, China und Kurdistan mit einfachen Mitteln und ohne Kenntnis der Chemie hervorbringen, und deren Tiefe und Pracht uns entzückt und in Verlegenheit bringt, mit aller Anstrengung unseres Wissens und Willens nicht wiedergeben. Der Grund davon ist der, daß jenes wirkliche Naturtöne sind, die in unsere abstrakte Farbskalen gar nicht hineinpassen . . . Und man hüte sich, aus den natürlichen Produkten den abstrakten Farbstoff heraus zu destillieren und der Farbe so alle Individualität zu nehmen.»*
Was hier aus der Färberpraxis berichtet wird, charakterisiert auch die Pflanzen-Malfarben. Es ist einleuchtend, daß der Umgang mit ihnen eine belebende Wirkung auf die Sinnesnatur des Menschen hat, ähnlich den Farbeindrücken in der Natur. Das Auge wird durch sie anders ernährt als durch synthetische Farben. Bei modernen Schockfarben muß man sogar mit einem Abbau des Farbensinnes rechnen. Neben der ästhetischen Wirkung darf man daher der Pflanzenfarbe auch eine therapeutische zurechnen.

Die bisherigen Malerfahrungen haben ergeben, daß der mit Pflanzenfarben Malende sich zunächst gründlich umstellen muß. Einmal wegen der ganz anderen Farbqualität, zum anderen, weil er beim gegenwärtigen Stand der Entwicklung mit einer beschränkten Farbskala auskommen muß. Das braucht nicht nur ein Nachteil zu sein. Auch dem mittelalterlichen Freskomaler stand nur ein kleines Farbsortiment zur Verfügung, und dennoch zeigen die Bilder eine volle, abgerundete Farbigkeit. Durch Übereinanderschichten der Pflanzenfarben läßt sich aber doch, ähnlich wie bei den üblichen Aquarellfarben, ein großer Farbenreichtum erzielen.

Wichtig für den Maler ist noch zu wissen, daß die Pflanzenfarben nicht pigmentlos sind wie die meisten üblichen Aquarellfarben, sondern ein transparent-kolloid-kristallines Pigment als Farbträger haben. Von daher gesehen sind sie mit den mineralischen Freskofarben in gewisser Weise vergleichbar, die zwar einen undurchsichtigen Farbträger haben, aber beim Trocknen auf der Kalkwand auskristallisieren und dadurch schimmernd leuchten*.

Von der versuchsweisen Anwendung von Pflanzenfarben im Unterricht — auch in der Heilpädagogik — liegen positive Beobachtungen und Erfahrungen vor*. So zeigte sich manchmal, daß jüngere Kinder keine anderen Farben mehr haben wollten. Auch ältere Schüler, die vereinzelt mit Pflanzenfarben malten, freundeten sich rasch mit ihnen an. Dabei faszinierte sie der wunderbare Duft, der von dem aus ätherischen Ölen und Harzen bereiteten Bindemittel herrührt. Vor dem Gebrauch müssen die pulverigen Farben mit der Emulsion in Reibschalen mit einem Stößel feingerieben und zubereitet werden. Die Schüler machen das gern. Der Rhythmus des Reibens, die darauf gerichtete Aufmerksamkeit, dazu der Harzgeruch bringen sie in eine harmonische Verfassung und bereiten sie in guter Weise auf das Malen vor.

Dank der weitergehenden Entwicklung in der Pflanzenfarbengewinnung zeichnet sich heute schon die Möglichkeit ab, das Malen mit Pflanzenfarben in größerem Umfang in den Malunterricht einzuführen, wodurch sich sein Aufgabenfeld nach dem Künstlerisch-Therapeutischen hin ausweitet.

Wenn wir nun auf den eingangs geschilderten Eindruck von Aquarellmalereien der Waldorfschüler zurückkommen, so hoffen wir, mit diesen Ausführungen gezeigt zu haben, daß es sich dabei nicht um dogmatische oder ideologische Einseitigkeit handelt. Die Begegnung mit dem Farbenwesen in höchstmöglicher Reinheit und Lebendigkeit vom Schuleintritt an bedeutet eine Bereicherung der Sinneserlebnisse für das Kind — eine Tatsache, die sich der Erwachsene vielleicht erst selbst klarmachen muß, um ihre Tragweite zu ermessen. Den Großstadtkindern fehlen zunehmend mehr unmittelbare Naturerlebnisse mit ihren vielfältigen Sinneseindrücken. Wenn ein Kind schönes, leuchtendes Rot, Blau, Gelb, Grün usf. auf der weißen Fläche vor sich aufscheinen sieht, eigenhändig hingestrichen, in selbstbestimmten Größenverhältnissen, so hat es neben dem Augeneindruck zugleich ein ganz spezifisches seelisches Erlebnis. Neben dem sinnlichen Eindruck erfährt es etwas Seelisch-Geistiges. Derartige Sinneserfahrungen können noch unmittelbarer wirken als Natureindrücke. Und damit hätte man ein Mittel, die durch die Zivilisation bedingte Verarmung an natürlichen Sinneswahrnehmungen auszugleichen durch ein sinnlich-übersinnliches Erfahrungsfeld. Wer die Wirkung solcher Erlebnisse jahrelang hindurch beobachten konnte, wird gern immer von neuem mit den Schülern in diesem reinen Medium der Aquarellfarbe arbeiten.

DIE GRUNDPRINZIPIEN DES MALENS VON DER ERSTEN BIS ZUR ACHTEN KLASSE

Vorbereitung des Lehrers

Eine Einführung in die Grundelemente der verschiedenen künstlerischen Disziplinen erfolgt im Rahmen der Waldorfpädagogik im ersten Schuljahr durch den Klassenlehrer*. Elementare Übungen im Malen und Zeichnen, im Sprachlichen und in der Musik haben einerseits die Aufgabe, das Kind vorzubereiten auf die Einführung in die konventionellen Lerngebiete der Volksschule, in das Lesen, Schreiben und Rechnen. — Ausnahmen bilden die Eurythmie, die vom ersten Schuljahr an von einem Eurythmisten erteilt wird, Musik und Handarbeit, die ebenfalls Fachlehrer unterrichten.
Durch einfache Mal- und Zeichenübungen werden andererseits die ersten Grundlagen gelegt für die einzelnen Kunstfächer, die dem Lehrplan entsprechend altersgemäß bis zur 12. Klasse später weiter geführt werden.
Der Klassenlehrer unterrichtet in den ersten acht Jahren die Grundfächer im Hauptunterricht in der Form, daß jedes Gebiet jeweils in mehreren Wochen behandelt wird, den sogenannten Epochen. In diesen Hauptunterricht soll aber in jeder Woche ein Maltag eingebaut sein. Er wird sicher auch die Stimmung der jeweiligen Epoche widerspiegeln oder einen besonderen Unterrichtsinhalt, wie etwa Märchen, die erzählt werden.
Für den Lehrer bedeutet dieser Maltag eine besondere Möglichkeit, die Kinder kennenzulernen. Die Temperamente reagieren sehr verschieden auf die Farben. Darüber hinaus kann er unmittelbar künstlerisch-therapeutisch wirken.

Goethes Farbenlehre

Auf einen Malunterricht, der dieser Forderung gerecht werden kann, muß der Lehrer sich durch eigenes künstlerisches Üben vorbereiten. Den Ausgang dafür bietet die *Farbenlehre Goethes,* von welcher Rudolf Steiners

Angaben für den Malunterricht ausgehen. Ihre Grundlage, die goetheanistische Optik, wird später für den Physikunterricht am Ende der Volksschulzeit bedeutsam. Die Entwicklung des Goetheschen Farbenkreises aus dem prismatischen Farbenband soll hier kurz umrissen werden.

Im Kapitel *Sinnlich-sittliche Wirkung der Farbe** bezeichnet Goethe Gelb und Blau als farbige Urphänomene. Gelb ist die nächste Farbe am Licht. Sie entsteht, wenn das Licht durch das Medium der Trübe hindurchscheint und sich gegen die andringende Finsternis zur Wehr setzt. Wird die Finsternis dichter, so entstehen Orange und Rot. Das Licht kämpft sich durch die verschiedenen Abstufungen der Trübe hindurch. Wir können das bei Sonnen-Aufgang und -Untergang beobachten. Blau ist der Dunkelheit am nächsten. Scheint das Licht durch ein trübes Medium in die Dunkelheit und lichtet sie auf, so entstehen violette, blaue Farben. Betrachten wir die fernen Hügel einer Landschaft, so scheinen sie blau durch die erhellte Dunstschicht, die sich vor den dunklen Hintergrund der bewaldeten Hänge legt. Auf diesem Gegensatz baut sich der Goethesche Farbkreis auf nach dem Prinzip von Polarität und Steigerung.

Der Blick durch das *Prisma** zeigt uns dort einen gelbroten Rand, wo Dunkelheit in Helligkeit hineinwirkt. Wo Helligkeit in Dunkelheit hineinstrahlt, erscheint an der Grenze ein violett-blauer Saum. Wir können das in einem einfachen Versuch demonstrieren*.

Wir legen einen weißen Streifen auf schwarzen Grund und betrachten ihn durchs Prisma. Wo das Weiß an das Schwarze grenzt, erscheint auf der einen Seite von Weiß aus Gelb, ins Rot übergehend, auf der anderen Seite Blau in Violett übergehend. Entfernen wir uns mit dem Prisma so weit, daß die beiden Farbränder sich überschneiden, so entsteht in der Mitte Grün. Legen wir einen schwarzen Streifen auf weißen Grund, so sehen wir auf der einen Seite, wo Schwarz an Weiß grenzt, umgekehrt Rot in Gelb, auf der anderen Seite Violett in Blau übergehen. Entfernen wir uns wieder bis zur Überschneidung der farbigen Ränder, so entsteht Purpur. Tritt man noch weiter zurück, so überlagern sich dadurch die erscheinenden Farbränder noch mehr, wodurch der Purpur sich aufhellt zum «Pfirsichblüt». Rudolf Steiner bringt diese Farberscheinung mit dem menschlichen Inkarnat in Beziehung; das wird bedeutsam für die Darstellung des Gesichts in der 12. Klasse*.

Mit keilförmigen Streifen kann man diese Erscheinung gleichzeitig in allen Übergängen vom gleichen Standpunkt aus studieren. Um diese Farben in ihrer Totalität und in ihrem Verhältnis zueinander überschaubar zu machen, hat Goethe die Farbbänder zum Kreis geordnet:

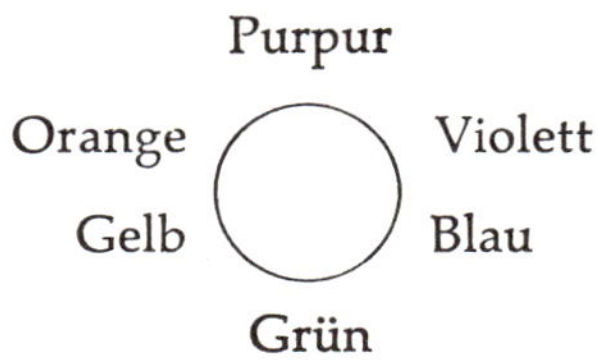

Aus diesem sechsteiligen Farbkreis entwickelte er seine Harmonielehre. Unter «Totalität und Harmonie» beschreibt er, wie das menschliche Auge, wenn es von einer Farbe umgeben ist, in Tätigkeit versetzt wird und seiner Natur gemäß die Gegenfarbe – *Komplementärfarbe* – hervorbringt. Rot erzeugt Grün, Gelb erzeugt Violett, Blau erzeugt Orange, und umgekehrt. Das farbige Nachbild bringt mit der gegebenen Farbe zusammen jeweils die Totalität des ganzen Farbenkreises hervor. Hierin liegt das Gesetz aller Harmonie. Daher werden im Farbkreis sich entsprechende, d. h. gegenüberliegende Farbenpaare die *harmonischen* genannt. Sie finden sich dort in der folgenden Anordnung:

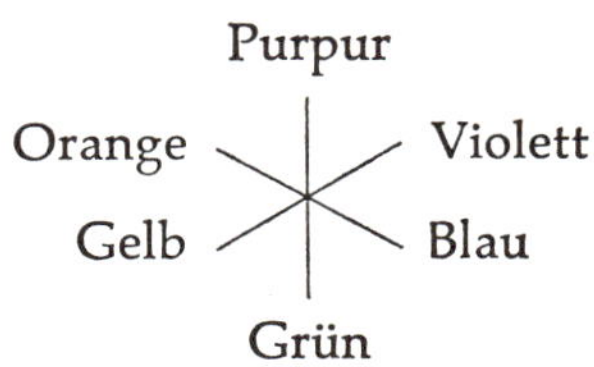

Das zweite Ordnungsprinzip ist das *charakteristische**. So nennt Goethe die Farbenpaare Rot-Gelb, Gelb-Blau, Blau-Rot. Sie ergeben sich im Farbenkreis, wenn jeweils eine Farbe übersprungen wird. «Wir nennen diese Zusammenstellungen charakteristisch, weil sie sämtlich etwas Bedeutendes haben, das sich uns mit einem gewissen Ausdruck aufdringt, aber uns nicht befriedigt, indem jedes Charakteristische nur dadurch entsteht, daß es als ein Teil aus einem Ganzen heraustritt, mit welchem es ein Verhältnis hat, ohne sich darin aufzulösen» (817).

Bei den charakteristischen Zusammenstellungen des Farbenkreises ist der Eindruck unterschiedlich. Gelb und Blau bringen den Gegensatz des Leuchtenden und Schattigen, Gelb und Rot den des Heiteren und Prächtigen zum Ausdruck. In Rot und Blau spricht sich die Polarität von Aktiv und Passiv am reinsten aus. Bei allen drei Klängen fehlt die dritte Farbe. Der Betrachter hat deshalb das Bedürfnis sie zu vermischen, um zu einem Ausgleich zu kommen. Dadurch entstehen drei weitere Farbpaare: Orange-Grün, Grün-Violett, Violett-Orange.

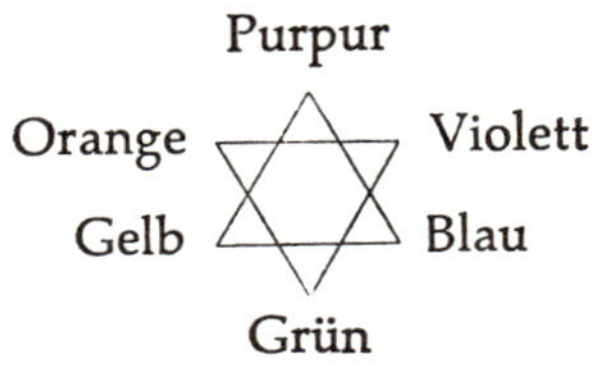

Philipp Otto Runge* bezeichnet diese Gruppe als *harmonische Kontraste.* Goethe teilt davon Orange-Violett noch den Farbpaaren mit Charakter zu. Eine letzte Zusammenstellung ergibt sich, wenn man Farbenpaare, die im Farbkreis nebeneinander liegen, zusammennimmt: Gelb-Orange, Orange-Rot, Rot-Violett, und so fort.

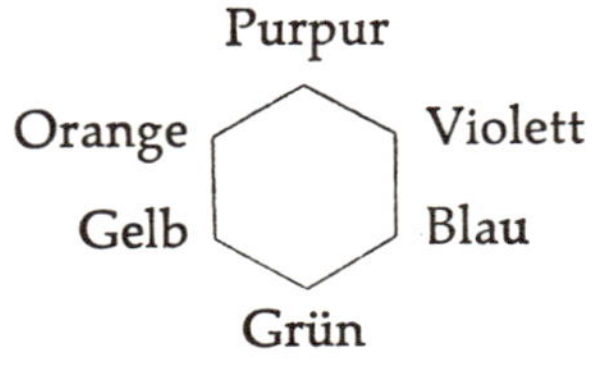

«Man kann diese Zusammenstellungen wohl die *charakterlosen* nennen, indem sie zu nahe an einanderliegen, als daß ihr Eindruck bedeutsam werden könnte» (827). Er fügt aber hinzu, daß die nebeneinanderliegenden Paare Gelb-Orange, Orange-Purpur, Purpur-Violett, Violett-Blau, immer noch ein gewisses Recht behaupten, weil sie ein Fortschreiten andeuten, wenn auch ein kaum fühlbares, während er Gelb-Grün als «gemein-heiter», und Blau-Grün als «gemein-widerlich» bezeichnet. Runge nannte sie monoton. Dabei ist zu bemerken, daß die Goethezeit unter «gemein» das Allgemeine, Alltägliche, Triviale verstand und unter «widerlich» das Widerstrebende. Man muß sich diese Farbklänge immer wieder anschauen und mit dem Auge zwischen den Farbenpaaren hin- und herwandern, um das Spezifische der Farbklänge, das geringe Fortschreiten zu empfinden.

Wer nun den Farbklang Gelb-Grün malen will, wird allerdings entdecken, daß er ihn variieren kann, je nachdem, ob er das Grün mehr nach der bläulichen oder mehr nach der gelblichen Seite und das Gelb mehr nach der rötlichen oder mehr nach der grünlichen hin abwandelt.

Die Natur bietet reichlich Gelegenheit, die verschiedensten Gelb-Grün-Klänge zu studieren. Im Frühling finden sich Blumen im Grün vom zartesten Gelb bis zum kräftigsten Goldgelb, wie Primeln, Schlüsselblumen, Forsythien, Osterglocken, Löwenzahn, Sumpfdotterblumen, Krokusse. Das Sonnenlicht verstärkt noch den Glanzcharakter der gelben Farbe. Daneben wirkt das Grün schattenhaft, selbst wenn es beleuchtet ist. Wir achten bei

1. Der sechsteilige Goethesche Farbenkreis

Tafeln 1—4:
Vier Farbenkreise von Julius Hebing.
Aus «Lebenskreise — Farbenkreise», Stuttgart 1969

2. *Der aufgelöste Goethesche (auch Rungesche) zwölfteilige Farbenkreis mit Übergängen zu Schwarz und Weiß*

3. *Der zwölfteilige aufgelöste Farbenkreis in der Umkehrung von 2*

4. Der zwölfteilige aufgelöste Farbenkreis auf mittlerem Grau

diesen Farbeindrücken in der Natur weniger auf das Nebeneinander. Das Blau des Himmels oder etwa der Hintergrund einer Hauswand, einer Mauer ergänzen solche Gelb-Grün-Klänge, mildern den Eindruck. Bei einem gemalten Gelb-Grün-Klang tritt das spannungsarme Verhältnis, das Goethe als «gemein-heiter» bezeichnet, stärker hervor und erweckt das Bedürfnis, den Klang zu ergänzen, aus seiner Einseitigkeit zu befreien.

Im Sommer sind wir hauptsächlich umgeben von den Farben Blau und Grün. Würde der Himmel nicht blau, sondern etwa gelb oder rot sein, wie für kurze Zeit der Morgen- oder Abendhimmel, hätten wir ein vollständig anderes Lebensgefühl. Gelb und Rot sind Farben, die uns stärker erregen, der monotone Farbklang Grün und Blau läßt uns in Ruhe, erholt, erfrischt. Grün neben Blau gemalt, erscheint reizlos. Nehmen wir es in der Natur wahr, so wirkt es durch den Mangel an Spannung wohltätig auf das Auge.

Im oben erwähnten prismatischen Versuch: weißer Streifen auf Schwarz, zeigte sich die *Vermischung der Polarität* Gelb und Blau auf der untersten Ebene mit *Grün*. Bei Schwarz auf Weiß zeigte sich uns der *Entstehungsprozeß* des *Purpur* durch die Verbindung der zu Orange-Rot und Violett-Blau gesteigerten Pole von Gelb und Blau. Goethe stellt fest, das Auge finde in der Verbindung von Gelb und Blau zu *Grün* eine *reale,* in der von Orange und Violett zu *Purpur* eine *ideale* Befriedigung (802).

Der Maler kann diese prismatischen Farben mit seinen chemischen nicht wirklich wiedergeben. Er kann sich ihnen nur annähern. Purpur bleibt eine ideale Farbe, durch Mischung aus Gelbrot und Blaurot ist sie auch nicht annähernd zu erreichen.

Leben mit der Farbe

Alle malerische Gestaltung des Kindes soll aus dem Leben mit der Farbe hervorgehen, das gilt ebenso für den *Lehrer,* der den Malunterricht erteilt, bevor er mit den Kindern zu malen beginnt*. Zudem ist es für ihn überhaupt eine ganz besondere Möglichkeit, sich zum «Erziehungskünstler» auszubilden — das künstlerische Element soll ja allen seinen Unterricht durchdringen — durch ein ständiges Üben und Entwickeln neuer Fähigkeiten. Das gilt natürlich auch für die andern Künste. Er muß durch das Tun praktisch selbst erlebt haben, was er den Kindern als Aufgabe stellt.

Er muß wissen, nach welchen Seiten hin für das Kind Schwierigkeiten entstehen können und worauf er bei seiner Hilfestellung achten muß.
Aus diesen Beobachtungen ergibt sich ihm, worauf er beim gemeinsamen Betrachten hinterher die Kinder aufmerksam machen muß. Die Kriterien für die Beurteilung kann er sich nur selbst malend erarbeiten. Er muß sich auch dessen bewußt sein, daß er erst aus seinem eigenen künstlerischen Prozeß heraus bei den Kindern die schöpferische Tätigkeit anregen kann. Produktive Einfälle werden ihm nur kommen, wenn er selber malt. Seine Malübungen sind auch als objektive Schulung in der Farbenlehre aufzufassen, wobei er manche persönliche und ästhetische Neigung aufgeben wird. Manchem Begabten wird das schwerer als dem, der sich unbegabt fühlt. Es erschließt sich ihm dabei das Neuland der sinnlich-sittlichen Wirkung der Farbe, die ihn in seiner Gesamtpersönlichkeit bildet.
Goethes Farbenkreis geht aus von Gelb und Blau. Beim Malen kommt es nun darauf an, daß Blau mit Gelb harmoniert. Ein schönes Zitronengelb stimmt mit einem Ultramarinblau, das abgemildert ist, schön zusammen. Wird mit dunklem Preußischblau und zu hellem Gelb gemalt, so kommt es zu einem Klang, der eine unangenehme Wirkung hervorruft, weil das Grünliche des Blau in die Nähe des «gemein-heiteren» gerät. Auch ein zu dunkles Blau neben einem zu hellen Gelb ist unbefriedigend, denn der starke Hell-Dunkel-Kontrast mindert das spezifisch Farbige. Diese *Farbverhältnisse* müssen bei jeder Vorbereitung gut ausprobiert werden. Da die zur Verfügung stehenden Industriefarben nicht befriedigen, kann man sich durch Mischen helfen. Rührt man das Ultramarin Preußischblau, so erhält man dadurch ein ausgeglicheneres Blau. Gibt man dem Ultramarinblau einige Tropfen Zinnober hinzu, nimmt man ihm die Schärfe. Preußischblau kann man durch etwas Krapplack, Karmin, die Grünstichigkeit nehmen.
Ein nächster *Farbklang* ist Rot-Blau. Über das Studium des Klanges selbst hinaus führt nun diese Übung in die *Farbräumlichkeit**. Blau scheint zurückzuweichen, Rot in den Vordergrund zu treten. Der Schüler wird bald darauf aufmerksam werden, daß es nicht einerlei ist, ob er die Farben zart oder kräftig aufträgt. Die Dynamik der Farbspannungen wird durch solche Verschiedenheit stärker oder schwächer erscheinen. Ein zu kräftiges Ultramarinblau wirkt neben Zinnoberrot vordergründig, wenn es gleichmäßig stark aufgetragen wird. Dadurch wird das Erlebnis der *Farbdynamik* verfälscht. Malt man das Ultramarinblau lasierend, d. h. durchlässig, wird es richtig gestellt. Die Dynamik des Kontrastes wird erfahrungsgemäß stärker, wenn man den Zweiklang mit Preußischblau und Karminrot mit etwas Zinnoberbeimischung verwendet. Ist man einmal aufmerksam geworden auf dieses Farbphänomen der Räumlichkeit, so findet man es immer wieder.

Man kann nun alle Farben des Farbkreises in freier Weise nebeneinander malen: Gelb, Orange, Rot, Violett, Blau, Grün. Daraus läßt sich folgende

Übungsreihe

ableiten: Aus der Totalität des Farbkreises läßt man zunächst Gelb weg, man verwendet es nur noch zum Mischen von Orange und Grün und malt mit allen übrigen Farben. Das nächste Mal läßt man eine weitere Farbe weg, zunächst Orange, dann Rot, dann Grün, dann Violett. Wir haben mit der hellsten Farbe begonnen und sind bei der dunkelsten angekommen.
Beginnen wir dann eine neue Reihe mit dem Weglassen des Blau und enden beim hellen Gelb, so haben wir ein anderes dynamisches Erleben. Wollen wir nur das Rot als letzte Farbe übriglassen, müssen wir uns entscheiden, ob wir von der hellen Seite beginnen und über die dunkle Seite zu Rot kommen oder umgekehrt. Man kann auch jeweils eine Komplementärfarbe, Grün, Orange, Violett, als letzte übriglassen.
An solchen Studienreihen erlebt man die ganze Vielfalt der Farbklänge der Goetheschen Harmonielehre, vom Sechsklang ausgehend bis zu jeder einzelnen Farbe. Aber es zeigt sich auch, wie Farbverarmung und Monotonie zur Steigerung von Kraft und Macht der Einzelfarbe führen.
Es ist ratsam solche Übungen *Naß in Naß* auf durchfeuchtetem Papier zu machen. Man verwendet dieselben flachen Pinsel wie die Kinder. Dasselbe gilt für Malbretter, Papier und Schwämme. Die einzelnen Farben werden zunächst in nicht zu großen Flächen gleichmäßig aufgetragen. Man wird schon bei den ersten Übungen die Erfahrung machen, daß die Größenverhältnisse unterschiedlich sein müssen. Es ist eine Frage des Gleichgewichts. Grün bedarf einer größeren Ausdehnung um sich z. B. gegen einen kleinen roten Fleck zu halten. Das Beachten solcher Gleichgewichtsverhältnisse führt allein schon zu Farbkompositionen. Dabei muß man natürlich dafür sorgen, daß die Farben wirklich ohne helle Zwischenräume aneinander stoßen. Anders kommen keine wirklichen Klangverhältnisse zustande. Wasserränder vermeidet man, indem man nicht zu naß malt und die überschüssige Farbe mit dem Pinsel wegnimmt.
Diese einzelnen Farben lernt man erst wirklich kennen, wenn man sie alleine differenzierend malt. Man erreicht dies durch unterschiedliches Aufhellen mit Wasser. Solche Übungen werden dann mit der *Schichttechnik*, auf die wir später eingehen, noch wirkungsvoller.
Eine Farbschulung erschöpft sich natürlich nicht mit den praktischen Malübungen. Die sinnlich-sittliche Wirkung, die Goethe so eindringlich beschreibt, muß man ja an sich selbst erfahren, indem man die Farben in der Umgebung beobachtet und versucht, sich innerlich in sie einzuleben.

Die ersten drei Jahre

Voraussetzungen

Beobachtet man Kinder einer 1. Klasse, die zum ersten Mal malen, so hat man ganz verschiedene Eindrücke. Da sitzt z. B. ein kleiner, etwas gedrungener Junge, der seine ganze Aufmerksamkeit darauf verwendet, die aufgetragene rote Farbe neben der blauen Fläche zu verstärken. Er geht dabei sehr behutsam vor, setzt den Pinsel immer wieder ab, betrachtet das Rot neben dem Blau, so, als ob er es schmecke. In einiger Entfernung sitzt ein dunkelhaariges Mädchen, das mit dem Pinsel rasch hintereinander gelbe, rötliche und blaue Farbtupfer auf sein Blatt setzt. Da und dort vergrößert es die Gelbflächen dann. Eine innere Freude ergreift das ganze Kind, strahlend zeigt es auf sein Blatt: «Blumenwiese!»
Jeder Erwachsene macht die Erfahrung, daß er nach einer Malübung die Umgebung intensiver wahrnimmt, daß er die Farben am Himmel wieder neu sieht oder an Bäumen und Sträuchern eine Fülle von Grüntönen entdeckt, wo er vorher nur Grau gesehen hat. Das Kind erlebt das viel stärker. Durch den Umgang mit Farben erwacht sein Interesse für die Eindrücke in der Natur. Das gilt schon für das Spielen mit farbigen Stoffresten und für die Farben seiner Kleidung. Hierzu ein kleines Beispiel. Eine Mutter geht mit ihren beiden Mädchen an einem Garten vorbei. Das kleinere, etwa sechsjährige, bleibt stehen und schaut aufmerksam auf die roten Tulpen in einem Beet. Dann blickt es überrascht auf seinen roten Rock und fragt: «Was ist denn das da?» Die Mutter, die inzwischen weitergegangen ist, ruft: «Tulpen». Abwechselnd betrachtet das Kind den Rock und die Blumen, dann dreht es sich im Weiterlaufen noch einmal um und wiederholt: «Tulpen!»
Mit den einfachen Malübungen der ersten drei Jahre beginnt eine Sinnesschulung*, durch die die Seele des Kindes ernährt wird, und die ihm die verarmte Naturumgebung bereichert. Indem im Sinneseindruck der Farbe zugleich ihr übersinnliches Wesen wirkt, führt sie über die eigenen Grenzen in eine objektive Welt, in der sich geistige Qualitäten offenbaren.
Aus der persönlichen Erfahrung geben wir nun eine bis in alle Einzelheiten gehende Darstellung des ersten Malunterrichts durch den Klassenlehrer, die man nach den eigenen Möglichkeiten verwenden mag.

Ein Maltag

Der wöchentliche Maltag sollte immer auf den gleichen Wochentag fallen. Ein solcher Rhythmus, der sich vielleicht durch Jahre hinzieht, wirkt tief auf die kindliche Natur. Alles Rhythmische bildet den Willen*. Die Kinder erleben den Maltag als ein Fest, auf dessen Einhaltung sie schon nach wenigen Schulwochen von selbst bestehen.

Man könnte meinen, daß das Umgehen mit mehreren Malnäpfchen und nassem Papier in großen Klassen leicht zum Chaos führen könnte. Wenn man aber von Anfang an eine bestimmte Ordnung einführt und sich immer an sie hält, so tritt das nicht ein. Eine solche rhythmische Regelmäßigkeit trägt die Kinder und schafft eine warme, stärkende Stimmung. In ihr bildet sich auch die Ehrfurcht vor dem Handwerkszeug, mit dem sie arbeiten*.

Der Hauptunterricht beginnt wie täglich mit dem Morgenspruch. Dann wird noch ein Lied gesungen, oder es wird rezitiert. Nun erst werden die Malsachen vollends ausgeteilt. In der 1. Klasse legt man am besten die Malbretter mit einem Schwämmchen auf jeden Platz und stellt ein Wasserglas dazu. Gemalt wird bis zum Ende der 5. Klasse immer Naß in Naß. Also weicht man das Papier vorher im Waschbecken der Klasse ein. Man läßt nun die Kinder Bankreihe nach Bankreihe mit ihren Brettern kommen und legt ihnen ihr Blatt sorgfältig darauf. Erst wenn die eine Reihe vor ihrem Papier sitzt, kommt die nächste. Das Papier muß auf jeden Fall glatt und fest auf dem Brett liegen bleiben und darf keine Falten werfen. Es gibt Papiersorten, die man ohne Aufkleben verwenden kann, sonst muß man den Bogen mit Klebstreifen rundherum befestigen. Vorher wird überschüssige Feuchtigkeit mit dem Schwamm abgetupft oder vorsichtig von der Mitte nach den Rändern zu glattgestrichen, wodurch Falten, die sich bilden können, beseitigt werden. Die Bilder sollen auf jeden Fall schön wirken und nicht durch Falten und Wellenbildung unansehnlich werden. Nun werden wieder den Bankreihen nach die Pinsel verteilt. Man verwendet flache Borstenpinsel, zwei bis zweieinhalb Zentimeter breit. Sie werden mit den Borsten nach oben senkrecht stehend in einem Gefäß aufbewahrt. Zuletzt werden die Tiegel mit den angerührten Farben ausgeteilt, jeweils für zwei Kinder. Das gibt eine neue, erwartungsvolle Stimmung, wenn erst ein Gelb nach dem anderen hingestellt wird, dann das Blau, und so fort.

Ist alles ausgeteilt, faßt man die Klasse noch einmal durch einen kleinen Spruch oder eine kurze überleitende Erzählung zusammen. Danach wird den Kindern die Malaufgabe beschrieben. Man muß von Anfang an und immer wieder den Kindern die Pinselführung vormachen*. Am besten läßt

man die Schüler von Zeit zu Zeit mit dem trockenen Pinsel über die eigene Handoberfläche streichen, damit sie erleben, wie er sich anfühlt. Nach und nach lernt jeder, wie der Pinsel beim Malen bewegt werden muß, damit schöne, gleichmäßige Farbflächen entstehen. Es darf nicht gerieben werden, und es darf nicht alles im Wasser verschwimmen. Sieht man, daß ein Kind zu trocken malt, so muß man es dazu anleiten, den Pinsel öfter in die Farbe einzutauchen. Malt es zu naß, so muß man ihm zeigen, wie der nasse Pinsel am Glasrand abgestrichen und nach dem Eintauchen in die Farbe vor dem nächsten Eintauchen vollständig ausgemalt wird.
In der 1. und 2. Klasse werden die Kinder im Verhältnis zur Vorbereitung sehr schnell mit ihrer Malaufgabe fertig. Die Blätter werden dann einzeln in den offenen Malschrank geschoben, wo sie trocknen können. Am Nachmittag sieht der Lehrer sie an und hängt sie auf, um sie am nächsten Tag mit der Klasse zu besprechen. Die Form der

Besprechung

darf nicht eintönig werden. Man kann einmal alles nebeneinander hängen, ein andermal bildet man Gruppen, in denen man verschiedene gelungene, aber auch verunglückte Ergebnisse zusammenfaßt. Die Blätter sollen nicht zu lange in der Klasse hängen. Besonders schöne kann man einmal auf Passepartout aufziehen.
Am nächsten Maltag kann man das eine oder andere Blatt herausnehmen, um noch einmal auf bestimmte technische Dinge aufmerksam zu machen, oder die neue Malaufgabe daran anzuknüpfen. Man erlebt, daß die Kinder durch die Blätter der Mitschüler zu eigenen Einfällen angeregt werden. Diesem sozialen Erlebnis beim gemeinsamen Betrachten muß man Raum geben. Das Aussprechen ihrer Eindrücke ist übrigens eine unwillkürliche lebendige Sprachübung, die sich dann überall auswirken wird.
Damit der Unterricht nicht tumultuarisch endet, läßt man die Malsachen am Ende der Stunde an den Plätzen stehen und bestimmt einige Kinder dazu, das Aufräumen zu übernehmen. Beim Auswaschen der Farbnäpfchen und Wassergläser gibt es für alle Beteiligten meist kleine Überraschungen, das sind die *Farbenspiele.* Wasser werden zusammengeschüttet, dabei leuchten die Farben manchmal noch schöner auf, als beim Malen selbst. Doch dann verwandelt sich in der Bütte alles zu Grau. Solche lebendige Farberfahrungen unterstützen die Malerziehung. Man wird die Ordnung von Klasse zu Klasse mehr den einzelnen Kindern selbst überlassen. Worauf geachtet werden soll, ist, daß sie nach und nach selbständiger und sicherer werden, man darf sie nicht zu lange bedienen.

Farbklänge, Austauschübungen, Farbgeschichten

Noch ehe der eigentliche Malunterricht beginnt, sollen die Kinder einer ersten Klasse mit dem Farbenpaar

Gelb und Blau

bekannt werden*. Man befestigt dafür ein großes Blatt an der Wandtafel und malt oben einen gelben Fleck. Alle Kinder dürfen nun auch je einen gelben Fleck in Reihen nebeneinander malen. Dann setzt man selbst wieder einen blauen Fleck neben einen gelben, und etwa die Hälfte der Klasse tupft ebenfalls blaue Flecke neben die oberen gelben. Nach einer kurzen Pause taucht man selbst den Pinsel in grüne Farbe, die in diesem Fall schon vorgemischt ist, und malt einen grünen Fleck neben einen der gelben Flecke auf der unteren Hälfte des Blattes. Nun dürfen die Kinder, die noch nicht dran waren, auch grüne Flecke neben die restlichen gelben setzen. So hat man einige Reihen gelb-blaue und ebenso viele gelb-grüne Flecke.

Alles soll in Ruhe vor sich gehen und eine gewisse Zeit in Anspruch nehmen, damit es in den Kindern richtig nachwirken kann. Nun wird das Ganze angeschaut. Man betrachtet Gelb-Blau und Gelb-Grün und macht die Kinder aufmerksam darauf, daß Gelb-Blau leuchtender und darum schöner aussieht als Gelb-Grün. Im Grün ist selbst Gelb enthalten, darum wirkt der Klang weniger spannungsreich. Man sollte öfter auf dieses Phänomen zurückkommen. Die Kinder nehmen es nicht gleichgültig auf, ja sie sollen sich weiter damit beschäftigen und an einem solchen Beispiel lernen, in ihrem Gefühl nach und nach «Schönes» von «weniger Schönem» zu unterscheiden*.

Nun ist es sinnvoll, eine solche Wiederholung mit der praktischen Malübung in der nächsten, gleichzeitig der ersten Malstunde zu verbinden. Jetzt sitzt jedes Kind an seinem Platz und hat ein weißes Blatt vor sich. Gemalt wird nur mit Gelb und Blau, nachdem vorher noch einmal an die vorangegangene, mehr demonstrative Übung an der Tafel angeknüpft worden ist. Die malerische Gestaltung wird jedem selbst überlassen. Man muß aber darauf aufmerksam machen, daß die Farben nebeneinander, nicht ineinander gemalt werden sollen. Nicht jedem Kind wird das beim ersten Mal gelingen, doch zeigt sich schon nach einigen Stunden, daß es rasch gelernt werden kann. Die fertigen Blätter werden am nächsten Tag aufgehängt und besprochen. Jeder ist überrascht: kein Blatt gleicht dem andern. Der eine hat viele gelbe Flächen, der andere wenige, vielleicht nur eine einzige gemalt; auf dem einen Blatt ist das Gelb zart, auf dem anderen kräftig. Auch die Blautöne auf den Bildern sind verschieden. Man wird die Besprechung dahin zu lenken suchen, daß die Kinder die Blätter herausfinden, auf denen das Gelb neben dem Blau besonders schön gelungen ist, ohne dabei die anderen abzuwerten.

In einer folgenden Malstunde kommt die zweite Malübung:

Gelb neben Grün.

Will man sie ganz unter dem Gesichtspunkt des Farbklangerlebens durchführen, gibt man für dieses eine Mal den Kindern ruhig Grün in vorher gemischtem Zustand. Nach dem Anschauen und Besprechen der neuen Bilderserie sucht man zuletzt Beispiele aus beiden Farbklangreihen heraus und hängt sie nebeneinander auf: «Gelb neben Blau ist schöner als Gelb neben Grün!» Man ist wieder zum Ausgangspunkt zurückgekehrt.

Im Verlauf des ersten Schuljahres ergeben sich verschiedene Möglichkeiten, in abgewandelter Form darauf zurückzukommen. Im Frühling läßt man den Farbklang hell, im Herbst kräftig malen und variiert so die Übung den Jahreszeiten entsprechend.

Man malt nun eine Weile mit den sogenannten *Primärfarben* Gelb, Rot, Blau. Es ist zweckmäßig, neben Gelb *Karminrot* und *Ultramarinblau* zu verwenden. Man gibt kein Thema, sondern überläßt den Kindern die Gestaltung. Gerade in dieser Anfangszeit sollen sie sich ja zunächst in das Farbige in freier Weise einleben. Bei einem Versuch dieser Art entstehen erfahrungsgemäß allerlei figurale Elemente, gelbe, rote und blaue Kreise, kleinere und größere Farbflecke, häufig auch Raster und ähnliches. Das eine oder andere Kind malt auch nur eine einzige Farbe hin oder einen Zweiklang.

An solch einen Zweiklang läßt sich beispielsweise bei der Nachbesprechung gut anknüpfen. Man wird auf das Verhältnis von Farbe zu Farbe dabei hinweisen, vielleicht die nächste Übung für alle Schüler daran anschließen. Findet sich unter den Bildern eines, auf dem in der Mitte Gelb gemalt ist, umgeben von Rot und Blau, kann man in der folgenden Stunde diesen Dreiklang malen lassen. Um Figurales zu vermeiden, hält man sie an,

5. Rot-Blau-Übung, 1. Klasse (siehe Seite 36)
6. oben: Blau-Gelb-Übung, 1. Klasse
unten: Rot-Blau-Übung, 2. Klasse
7. Farbübung, 3. Klasse
8. Böcke und Eichhörnchen. Tierkunde, 4. Klasse

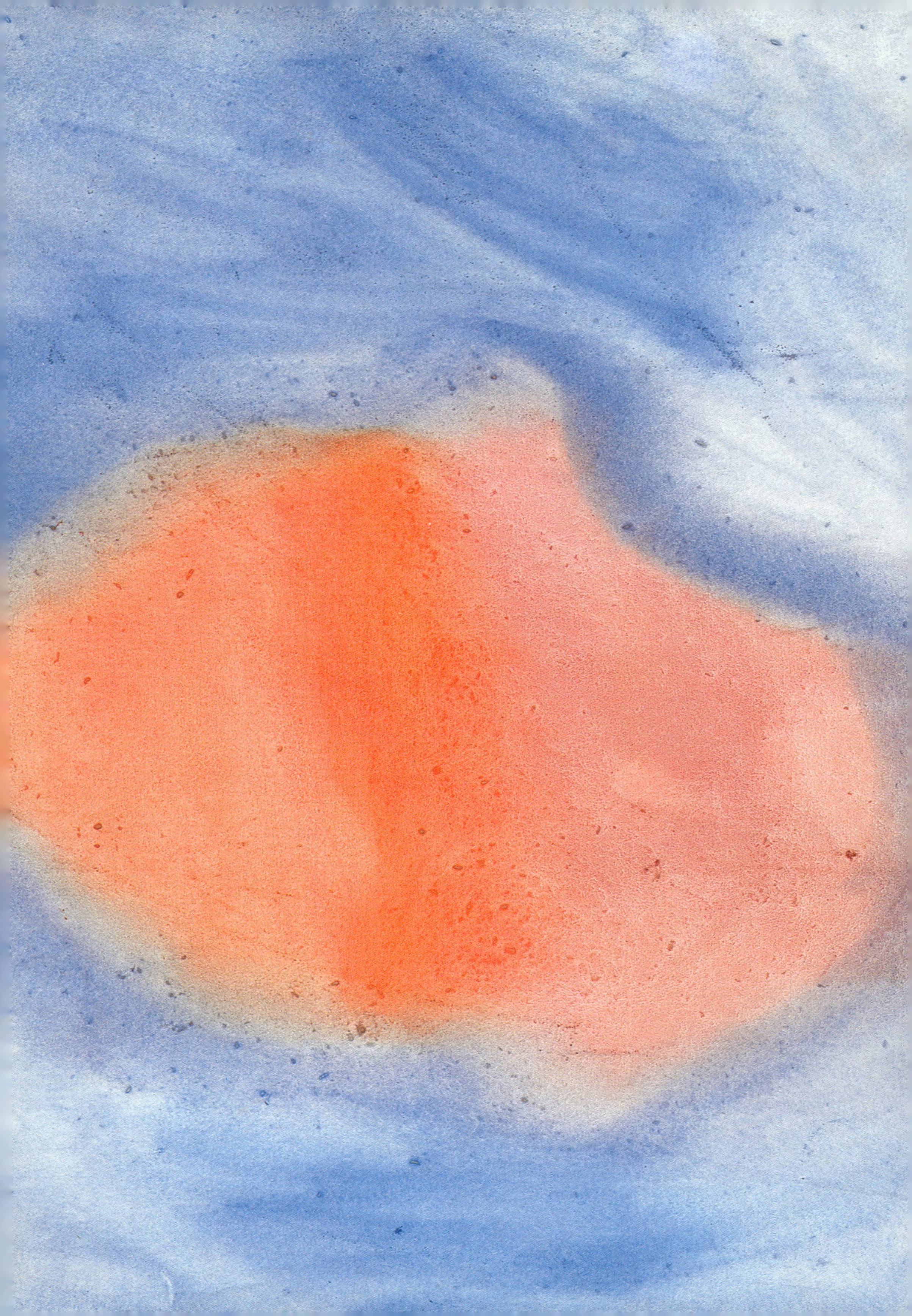

größere geschlossene Flächen zu malen. Dabei vollzieht sich so etwas wie ein erster Lernschritt.
Nach einigen Wochen teilt man auch Preußischblau aus und läßt, anknüpfend an das erlebte Gelb-Blau, *Grün* entstehen. Man beginnt damit, daß man beide Farben aufeinander zu malt und vorsichtig ineinander führt. Welches Grün entsteht, hängt davon ab, ob das Gelb in das Blau hinein oder Blau ins Gelb gemalt wird. Mit Ultramarin und Karminrot kann man in gleicher Weise *Violett* entstehen lassen. Die dritte Mischfarbe, *Orange*, entsteht aus Karminrot und Gelb; feuriger wird das Orange aus Zinnober und Gelb, aber man schiebt das noch etwas auf, weil Zinnober leicht zu grell wirkt.
Die große Reinheit und Transparenz der Aquarellfarbe läßt Farbmischungen besonders klar erscheinen und ermöglicht feinste Nuancierungen. Eines muß jedoch beachtet werden: das Übereinandermalen mehrerer Farben in feuchtem Zustand führt zur Abschwächung der Farbkraft. Es können dabei graue und braune Töne entstehen. Um helle und zarte Töne herauszubekommen, müssen die angerührten Farben jeweils mit Wasser verdünnt werden. Für das malende Kind ist das Entstehen einer Farbe, die im Tiegel noch nicht vorhanden ist, jedesmal ein bedeutsames Erlebnis. Es ist selbst beteiligt an dem Farbbildungsprozeß und erfährt etwas von dem Kräfteausgleich, wenn Hell und Dunkel sich begegnen, wie etwa beim Malen von Grün.
Verstärkt wird das Erlebnis beim

*Malen auf farbigem Papier**.

Da verwandelt sich jede Farbe unmittelbar. Malt man mit Gelb auf rotem Grund, verliert das Gelb seinen Glanz, wird zum Orange-Rot. Malt man mit Blau auf Rot, wird das Blau wärmer, wird zum Violett. Zeichnerische Formelemente, die sich bei Schulanfängern noch leicht hervordrängen, werden zurückgehalten, weil ihre Aufmerksamkeit von vornherein durch den Farbprozeß in Anspruch genommen wird.
Von der technischen Seite her ergibt sich bei solchen Übungen das Problem, daß es keine geeigneten Papiersorten gibt, die man dafür verwenden kann. Die in vielen Farben erhältlichen Tonpapiere eignen sich wohl zum Bemalen mit Wasserdeckfarben, nicht aber für die Aquarellfarbe. Man kann sich helfen, indem man in der Malstunde das weiße Papier von den Kindern mit einer einzelnen Farbe grundieren läßt. Die aufgetragene Farbe muß dann nur einige Minuten in das Papier einziehen, ehe darauf weitergemalt werden kann.
Man bleibt nun nicht nur bei den Mischfarben stehen. Im Anschluß an den

Gelb-Blau-Klang kann man den *Gelb-Rot-Klang* und *Rot-Blau-Klang* malen lassen. Beides sind auch charakteristische Farbklänge; der erste ist mehr heiter und prächtig, der zweite mehr still und festlich. Die jeweilige Fortsetzung führt zu Gelb-Orange oder zu Blau-Violett, den charakterlosen Zusammenstellungen.

Um von den Zweiklängen wieder auf den *Dreiklang der Grundfarben* zu kommen, stellt man eine neue Aufgabe. Der Lehrer wird immer ein vorbereitetes aufgespanntes Papier bereit haben, das er übrigens auch benutzt, um gelegentlich ein phantasieloses Kind durch eigenes Tun anzuregen. In diesem Fall hier heftet man ein großes Blatt an die Tafel und malt eine rote Fläche darauf. Nun fragt man, was jetzt mit Gelb und Blau geschehen soll? Man läßt einzelne Kinder Gelb oder Blau oder beides daneben setzen. Nun malt man noch eine zweite und dritte gleich rote Fläche hin und läßt sie von den Kindern entsprechend ergänzen, so daß jeweils vom gleichen Ausgangspunkt aus ein Dreiklang entsteht. Wenn die Klasse so angeregt ist, soll jeder auf dem eigenen Blatt von Rot ausgehend einen Farbklang malen. Dabei zeigt sich, daß zwar alle das Rot in die Mitte setzen, Gelb und Blau aber unterschiedlich anordnen oder nur eins von beiden nehmen. Man beobachtet dabei besondere Vorlieben und Abneigungen gegen bestimmte Farben oder auch eine Verträumtheit, die über dem Malen der einen Farbe die nächste vergessen läßt. Das gibt viel Stoff zum Bewußtmachen in der Nachbesprechung; es vermittelt dem Lehrer aber auch Aufschlüsse über die einzelnen Kinder.

Wenn wir die Dreiklangübung wieder aufnehmen, setzen wir einmal Gelb, das andere Mal Blau in die Mitte*. Jedesmal ist die Bildwirkung anders, und das Wesen der Farbe tritt immer deutlicher in Erscheinung.

Wir führen die Dreiklangübung weiter und *tauschen Blau mit Violett* aus. Nun haben wir Gelb, Rot, Violett. Es ist jetzt Rot in der Mitte, Gelb und Violett auf den Seiten. Gelb-Rot ist ein charakteristischer Farbklang, Rot neben Violett ein monotoner. Doch da es sich um eine Dreiheit handelt, wirkt auch das Gelb-Violett zusammen, also harmonisch. Nun kehren wir es um und setzen das Gelb in die Mitte. Violett danebengemalt, ergibt einen harmonischen, Rot auf der anderen Seite also, Gelb-Rot, einen charakteristischen Klang. Vergleicht man die beiden Dreiklänge, so erlebt man eine Steigerung der Harmonie. Mit dem Violett in der Mitte bleibt auf der einen Seite der harmonische Gelb-Violett-Klang. Auf der anderen Seite ergibt sich wieder das monotone Rot-Violett. Hat man einmal alle Variationen ausprobiert, sie mit den Kindern angeschaut und besprochen, so haben sie gelernt, daß es darauf ankommt, wie die Farben nebeneinander gemalt werden.

Wir erweitern nun die Farbskala um die

drei Mischfarben

und setzen die Farbklangübungen mit ihnen fort.
Wieder malen wir ein Rot an die Tafel und lassen die Kinder empfinden, wie schön Grün dazu steht. Dann wieder setzen wir das Grün in die Mitte und regen die Kinder an, Rot hinzuzumalen. Das Malen solcher Farbklänge, ob es nun Drei- oder Zweiklänge sind, erfordert, daß der Lehrer schon beim Anrühren der Farben darauf achtet, daß satte, schöne Farbverhältnisse entstehen können, Rot darf im Verhältnis zu Grün nicht zu hell, Grün im Verhältnis zum Rot nicht zu dunkel werden. Ein Rot-Grün-Klang kann festlich wirken wie eine Pfingstrose im Garten oder eine rote Rose im sommerlichen Grün. Andere Farbklänge dieser Art, in denen sich besonders harmonische Verhältnisse aussprechen, sind Gelb-Violett, Orange-Blau.
Es ist gewiß heilsam, wenn das Schönheitsempfinden eines Kindes durch das Erlebnis solcher Farbklänge geweckt wird, wenn es Harmonie erfährt. Rudolf Steiner sah deshalb etwas Bedeutsames in diesen Übungen, gerade in dem Lebensalter gegen das achte Lebensjahr hin*.
Eine weitere Steigerung im Erleben bedeutet eine Übungsreihe, die mit einem *monotonen Farbklang wie Grün-Blau* beginnt. Das nächste Mal geht man zu Grün-Violett und zum Schluß erst zu Grün und Rot über. Der Ausgangspunkt vom anderen Pol, vom Grün-Gelb, führt zu Grün-Orange und dann wieder zu Grün-Rot.
Bei allen diesen Übungen zeigen sich *verschiedene Bewegungstendenzen* der einzelnen Farben, die man aufnehmen kann. Gelb etwa kann in einer Strahlenform gemalt werden. Umgibt man es mit Blau oder Violett, erinnert es an einen Blumenstern. Nimmt man aber das Blau oder Violett in die Mitte und umgibt sie mit Gelb, so wandelt man den Stern zu einer mehr runden, dem Stiefmütterchen ähnlichen Form ab.
Mit den bisher beschriebenen Malübungen sind drei

methodische Schritte

gegangen:
Erst malt das Kind aus seinem instinktiven Farbgefühl heraus.
Dann wird es aufmerksam darauf gemacht, wie die Farben auf seinem Bild zusammenstimmen.
Zuletzt werden die Mittelfarben ausgetauscht und die Farben der Umgebung geändert.
Die Kinder spielen mit der Farbe, die sie unter der Führung des Klassen-

lehrers im Sinne der Farbenlehre kennenlernen. Es wird oft eingewendet, daß durch die methodische Führung die eigene Gestaltungskraft der Kinder gehemmt wird. Dabei vergißt man, wieviel *Aktivität und eigene Entscheidung* schon dazu gehört, mit dem Pinsel Farbflächen auf das Papier zu setzen. Wenn eine Klasse nur mit Gelb und Blau gemalt hat, sehen alle Blätter, selbst wenn man die Übung großflächig anlegen läßt, verschieden aus. Werden sie zu einförmig, so muß der Klassenlehrer bestrebt sein, das innere Farberleben der Kinder stärker anzuregen, dann werden sie wieder freier gestalten.
Es ist von großer Bedeutung, daß die Aufmerksamkeit des Kindes, das vor dem siebenten Lebensjahr mehr instinktiv träumend in der Welt der Farben gelebt hat, nun auf die qualitativen Unterschiede hingelenkt wird.

Farbgeschichten

Gegen das neunte Lebensjahr zu drängt es die Kinder, stärker ins Formen zu kommen. Gegenständliche Motive und alles Zeichnerische sollen vermieden werden. Die Farben selbst bieten eine Fülle von Möglichkeiten Motive zu finden, wenn man sie einzeln mit *seelischen Eigenschaften* charakterisiert und so miteinander ins Spiel bringt*. Da ist ein *«geziertes Lila»*, dem setzt man ein *«freches Rötchen»* in den Nacken. Ein *«demütiges Blau»* ist wie ein Teppich darunter gebreitet. Diese kleine Geschichte soll hier als Beispiel für das Malen mit der Klasse ausführlich dargestellt werden.
Zunächst muß der Lehrer eine deutliche Vorstellung von den einzelnen Tönen haben. Nur selten verbindet man eine klare Farbvorstellung mit dem Wort *Lila*. Goethe nennt in seinem Farbenkreis die erste Stufe des Übergangs von Blau nach Purpur *Rotblau*. Dabei behält das Blau die Oberhand; wird es verdünnt, erhalten wir Lila. In der Natur sind es die Frühlingsfarben des klassischen Flieders, der lila Tulpen und hellen Krokusse. Das «freche Rötchen» läßt gleich an *Zinnober* denken. Es ist die Farbe, die am ehesten ins Auge springt. Das Blau dieser Farbaufgabe — das demütige Blau — darf nicht zu dunkel, nicht zu hell, weder eisig noch grünlich sein, wenn es die Geste der Demut zum Ausdruck bringen soll. Es muß Wärme enthalten, schon auf dem Wege zum Rot sein. Das erreicht man mit Ultramarinblau, abgemildert durch einige Tropfen Zinnober. Die Größenverhältnisse dieser drei Farben auf dem Blatt sind schon mit der Formulierung angedeutet. Das gezierte Lila will sich sehen lassen, es dehnt sich in der Fläche aus, es ist unruhig, möchte entschweben. Für die Leichtigkeit dieser Farbe muß der Lehrer schon vorher in den Kindern ein Gefühl hervorgerufen haben. Das freche Rötchen ist energisch, feurig, spritzig, aber klein. Als reines Zinnober leuchtet es schon als kleiner Fleck. Dagegen muß das Lila wie ein Mädchen,

das sich schmückt, bald etwas vom Blau, bald etwas vom Rot nehmen — *Karmin* muß hier mit verwendet werden. Von den drei Farben ist Blau die stillste, es umschließt die beiden anderen Farben und verdichtet sich dann unten, um dem Ganzen einen Halt zu geben.

Solche Übung ist geeignet, die Kinder *seelisch in Bewegung zu bringen.* Soll die Farbe zum Motiv werden, muß das malende Kind gleichsam in sie hineinschlüpfen, sie empfindend durchdringen und gestalten. Diese Tätigkeit ändert sich von Farbe zu Farbe, das Erleben beginnt sich zu differenzieren. Dadurch entsteht nicht nur ein äußeres Tätigsein, sondern das Innere wird regsam, lebendig, beweglich, gleichzeitig werden Empfindungen durch die Farbe sichtbar gemacht.

Der Verfrühung und der Verarmung des Gefühlslebens, dem wir heute so erschreckend begegnen, kann man durch solche künstlerische Übung im Kindesalter entgegenarbeiten. Es ist gut, sich diese Tatsache an einem solchen Beispiel einmal ganz klarzumachen, denn große Wirkungen gehen alle aus kleinen Keimen hervor.

Wenn der Lehrer von dem anfänglichen Malen einfacher Farbklänge zu seelischen Motiven übergeht, muß er wissen, ob die *maltechnischen Voraussetzungen* dafür *ausreichen.* Dem hier angeführten Beispiel muß einmal eine Übung mit den beiden Farben Rot und Blau vorausgegangen sein. Jedes Kind muß in der Lage sein, durch Verdünnen mit Wasser einen Farbton aufzuhellen und so das Lila zu mischen.

Fast alle Kinder fassen eine spontane Zuneigung zum frechen Rötchen. Dieses Interesse, diese Neugier kann der Lehrer benutzen, um die Farbgeschichte *weiter abzuwandeln.* Er wird dabei gut tun, das schon Geübte zu wiederholen und nur wenig zu verändern. Man kann erzählen, daß da plötzlich noch ein *zweites Rötchen,* nicht minder frech, aufgetaucht ist und das gezierte Lila, das eben fortschweben wollte, packt und festhält.

In einer folgenden Übstunde geht die Erzählung etwa so weiter: Wie sich leicht erraten läßt, ging es mit den beiden frechen Gesellen nicht lange gut. Sie fingen an miteinander zu raufen. Man sah schließlich nur noch ein einziges, feuriges, nach allen Seiten hin sprühendes Rot. Das «zarte Lila» hielt das nicht aus, besorgt um seine Schönheit entfloh es. Das demütige Blau wich erschrocken an den äußersten Rand des Blattes zurück.

Hat man die Geschichte im Laufe von einigen Malstunden variiert, ohne andere Farben hinzuzunehmen, sind die Kinder durch den wiederholten Umgang mit den gleichen Farbtönen beim Malen geschickter geworden. Weitere Variationen ergeben sich, indem man noch *Gelb* hinzunimmt, das sich in Verbindung mit Blau *zu Grün,* in Verbindung mit Rot *zu Orange* verändern läßt.

Dazu abschließend noch ein Beispiel. Wir gehen wieder von der ersten Geschichte aus, lassen aber das gezierte Lila mit dem frechen Rötchen im Nacken auf dem weißen Blatt stehen. Das demütige Blau bleibt unten. Das Rötchen hält Umschau nach einem Spielgefährten und sieht in der Ferne etwas aufblitzen: das strahlende Gelb nähert sich und verbreitet Helligkeit über die ganze Fläche.
Daraus ergibt sich für die nächste Stunde eine Fortsetzung. Man fragt, wie das Lila sich gefühlt haben mag, als das Gelb kam? Es konnte dessen Glanz nicht ertragen und ist entschwebt. Aber das freche Rötchen sprang dem Gelb in die Arme und schloß Freundschaft mit ihm. Dabei verlor es seinen Übermut und wurde zum freundlichen Orange.
Bei diesen Farbgeschichten muß der Lehrer darauf achten, daß er *nicht ins Willkürliche* gerät. In Goethes Kapitel über die sinnlich-sittliche Wirkung der Farbe findet man für jede Farbe eine überraschende Fülle sprachlich genialer Charakteristiken, aus denen man sich immer wieder neue Anregungen holen sollte. Man darf eine Farbe nicht immer mit der gleichen Vokabel belegen. *Ein Gelb* kann ja heiter, fröhlich, strahlend, aber auch prächtig sein; ein *Blau* scheu, sehnsüchtig, abweisend, verschlossen; *Grün* friedlich, ruhig, freudig, frisch; *Orange* freundlich, mutig, kraftvoll; *Purpurrot* königlich, würdevoll, feierlich, majestätisch.
Nicht übersehen darf man, wie Goethe das *Abgleiten* einer Farbe ins *Unangenehme* schildert. So ist das Gelb besonders empfindlich und kann leicht schmutzig wirken*.

Malen im Anschluß an den Erzählstoff

Neben derartigen Farbgeschichten gibt es noch einen anderen, sehr schönen Anknüpfungspunkt für freie Farbgestaltungen. Man schließt das Malen an den Erzählstoff an. Das wandelt sich dann von Klasse zu Klasse. In der 1. Klasse werden Märchen erzählt, in der 2. Klasse Fabeln und Legenden, in der 3. Klasse Geschichten aus dem Alten Testament. Um das anschaulich zu machen, wollen wir wieder einige Beispiele ausführlich darstellen.
In einem echten Volksmärchen gibt es keine räumliche, noch zeitliche Tiefengliederung*. Alles ist flächenhaft ineinander verwoben. Es sind aber

Bildhöhepunkte darin, die die Phantasie des Kindes anregen und besonders starke Empfindungen auszulösen vermögen. Nehmen wir an, es ist

die Geschichte von Rapunzel

erzählt worden. Die Kinder haben von dem im Walde jagenden Königssohn gehört, der eines Tages dem lieblichen Gesang Rapunzels folgt und zuschaut, wie sie ihre goldenen Zöpfe am Fensterhaken befestigt und sie dann zwanzig Ellen tief hinabfallen läßt, damit Frau Gotel daran heraufklettern kann. Das Bild wird in der Phantasie des Kindes haften bleiben. Kommt der Maltag, so kann der Lehrer daran anknüpfen, indem er das Erzählte nochmals in Erinnerung ruft. Da ist der dunkle Turm im Wald, den man zunächst mit Blau anlegen läßt und in eine bläuliche Umgebung einbettet, die mit Gelb übermalt zum Grün des Waldes wird. Dann regt man die Kinder an, ein Gelb so glänzend wie Rapunzels Haar zu malen, das sich in das Dunkel ergießt. Hierfür hat man vorher etwas Platz an der einen Turmseite aussparen lassen. Nun kommt ein Rot, so leuchtend wie das Gewand des Königssohns, auf das Gelb zu und breitet sich stellenweise auch über das Blau des Turmes. Das verwandelt sich da in Violett.

Bei einer solchen Übung kommt es darauf an, bei der Einführung das Märchen als *farbiges Ereignis* zu schildern, ohne dabei an die Märchengestalten als solche anzuknüpfen, da sonst das Kind seine Vorstellungen zeichnerisch zu gestalten beginnt. Wichtig ist, daß man vom Rot spricht, das wie ein Königsgewand leuchtet, mit der Farbe also immer ihre Eigenschaft nennt.

Jedes Geschehen in einer Geschichte hat seine besondere Dynamik, aus welcher Spannung oder Lösung hervorgehen. Am charakteristischsten dafür sind Verzauberung und Befreiung. Bei der *Verzauberung* tritt immer eine Veränderung der Stimmung ein. Dafür ist

*das Märchen von Jorinde und Joringel**

ein schönes Beispiel. Die beiden sind in den Brauttagen und sind in den Wald gegangen, um vertraut miteinander zu reden. Es ist Maienzeit, die Abendsonne scheint hell in das Dunkel des Waldes, und sie werden von einem goldgrünen Glanz umgeben. Nun setzt ein feiner Stimmungsumschwung ein. Die Turteltaube auf der alten Maienbuche fängt kläglich an zu singen; Jorinde beginnt zu klagen, Joringel klagt mit, die beiden sind bestürzt und wissen nicht warum. Halb ist die Sonne schon untergegangen, da sieht Joringel durchs Gebüsch die alte Mauer eines Schlosses, in dem eine Zauberin wohnt. Diese verwandelt jede Jungfrau, die dem Schloß auf hundert Schritt nahekommt, in einen Vogel und sperrt sie in einen Käfig ein. Ehe Joringel sich versieht, fängt Jorinde an zu singen und ist zur

Nachtigall geworden. Eine Nachteule umkreist sie mit dreimaligem «Schuhuhu». Joringel bleibt zu Stein erstarrt stehen; er kann sich nicht von der Stelle bewegen. Die Sonne sinkt unter, die Eule fliegt in einen Strauch, und gleich darauf kommt eine alte Frau hervor, gelb, mager, mit großen dunklen Augen, roter Nase und ebensolchem Kinn. Sie fängt die Nachtigall und trägt sie fort.

Die Kinder tauchen mit ihrem seelischen Erleben tief in diese Bildwelt ein. Sie erleben zunächst die warme Goldstimmung, dann das Dunkelwerden durch das Herannahen des Bedrohlichen. Sie geraten in Spannung, empfinden Furcht, Traurigkeit, weil die Lichtwelt erlischt. Wird dann gemalt, so breiten sich auf dem Blatt zuerst die goldenen, orangefarbenen Töne aus. Dann kommt ein dunkles Blau dazu. Es verzaubert das Gelb, nimmt ihm die Leuchtkraft, und es wird grün.

Einen ähnlichen Stimmungswechsel finden wir auch in der *Geschichte vom Froschkönig*. Das Glanzelement geht in dem Augenblick verloren, in dem die goldene Kugel der Königstochter in den Brunnen fällt.

Will man an das *Motiv der Erlösung* anknüpfen, läßt man es die Kinder umgekehrt machen, sie hellen die Farben auf.

Zunächst muß man allerdings das Gelb abdunkeln, indem man es mit Blau übermalt, um zum Grün zu kommen. Aber dann wird das Gelb wieder entzaubert, indem man reines Gelb neben das Grün setzt, so daß es aus dem Grün herauskommt wie eine Blüte aus der Knospe.

Im *Märchen von Dornröschen* zerteilt das Gelb, das so licht und glänzend ist wie das Schwert des Königssohns, die dunkle Hecke, die vorher mit Preußischblau angelegt wurde. Jetzt entstehen Grüntöne, in denen rötliche Rosen aufleuchten.

Was in der Seele des Kindes an Gefühlen, an Freude und Trauer, Hoffnung und Enttäuschung angeregt wurde, soll beim Malen frei in die Gestaltung einfließen*. Es soll nichts erzwungen und dramatisiert werden, aber die Art des Erzählens wird sich in den Farbkompositionen widerspiegeln.

Die Geschichten aus dem Alten Testament,

die den Erzählstoff der 3. Klasse bilden, führen in eine überpersönliche Dramatik. Ein Urthema ist der Mensch, der dem Bösen verfällt, so daß der göttliche Zorn sich gegen ihn wendet und Strafen über ihn verhängt. Moses erscheint als Sendbote der göttlichen Ordnung. Auch ihn ergreift der Zorn, als er mit den Gesetzestafeln vom Berge herabschreitend die Israeliten im Tanz um das Goldene Kalb erblickt. Der Zorn Gottes, der Zorn des Moses, sie erwecken die Furcht in den Menschen.

Zorn und Furcht führen zu *Übungen in Rot und Blau.*

Ein wunderbarer Stimmungsgegensatz liegt über der Geschichte von David und Saul. König Saul ist schwermütig geworden, weil er Gottes Gebote übertreten hat. David spielt und singt ihm auf der Harfe vor, um ihn zu erheitern. Dunklem *Blau, Violett und Grün* werden *Gelb-Orange, Rot* so gegenübergestellt, daß sich die Lichtseite nach dem Dunkel hin ausdehnt und es erhellt.
In der Mittelstufe ist das Malen im Anschluß an den Erzählstoff nicht mehr so einfach. Den Schwerpunkt in der 4. Klasse bildet die

germanische Mythologie.

Neben die heilige Bildwelt des Alten Testamentes tritt nun die übermenschliche Götterwelt mit ihren weiten Dimensionen. Das Kind erlebt sie als eine ungeheure Raumeswelt, als die Götterburg Walhalla, in der die mächtigen Gestalten Odin, Thor, Baldur, Freya, Frigga leben. Da ist Heimdall, der Hüter der Gjallarbrücke, da sind die Riesen in Thursenheim. Midgard, der Wohnort der Menschen, liegt dazwischen. Soll man im vierten Schuljahr nun noch an diese Bildwelt im Malen anknüpfen? Oder sollte man nicht vielmehr durch das Rezitieren der Eddatexte mit dem für die Kinder neuartigen Element des Stabreims in diese mächtige Götterwelt eintauchen? Kinder, die angeregt durch diese Erzählungen aus eigenem Antrieb Bilder in ihre Hefte malen, gibt es immer. Das Format der Heftseite reicht oft nicht aus für das, was sie zum Ausdruck bringen wollen. Alles geht ins Große, dabei leidet oft die Ausgestaltung des Farbigen.
Im Übergang vom neunten zum zehnten Lebensjahr klingen die kindlichen Phantasiekräfte ab, der Blick des Kindes wendet sich in bewußterem Wahrnehmen seiner Umwelt zu. Will man trotzdem noch einige Übungen zur germanischen Mythologie machen, so setzt man am besten bei den farbigen Qualitäten der Naturkräfte an. Da ist das Reich der Feuerkräfte: Muspelheim, oder die Welt der Kälte, das neblig-feuchte Nifelheim. Auch hier kann man vom Gegensatz Rot-Blau ausgehen. Aber die Seelenvorgänge wie Furcht und Zorn des Alten Testaments verwandeln sich nun in den *Ausdruck des Elementarischen.* Dabei kommt oft eine erste Gegensätzlichkeit von Hell — Dunkel in die Malereien der etwa zehnjährigen Kinder heraus.
Das wird noch deutlicher, wenn das dunkle Reich der Hel in den Erdentiefen die vom Lichtgott Baldur erhellte Götterwelt verdüstert.
Es gibt Lehrer, die auf dieser Alterstufe durch das Erzählen *eindrucksvolle expressive* Sachen bei den Kindern herauslocken und diese sehr bewundernswert finden. Es ist aber doch eine ernste Frage, ob man dabei nicht die *Phantasiekräfte* der Kinder zu sehr *ausnutzt,* vor allen Dingen, wenn

man dem erzählenden Element dabei zu viel Raum gibt. Man nimmt diese Kinderbegabung heute ganz selbstverständlich für Wettbewerbe, Werbung und andere Erwachsenen-Veranstaltungen in Anspruch. Damit hilft man dem Kinde aber nicht. Nur wenn es langsam und methodisch in die Elemente des Künstlerischen eingeführt wird, bereitet man den Boden und bildet Fähigkeiten aus, die später dem selbständigen, schöpferischen Arbeiten zur Verfügung stehen.

Läßt man das Kind sich im Emotionalen ausleben und regt damit scheinbar seine Kreativität an, so verbraucht man die eigentlich schöpferischen Jugendkräfte, die sich erst nach der Pubertät entwickeln können*.

Erzählendes Malen

Die Förderung oder Lenkung der kindlichen Kreativität beschäftigt heute die Diskussion der Kunsterziehung in erster Linie. In den vorigen Ausführungen haben wir versucht zu zeigen, wie wechselnde Aufgabenstellung, gemeinsame Betrachtung des Gemalten die Sinneswahrnehmung aktiviert, wodurch die seelischen Prozesse angeregt werden. Die Lust am expressiven Gestalten wird aber nicht unterbunden, sondern kann sich bei anderen Gelegenheiten betätigen.

Die Hefte der Waldorfschüler überraschen meistens durch ihre reiche Farbigkeit, die mit Wachsmalkreiden, Ölkreiden oder Buntstiften entsteht. In den jeweiligen Altersstufen und Unterrichtssituationen sind sie verschieden. Manchmal läßt der Lehrer den Text im Epochenheft durch ein Bild ergänzen und gibt Anregungen dazu durch eine Tafelzeichnung. Oft finden Unterrichtserlebnisse aber auch in ganz freier Weise ihren farbigen Niederschlag darin. So ist in einer ersten Klasse das *Märchen von Frau Holle* erzählt worden. Die Kinder möchten diese Geschichte malen. Ist die Situation geeignet, so werden Hefte und Farbkreiden ausgepackt. Jedes Kind malt seinen besonderen Eindruck der Geschichte. Es entstehen goldene und schwarze Tore, das Haus von Frau Holle wird gemalt, wirbelnde Schneeflocken; oder es sind Apfelbäume und Backofen zu sehen. Bei diesem Malen betätigen sich die kindlichen Willenskräfte, die Geschichte wird dabei gleichsam verdaut. Es handelt sich hier um dasselbe, was sich auch beim Nachspielen einer Geschichte in der Klasse vollzieht.

Ist die Maltätigkeit zu Ende, so erlischt das Interesse an den entstehenden Produkten bei den Kindern sehr schnell. Man kann es zunächst dabei bewenden lassen. Die ganz allmähliche

Einführung des Schreibens

ermöglicht es aber dem Lehrer, die Entwicklung eines Buchstabens daran anzuschließen*. Er kommt dann am nächsten Morgen, bei der Wiederholung des Erzählten, darauf zurück. Zunächst zeigt jedes Kind noch einmal, was es auf seinem Bilde hat. Da ist der Sohn eines Bäckers, ein kleiner, rundköpfiger Phlegmatiker, der stumm auf seine sorgfältig gemalten Brote deutet. Sie können den Anlaß geben, mit den Kindern über das Brot zu sprechen. Im Unterrichtsgespräch wird dann die Aufmerksamkeit auch auf den Anfangsbuchstaben B gelenkt. Noch weitere Worte, die mit B anfangen, werden zusammengetragen: Brötchen, Brezel, Brosamen, Backtrog, Backofen, Backstube, Bäcker, Bäckerladen. Mit einer kleinen Sprachübung, einem Verschen, faßt man die B-Worte noch einmal so zusammen, daß die Klasse ganz in das *Lauterleben* eintaucht. Aus der Form der gebackenen Brezel wird nun der Buchstabe B *zeichnerisch entwickelt.* Eine Zeichnung an der Wandtafel gibt Anleitung dazu. Die Kinder malen eine Brezel und daneben ein großes B in ihr Heft und benutzen dazu eine ganze Seite. Ist der Buchstabe B erarbeitet, beginnt das Üben; viele B werden nun in das Heft eingetragen, wobei dann allmählich eine gewisse Ordnung angestrebt wird.

Ein Heft der 3. Klasse berichtet über den

Landbau.

Die Texte, die die Kinder mit der Schreibschrift eingetragen haben, sind noch sehr einfach und kurz. Sie werden durch farbige Zeichnungen anschaulich. Auf einer Seite findet sich etwa das Gedicht von *C. F. Meyer:*

«Bemeßt den Schritt, bemeßt den Schwung!
Die Erde bleibt noch lange jung!
Dort fällt ein Korn, das stirbt und ruht.
Die Ruh ist süß, es hat es gut . . .»

Daneben steht ein Bild mit einem kräftig ausschreitenden Mann, der Getreidekörner auswirft. Neben ihm geht die Sonne auf, Vögel flattern in der Luft. Die Gebärde des Sämanns ist so charakteristisch, nicht naturalistisch wiedergegeben, wie vom Kind von innen her erlebt. Vielleicht hat es noch nie einen säenden Bauern gesehen, aber es hat sich sofort in seine Bewegung, von der man erzählt hat, eingelebt.

Man begegnet oft dem Vorurteil, daß ein Kind nur das lernen soll, was es im praktischen Leben wieder trifft*. Es entspricht aber dem heranwachsenden Kind mehr, wenn es zum heutigen Stand der Technik erst allmählich hingeführt wird. Selbstverständlich regt man überall das Interesse am heute arbeitenden Menschen an und läßt die Schüler ihre eigenen Beobachtungen berichten. Aber daneben gibt es eben eine Landbau-Epoche, in der alle Vorgänge vom Pflügen bis zum Brotbacken *exemplarisch ausgeführt* werden. Im Schulgarten wird ein Beet angelegt oder, wo es die Verhältnisse erlauben, ein Stück Ackerland zubereitet. Die verschiedenen Getreidearten, Weizen, Roggen, Gerste und Hafer werden ausgesät. Vorher hat man im Unterricht erzählt, wie es der Bauer in früheren Zeiten gemacht hat. In den Kindern entsteht meist unmittelbar das Bedürfnis, den Rhythmus des Schreitens mit der dazugehörigen Gebärde des Samenwerfens nachzumachen. Kommt man diesem durch ein Bewegungsspiel entgegen, verbinden sie sich intensiv mit der Gestik. In dem Epochenheft wird das Geschehen illustriert.

Zur Vertiefung kann der Lehrer den Bildschmuck durch eine Wandtafelzeichnung anregen und ergänzen. Da man heute so gerne mit Schaubildern und Film arbeitet, möchten wir hier etwas Grundsätzliches einfügen.

Rudolf Steiner pflegte zu seinen Vorträgen selbst immer kleine Skizzen an der Wandtafel zu machen. Als er einmal bei einer solchen Gelegenheit gefragt wurde, warum er nicht lieber einen Film zu Hilfe nähme, sagte er, daß er vor den Zuhörern zeichne, damit diese bei jedem Strich mitdenken könnten, sehen könnten, was gewollt sei. Im Anschluß darauf kam er auf den Kinderunterricht zu sprechen: «... möglichst wenig fertige Zeichnungen, möglichst viel von dem, was da im Augenblick entsteht. Dadurch arbeitet das Kind innerlich mit, dadurch werden die Menschen zur Innerlichkeit angeregt, die dann dazu führt, daß sie mehr ins Geistige sich hineinleben und wiederum Verständnis bekommen für das Geistige ...»*

Durch eine einfache *Farbübung* läßt man vor den Kindern das Prozeßhafte des Keimens, das mehr im Verborgenen geschieht, sichtbar werden. In ein dunkles Braun, in das noch violette und blaue Farbtöne hineinspielen, werden hellbraune, samenförmige Gebilde eingebettet. Aus diesen schiebt sich nacheinander Gelbliches hervor und wird grün, nicht naturalistisch, sondern rein aus der Farbigkeit. Bei solchen Übungen wird auch der Umgang mit den Farbkreiden geübt und gelernt, wie man von einer Farbe zur anderen schöne Übergänge macht.

Der Religionsunterricht

regt das erzählende Malen ganz besonders an. Empfindungen wie Ehrfurcht und Mitgefühl finden ihren Ausdruck im *malenden Zeichnen*. Hat der Religionslehrer z. B. aus dem Alten Testament erzählt, so tauchen gleichsam in fertigen Bildern der Regenbogen, Noah, die Arche mit den Tieren, Moses im brennenden Dornbusch, David und Goliath, vor dem inneren Auge auf.

*Therapeutische Gesichtspunkte**

Nun ergeben sich für den Klassenlehrer im künstlerischen Unterricht besondere Möglichkeiten, auch auf ganz bestimmte, oftmals durch das Temperament bedingte Einseitigkeiten der Kinder pädagogisch-therapeutisch einzuwirken.

Es gibt da Melancholiker, deren Vorstellungen und Empfindungen durch den Unterricht so erregt werden, daß sie nicht mehr davon loskommen. Sie haben eine Neigung zu Zwangsvorstellungen. Die Tendenz zur Verfestigung wird bei ihnen auch im Malen sichtbar, die oftmals dazu führt, daß sie die Farben hart und isoliert nebeneinandersetzen. Hier können besondere Übungen mit harmonischen Farbkompositionen dieser Verkrampfungstendenz entgegenwirken. Man läßt ein solches Kind z. B. von der einen Seite her eine ovale gelbe Fläche ins Blatt malen, läßt diese unten mit Blau umgeben, das sich nach der anderen Seite ausdehnt. Von oben kommt Rot auf das Gelb zu, wird, wo es dieses überdeckt, zu Orange. Dann strömt Rot weiter nach unten und überdeckt einen Teil des Blau, färbt dieses Lila. Nur dort, wo Gelb neben Blau steht, läßt man durch Ineinandermalen Grün kommen. Die Übergänge müssen so sorgfältig gemalt werden, daß die harmonische Zusammenstellung der Farben dadurch noch unterstützt wird. Eine Variation der Übung ergibt sich, wenn man ein andermal vom Rot ausgeht, es mit Gelb umgeben läßt, das von einer Seite her so von Blau überdeckt wird, daß unmittelbar neben dem Rot Grün entsteht. Durch die an den Rändern auftretenden Farbmischungen ergeben sich *Lila* und *Orange.*

Geht man schließlich vom Blau aus und läßt es mit Gelb umgeben und nach innen hin mit Rot in Orange verwandeln, so erscheint Orange unmittelbar neben Blau und bildet einen harmonischen Klang, um den sich bei den Übergängen im Umkreis Lila und Grün bilden.

Es gibt nun entgegengesetzt veranlagte Kinder, vor allem die Phlegmatiker, die sehr stark von den Prozessen ihres Stoffwechsels bestimmt werden. Sie haben nur wenig Neigung, auf das einzugehen, was der Lehrer an ihre Vorstellungen heranzubringen versucht; sie vergessen schnell wieder. Bei den technisch begabteren sind die Malereien oft recht sorgfältig durchgeführt, aber die Farben zeigen wenig Ausdruckskraft. Oft sind jedoch auch Kinder darunter, bei denen alles wässerig und verschwommen aussieht. Ihnen gibt man nach dem Zeichnerischen hingehende Übungen.

Man bildet Schlingen. Am besten ist es, mit Gelb zu beginnen. Man malt mit breitem Pinsel eine große nach oben offene Acht. In einigem Abstand geht die blaue Farbe denselben Weg. In der Mitte, wo Gelb und Blau sich überschneiden, entsteht Grün. Es verläuft ganz fein im Inneren der Schlinge, an der Grenze zwischen Gelb und Blau dehnt es sich nach oben hin aus. Dann folgt das Rot. Auch dieses muß von oben anfangend durch den Kreuzungspunkt hindurch. Da, wo es das Blau überschneidet, entsteht Lila, bildet wiederum eine feine Schlinge im Inneren und weitet sich im freien Raum aus.

Im Gegensatz zu der ersten *rein farbigen* Übung kann man diese als *formhaft farbig* bezeichnen. Wichtig ist es für den Lehrer, darauf zu achten, daß das Blatt nicht zu feucht ist und nicht zu viel Farbe in den Pinsel genommen wird, damit nicht bei der Kreuzung alles ineinander läuft.

Wenn man diese Übung selbst ausprobiert, erfährt man, wie jeder Durchgang durch die Mitte mit einer neuen Farbe schwieriger wird, weil die Farbzone, auch wenn nur schmale Farbbänder angelegt werden, immer breiter wird. Es bedarf der Wachheit und einer gewissen Kühnheit, bis zum Ende durchzuhalten.

Kinder, die so etwas als Aufgabe bekommen, beginnen meist richtig, lassen aber nach kurzer Zeit den Kreuzungspunkt aus und fahren mit dem Pinsel außen herum. Gerade da zeigt es sich, worauf die Übung abzielt. Ein Kind, das zu stark zur Vergeßlichkeit oder zur Dumpfheit neigt, muß sich zusammenraffen und sich anstrengen, um die Aufgabe zu bewältigen. Auch hier muß man die Übung wiederholen. Variationen ergeben sich nach zwei Richtungen hin. Einmal kann der Farbverlauf verändert werden, so daß der Kopf der Schlinge nicht nur unten, sondern oben, rechts oder links erscheint. Das andere Mal werden die Farben beschränkt, aber mehrmals nebeneinander gemalt. Wird Rot und Blau ausgeteilt, so bekommt man mehrere rote und blaue Schlingen im Wechsel.

Gelingt es dem Lehrer, seine Erfahrungen mit diesen Übungen zu erweitern und das in ihnen Wirksame immer besser zu erfassen, so kann er sie vielerseits verwenden. Ist z. B. in einer 7. Klasse ein geographisches Gebiet behandelt worden und nun soll eine Landschaft daraus gemalt werden, so wird er den Melancholiker dazu anleiten, mehr das Harmonische der Farbkompositionen herauszuarbeiten, er wird ihn vielleicht dazu anregen, den Himmel mit zarten Farbübergängen zu malen, so wie er am Morgen oder Abend über jener Gegend erscheint. Bei einem anderen Kinde, das zur Vergeßlichkeit neigt, wird er darauf achten, daß die Farben sich klar unterscheiden und daß auf dem Bilde das Charakteristische der Landschaft auch in der Form zum Ausdruck kommt.

Die Möglichkeiten, im Malunterricht erzieherisch therapeutisch zu wirken, sind vielfältig. Um die richtigen Einfälle zu haben, ist es aber notwendig, daß der Lehrer stets durch sein Studium den objektiven Zugang zur Welt der Farben und Formen erweitert, und daß er mit seinen Kindern in seelischem Kontakt bleibt.

Entsteht nun in einer ganzen Klasse eine Art einseitiges Verhalten, wie auffallende Unbeherrschtheit oder lähmende Trägheit oder auch eine gewisse Zaghaftigkeit, so hat der Lehrer die Möglichkeit, durch Farbübungen auf ihren Gesamtzustand einzuwirken. Er läßt z. B. einmal eine Übung nur mit einer Farbe machen. Nehmen wir an, es ist die Geschichte vom *Blauen Licht* erzählt worden*. Am Maltag wird daran angeknüpft. Alle Kinder malen nur mit *Blau*. Da kann man dann erleben, wie es im Klassenzimmer unversehens so still wird, daß es den Kindern schließlich selbst auffällt.

Möchte man eine besondere *Aktivität* in die Klasse hineinbringen, macht man einmal eine Übung mit viel *Zinnober*. Manchmal stürzen die Kinder dann geradezu in die Pause, als ob ihnen das Rot in die Glieder gefahren wäre. Es ergeben sich schon Veränderungen, wenn man die Farben einmal zart, einmal kräftig anrührt. Eine Klasse, die leicht außer sich gerät, beruhigt man mit zarteren Farben, so wie man das leisere Sprechen im Unterricht anwendet. Kräftigere Farben beleben, aktivieren, sie erkraften das Seelische der Kinder.

Selbstverständlich muß man alle diese Maßnahmen wiederholen. Gerade die Lehrer der ersten und zweiten Klasse sollten sich damit beschäftigen und sich in der Beobachtung der verschiedenen Wirkungen schulen. Denn man kann alle diese pädagogisch-therapeutischen Mittel nicht schematisch einsetzen.

Malen und Zeichnen im Kindergarten

Nur in wenigen Linien sei das Grundmotiv für die ersten Jahre des Kindes bis zur Schulreife angesprochen. Die folgende Szene ist charakteristisch: Eine Mutter sitzt am Schreibtisch in ihrer Wohnstube. Ihr Söhnchen hockt auf dem Boden, sieht der Mutter zu und bewegt sich bald zu ihr hin. Er streckt das Ärmchen aus und will auch ein Papier und eine «Schreibe» haben. Nachdem ihm die Mutter Papier und einen Stift gegeben hat, fährt er vorsichtig auf dem Papier hin und her. Er setzt mehrmals an und legt dann plötzlich das Blatt wieder weg. Nach einigen Tagen wiederholt sich der ganze Vorgang. Die Entwicklung der kleinkindlichen Kritzelzeichnungen setzt ein.

Der erste Kindheitsabschnitt, das erste Jahrsiebt, ist in seiner Andersartigkeit nur zu verstehen, wenn man beobachtet, daß die Nachahmungskräfte des Kindes sich in einer Intensität wie nie mehr später regen. Nur durch Nachahmung lebt es sich mehr und mehr in die irdischen Verhältnisse ein. Daher darf auch im Hinblick auf das Malen in dieser Zeit nicht von Unterricht gesprochen werden. Alles bildnerische Gestalten im Waldorfkindergarten knüpft an das unmittelbare Tätigkeitsbedürfnis des Kindes allein über seine Nachahmungsfähigkeit an. So ist das Malen zunächst eine Betätigung wie das gemeinsame Backen, Waschen, Aufräumen und anderes, was seinen festen Platz im Wochenrhythmus hat. So darf auch die Vorbereitung mit Umbinden von Malschürzchen, Verteilen von Malbrettern und Papier, Pinseln und Näpfchen einen erheblichen Raum einnehmen. Man läßt dabei die Kinder möglichst alles selbst tun. Die Kindergärtnerin versucht, das Farbenerlebnis in den Mittelpunkt zu bringen, und dehnt darum das Ein- und Ausgießen der Farben mit dem Beobachten der Farbenspiele möglichst aus. Was die Kinder nun mit Pinsel, Papier und Farbflüssigkeit anfangen, überläßt man ihnen selbst. Aber die Kindergärtnerin sitzt ebenfalls an ihrem Malbrett und streicht sorgfältig und mit Wohlgefallen schöne rote und gelbe Flächen hin. Die Kinder werden zusehen, wie sie den Pinsel hält, wie sie beim Eintauchen am Rand des Glases den Pinsel abstreift, wie sie ihn im Wasser ausspült, bevor sie ihn in eine andere Farbe taucht. Auf den feuchten Malblättern verläuft die Farbe, sie rinnt ineinander oder strebt strahlenförmig auseinander. Es entstehen zufällige Muster und Figuren.

Das Kind malt mit begeisterter Freude und erlebt die Farben in ungebrochener Unbefangenheit. Es wird wie bei allem Tun in diesem Alter möglichst nicht korrigiert und lernt gerade dann am stärksten, wenn es auf sein Tun nicht bewußtseinsmäßig extra aufmerksam gemacht wird. So einfach eine solche Aussage klingt, so kann man sich die grundlegende Bedeutung dieser erzieherischen Haltung für das kleinere Kind nicht genug verdeutlichen. Denn je kleiner es ist, desto wirksamer ist in seiner Erziehung die Selbsterziehung des Erwachsenen. «In den ersten sieben Lebensjahren kann man nicht durch Ermahnungen, nicht durch irgendwelche Gebote das Kind lenken und leiten, sondern man lenkt und leitet das Kind durch dasjenige, was man selber tut.»*

Rudolf Steiner hat für das Malen und Zeichnen im Kindergarten deswegen keine besonders gearteten Aufgaben gestellt, sondern wollte, daß auf dem Wege der Nachahmung die künstlerische Betätigung angeregt wird.

Unabhängig vom Kindergarten kritzelt, zeichnet und malt das Kind schon seit dem frühen zweiten Lebensjahr bei unzähligen Gelegenheiten spontan zu Hause, auf Spielplätzen und Straßen, an Mauern, auf Steinen und im Sand. Der Kindergarten integriert auch hier in seinen Lebensbereich, was sowieso da ist, wenn genügend Freiraum bestanden hat. Nur soviel sollte hier kurz angeschnitten sein. In die aufschlußreiche gesetzmäßige Entwicklung der kleinkindlichen Zeichnungen gibt die Arbeit von Michaela Strauss* einen vielseitigen Einblick.

Der Umgang mit der Linie

Das Kind, das in die Schule kommt, bringt ein starkes Bewegungsbedürfnis mit, das sich bis zu diesem Zeitpunkt ganz frei ausleben konnte. Nun muß es sich in die neue Lebensform erst hineinfinden. Der Lehrer einer ersten Klasse wird mit den Kleinen Reigenspiele und besondere Formen des Figurenlaufens üben, um ihnen dadurch den Übergang zu erleichtern. Wenn er sie eine Spirale von außen nach innen laufen läßt, macht er sie darauf aufmerksam, daß ein Weg gegangen werden muß, wenn man in sein «Haus» hineinkommen will. Von der Bewegung der Beine geht es zum Bewegen der Arme. Die Spirale wird mit der Hand in die Luft hineingeschrieben. Dann beginnt das Zeichnen.

Mit großen Wachsmalkreiden werden die gelaufenen Linienformen als

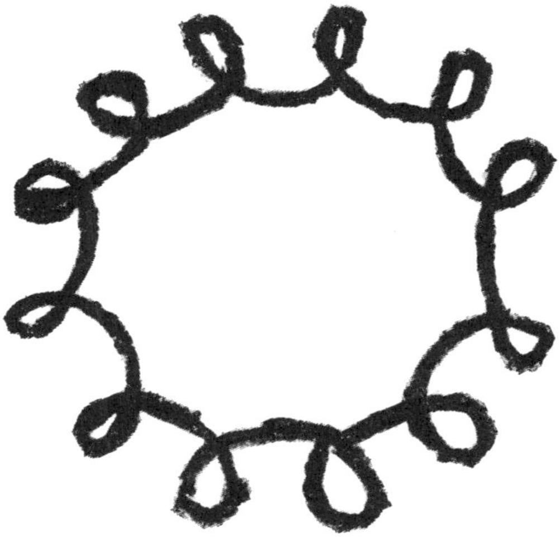

Formübungen
in der 2. (oben),
3. (oben links)
und 4. Klasse (unten links),
Wachsmalkreiden.

Spur einer Bewegung zu Papier gebracht. Dabei müssen die Kinder immer wieder dazu angehalten werden, mit den Augen diese Bewegungsspuren zu verfolgen und die Bögen nachzuempfinden.
Durch solche Übungen werden Wille, Gefühl und Vorstellung des Kindes harmonisiert, der natürliche Bewegungsdrang kommt zur Ruhe und in der Vorstellung entsteht ein Bild von dem, was vorher getan und empfunden worden ist.

Formenzeichnen,

das mit Übungen dieser Art in der Unterstufe eingeleitet wird, hat Rudolf Steiner als eine neue Form, mit der Linie umzugehen, in den Schulunterricht aufgenommen. Es soll parallel zum Malen geübt werden und dient in den ersten Schulwochen gleichzeitig zur Vorbereitung auf das Schreiben. Die Erstkläßler lernen mit den *geraden* und *krummen* Linien die Formelemente kennen, die sie dann bei den lateinischen Druckbuchstaben wiederfinden. Im Anschluß an die Einführung der Geraden und Krummen werden Winkelformen, spitze und stumpfe, Halbkreise, Dreiecke, Vierecke, Sternformen, Kreise und Ellipsen fortlaufend geübt. Dabei wird das Formempfinden des Kindes geschult. Beim Formenzeichnen ist es wie beim Malen: Es werden keine Inhalte gegeben. Im Malen geht es um die Schulung des Farbempfindens, im Zeichnen um die Schulung des Formgefühls.

Zwischen dem achten und neunten Lebensjahr werden diese Grundübungen zu *symmetrischen* umgewandelt. Man zeichnet einen Halbbogen, an den eine gerade Linie angehängt wird. So entsteht eine halbe Form. Man fordert die Kinder auf, sie zu ergänzen. Sie sollen das symmetrische Gegenstück selbst herausfinden. Sinn einer solchen Übung ist, im Kind den inneren Drang anzuregen, das Unvollkommene zu vollenden. Die begonnene

Zeichnung ruft etwas Ähnliches, Ganzes in seiner Erinnerung hervor. Es ergänzt die Figur mit seiner eigenen Zeichnung nicht aus der Phantasie, sondern aus einer Wirklichkeitsvorstellung heraus. Damit ist ein wichtiger Schritt in die Umwelterfassung getan.

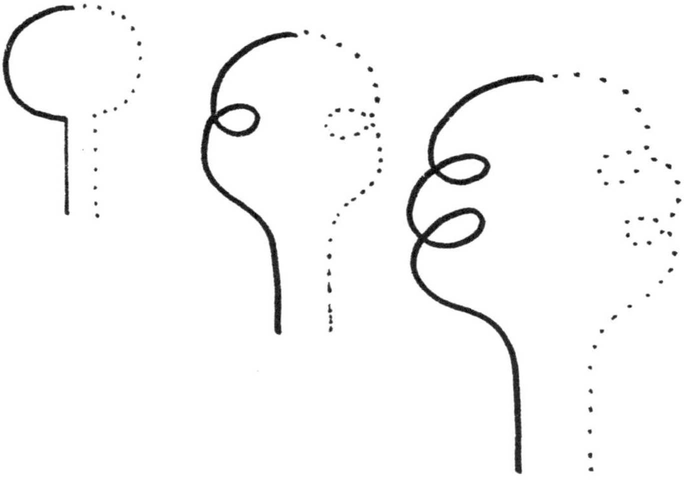

In der ersten Zeit sollen diese Übungen unter Betonung der Links-Rechts-Hälften recht erfindungsreich ausgebaut werden. Später geht man von der senkrechten Symmetrieachse zur Horizontalen über, zur spiegelnden Wasserfläche. Dabei muß die untere Figur *spiegelbildlich* zur oberen gezeichnet werden. Das ist für die Kinder schwierig. Sie müssen, wie Rudolf Steiner es nennt, «denkendes Anschauen, anschauendes Denken» entwickeln.

Im Laufe des 3. und 4. Schuljahres werden die so begonnenen Übungen weiter fortgeführt und ergänzt durch die doppelseitigen Symmetrien links - rechts und oben - unten und durch asymmetrische Gleichgewichtsübungen. In abgewandelter Form können sie im 4. und 5. Schuljahr in der Pflanzenkunde wieder aufgegriffen werden, wo wir es im Bereich der *Blattgestaltungen,* der *Blütenformen* mit symmetrischen Formen zu tun haben*.
Neue Stilformen ergeben sich aus dem Erzählstoff der gleichen Klassen, aus der germanischen und griechischen Mythologie. Ihre charakteristischen *Ornamentbänder* sind aus Bildzeichen entwickelt: die verschiedenen Formen des Mäander, das Flechtband, Schmuckformen von Waffen, Spangen und Geräten.

In der 5. Klasse dient das Formenzeichnen auch dazu, das Kind in lebendiger Weise in den *Geometrieunterricht* einzuführen*.
Es werden zunächst noch einmal die Grundformen, Kreis, Dreieck, Viereck, freihändig gezeichnet. Dann erschließt der Kreis mit seiner Zentralsymmetrie, seinen vielfältigen Aufteilungsmöglichkeiten einen großen Figurenreichtum, der das Schönheitserlebnis des Kindes bereichern wird.
In der 6. Klasse wird dann mit Zirkel und Lineal noch einmal an die Kreisteilung angeknüpft, ehe man zu den neuen Aufgabenstellungen, die jetzt mehr in das Gedankliche hinüberleiten, beginnt.
Dieses *Hervorgehen des Wissenschaftlichen aus dem Künstlerischen** baut die Brücke zwischen dem empfindenden Schönheitserleben und der Klarheit des mathematischen Gedankens.

*Anwendung in der Handarbeit**

Wenn in der 1. Klasse Figuren auf dem Boden gelaufen werden, beginnen die Kinder in der Handarbeitsstunde mit dem Stricken. Zunächst machen sie die Schlingen nach, so wie sie ihnen gezeigt werden. Aber allmählich müssen sie schon für einfache Muster lernen, wie der Faden verläuft. Sie sind dabei im gleichen Element wie im Formenzeichnen. Man erkennt das von Klasse zu Klasse an den Häkeleien, Stickereien. In der Oberstufe entfaltet es sich frei in den Mustern der Batikarbeiten und in gestickten oder applizierten Schmuckformen der Kleider.

Der Malunterricht in der 3. bis 5. Klasse

Zwischen dem neunten und zwölften Lebensjahr* entwickeln die Kinder ein neues Verhältnis zur Umwelt. Sie beginnen bewußt zu beobachten, das zeigt sich in einer zunehmenden Distanzierung zu dem, was sie umgibt, aber auch im Erstaunen über Dinge, die ihnen bisher selbstverständlich waren. Auf diese Veränderung muß der Lehrer sorgfältig eingehen, um die neuen Kräfte nicht zum Erlahmen zu bringen. Das Erstaunen ist ja ein Ausdruck dafür, daß das Kind in seiner eigenen Seelenwelt gelebt hat und nun anfängt, die einzelnen Erscheinungen der Erde bewußter zu erkennen. Die pädagogische Kunst besteht nun darin, mit Hilfe dieser Kräfte des Erstaunens die Kinder in die Natur und das Leben der Menschen schrittweise einzuführen. Niemals soll nur die tote Form vorgestellt werden, sondern es gilt in ihr aufmerksam zu machen auf die Kräfte, die sie geschaffen haben. Rundes und Kantiges haben die Kinder mit ihren Händen in den unteren Klassen gezeichnet. Nun entdecken sie in der Umwelt entsprechende Formen, die ihnen jetzt immer wieder diese Formenwelt als Erlebnis der in der Natur schaffenden Kräfte lebendig machen. Dadurch wird an den Lehrer die Anforderung gestellt, sich im Sinne Goethes *an den Phänomenen* der Erscheinungswelt zu schulen*.

Das Geschöpf der Luft, der Vogel, hat den spitzen, harten oder hornigen Schnabel. Der Fisch, das Wassergeschöpf, ein rundes Maul mit weichen Kiemen. Das Federkleid ist bar aller Feuchtigkeit, schwerelos, ausziseliert. Die Vogelgestalt verwandelt sich unaufhörlich und bewegt sich frei nach allen Richtungen im Bereich der Luft. Dagegen ist die Gestalt des Fisches im Wasser auf eine Form beschränkt und ganz in die Horizontale gebunden. In ihr kann er sich nur wie die Welle auf und ab bewegen. Auch wenn er über die Oberfläche hinausspringt, vergrößert er nur den Wellenbogen. Die Gestaltung aus den Umkreiskräften gibt Tieren ihre eigentümliche Schönheit. Das müssen die Kinder empfinden lernen. Durch dieses innerliche nachschaffende Vertiefen in die Naturreiche überwindet der Unterrichtende allmählich den toten Naturalismus. Auch seine Gestaltungskraft wird so angeregt, daß er in einem Fach wie der Tierkunde künstlerisch darzustellen vermag und dadurch dem Kinde eine Brücke baut vom irdischen Erscheinungsbild in das Reich des Geistig-Wirksamen.

Tierkunde

Bis zum 4. Schuljahr haben die Kinder im Wasserfarbenmalen Farbklänge und Farbmärchen in freien Formen gestaltet. Im Zusammenhang mit dem ersten Tierkundeunterricht müssen die Übungen so eingeleitet werden, daß die Farben sich zu Formen gestalten, die Charakteristisches einer Tiergestalt ausdrücken. Es handelt sich um einen neuen Lernschritt.
Kinder, die Tiere malen wollen, beginnen meistens mit der Umrißlinie. Läßt man sie gewähren, das hat die Erfahrung immer wieder gezeigt, so korrigieren sie an der Form herum und vergessen die Farbe*. Um das von vornherein zu vermeiden, knüpfen wir an die vorangegangenen Farbübungen an. Ohne ins Zeichnerische abzugleiten, kommen wir damit zur Gestaltung. Man läßt die Kinder zunächst das Malpapier mit einer Farbe grundieren. Dann zeigt man ihnen, wie das jeweilige Tier dadurch herauskommt, daß man mit einer anderen Farbe über den Malgrund streicht und die Tierform dabei ausspart. Man kann auch direkt an die Zweiklangübungen der ersten Schulzeit anschließen. Dabei wird eine Farbe für das Tier, die zweite für die Umgebung gewählt.
In der ersten Tierkundeepoche wurde der *Tintenfisch* behandelt. Er hat ja die Eigentümlichkeit, dann, wenn sich ihm ein Fisch nähert, ein wunderbares Farbenspiel zu entfalten. Seine Augenkugeln beginnen in rosarotem, blauem und grünlichem Silberschein zu schimmern, über seine Bauchseite fliegen lebhafte Farbenwolken, auf seinem Rücken bilden sich Höcker von kupferrötlichem Metallglanz, von seinen Fangarmen geht ein grünliches Leuchten aus. Hat man dieses Farbenspiel des Tintenfisches geschildert, so entsteht bei den Kindern spontan das Bedürfnis ihn zu malen.
Wenn die Methode des *Aussparens* angewandt werden soll, läßt man jetzt das ganze Blatt mit hellem Krapplack, Karmin, grundieren. Ist die Farbe eingezogen, kann auf dem rötlichen Untergrund von oben her Preußischblau mit welligen Pinselstrichen in horizontaler Richtung aufgetragen werden. Aus dem Wasser taucht der Fisch auf. Nun dürfen die Kinder nicht gedankenlos weitermalen, sondern den Pinsel nur bis dahin führen, wo sie den Fisch haben wollen. Dort muß er ausgespart werden. Dann werden durch andere Farben, Gelb, Zinnober, Karmin, Nuancierungen und Akzente

herausgearbeitet — so, wie jeder Schüler es ausgestalten will. Damit der Fisch nicht als ausgeschnittene Farbform erscheint, muß seine Gestalt zuletzt noch mit etwas Blau übermalt werden, aber nicht zu dunkel. Er schwimmt im Wasser.

Eine schöne Variation des Themas ist der Augenblick, in dem das Tier einer Gefahr zu entrinnen sucht, Tinte ausspritzt und sich in eine dunkel violettblaue Wolke hüllt.

Auch andere Wassertiere kann man auf diese Weise malen, z. B. die *Qualle*. Da der gallertartige Körper durchsichtig ist, muß der Malgrund hell sein. Man kann wieder ein zartes Karmin oder aber ein zartes Blau wählen. Es wird dann mit leichtem Gelb überdeckt, wobei die Qualle ausgespart wird. Dann muß die Wasserfläche stellenweise wieder abgedunkelt werden; sie bekommt jetzt eine grünliche Tönung. Handelt es sich um eine Feuerqualle, so wird man feine Rottupfen in das lichte, fast blumenhafte Tier hineinmalen.

Auch *Goldfische* sind ein schönes Thema. Man wählt für die Grundierung ein nicht zu kräftiges Gelb. Mit welligen Pinselstrichen wird wiederum das ganze Blatt gleichmäßig mit Preußischblau übermalt, so daß sich die Wellen immer wieder überschneiden. Dadurch entstehen Fischformen, die dann mit Zinnober ins Orange abgewandelt werden. Ein paar Fischflossen kommen noch dazu und ein feiner blauer Farbüberzug bettet sie wieder in das Wasser ein. Will man Silberfische malen, so geht man ebenso vor, ohne jedoch den Malgrund vorher mit einer anderen Farbe zu tönen.

Für das *Aussparen* sind auch Tiere, die auf dem Wasser schwimmen, gut geeignet, der *Schwan*, die *Enten*. Dabei kann der Malgrund auch weiß bleiben. Die Wasserfläche wird mit Blau angelegt, die Luft mit zarterem Blau oder einer rötlichen, auch gelblichen Farbe, je nach dem, wie die Stimmung sein soll. Das weiße Tier läßt man aussparen, bringt aber etwas von den Farben des Umkreises in das Weiß hinein, damit die Gestalten belebt werden und nicht nur eine leere, weiße Tierform auf dem Wasserblau erscheint.

Nimmt man als Ausgangspunkt einen *Zweiklang*, so wird die Form des Tieres nicht ausgespart, sondern aus der einen Farbe herausgetrieben. Hat

9. Goldfische. Tierkunde, 4. Klasse
10. Löwenzahn. Pflanzenkunde, 5. Klasse
11. Lilie. Pflanzenkunde, 5. Klasse
12. oben: Schichtübung, 6. Klasse
unten: Gesteinskunde, 6. Klasse

man im Unterricht von der *Kuh* erzählt, hat geschildert, wie sie auf der Weide liegt, verdaut, wiederkäut, wobei etwas Ruhevolles, Warmes, Schläfriges von ihr ausgeht, versucht man beim Malen an dieses Bild anzuknüpfen, ohne zunächst von dem Tier zu sprechen. An die Tafel oder auf ein großes Blatt malt man verschiedene Farbflecke, einen gelben, einen roten, einen grünen, einen blauen. Im Gespräch wird nun mit den Kindern überlegt, welche Farben zu den Tieren passen, welche mehr der Bewegung des Springens entspricht und welche Ruhe zum Ausdruck bringen kann. Dabei tauchen Erinnerungen an die Farbgeschichten der vorangegangenen Klassen auf, und man ist sich schnell einig. Lebhafte Tiere malt man mit Gelb-Orange-Rot, ruhige mit Violett, Blau. Nun erzählt man von einem schläfrigen Blau, das sich auf dem Breitformat des Blattes hinlagert, und läßt die Kinder eine nicht zu große Fläche Blau anlegen. Dieses Blau rührt sich kaum, hebt sich nur auf der einen Seite ein wenig und sinkt wieder nach unten. Da ruft schon einer der Buben: Jetzt malen wir die Kuh! Alle stimmen ihm zu, und nun beginnt auf ihren Blättern die Farbe verschiedene Gestalt anzunehmen, in dem mit charakteristischen Pinselstrichen das Tier in einfacher Weise herausgearbeitet und dann mit Grün umgeben wird. Übermalt man solche «Kuh» noch mit einem Hauch von Karmin, entsteht der Eindruck der Wärme.
Ein andermal nehmen wir den *Löwen* vor. Für das Steppentier, das gerade auf seine Beute zuspringt, gehen wir vom Gelb aus und steigern es zum vorderen Teil hin, wo die Mähne entstehen soll, durch Übermalen und Verdichten ins Orange und Zinnober. Kommt nun im Umkreis Blau hinzu, springt der Löwe wirklich los. Ein herrliches Beispiel für Bewegung der Farbe.
Von Zeit zu Zeit ist es notwendig, daß man den Schülern etwas Hilfestellung gibt. Das kann zwischendurch auf ganz einfache Weise geschehen. Mit einem möglichst breiten Pinsel, den man nur in Wasser taucht, wird an der Wandtafel die Gestalt des Löwen hingemalt; er erscheint auf der trockenen Fläche für kurze Zeit und verschwindet dann wieder. Kinder, denen das Formen schwerfällt, läßt man so an der Tafel üben. Vielleicht würde mancher Lehrer lieber vorher eine Zeichnung, ein Bild anmalen. Für das Kind ist es anregender und auch eine größere Hilfe, wenn es etwas im Augenblick entstehen sieht. Es arbeitet dabei innerlich mit. In solcher Weise Menschen zu innerer Aktivität und dazu anzuregen, sich in die geistigen Schöpfungsprozesse einzufühlen, kann man als eine pädagogische Zielsetzung Rudolf Steiners ansehen.
Durch die angeführten Beispiele für das Tiermalen könnte der Eindruck entstehen, daß der Lehrer, wenn er den farbigen Ausgangspunkt jeweils

festlegt, bei der Aufgabenstellung zu stark führt. Aber die Bilder fallen trotzdem sehr verschieden aus. Jedes Kind hat eben seine ganz eigene Art, mit der Farbe umzugehen, die Tiergestalt zu bilden, das Ganze zusammenzuschließen. Der Grund für die Wahl eines bestimmten Farbklanges muß im Zusammenhang mit dem, *was im Hauptunterricht vorher besprochen wurde,* gesehen werden. Der Maltag gibt den Kindern noch einmal die Möglichkeit, alles, was sie im Unterricht erlebt haben, in das Bild hineinzumalen. In dem angegebenen Farbklang klingt in ihnen etwas auf, was innerlich durch die Schilderung vorbereitet worden ist. Haben sie im Tiermalen nach einer Reihe solcher Übungen eine gewisse technische Geschicklichkeit entwickelt, kann man sie ganz von selbst wieder freier lassen. Lernschritte können sich aber nur vollziehen, wenn Hilfestellung gegeben und beharrlich geübt wird.

Pflanzenkunde

Die ständig wechselnden Farbprozesse in der Natur bringen zur Erscheinung, was in der Pflanze aufeinander wirkt: Sonnenkräfte und Erdenkräfte, Licht und Finsternis. An dieses polare Kräftewirken wird mit einer ersten Malaufgabe angeknüpft.

Gelb, die Farbe, die das *Licht* repräsentiert, strahlt vom oberen Blattrand ins Blau, die *Dunkelheit,* hinein, das man ihm vom unteren Blattrand entgegenmalt. Im Vermischen von Gelb und Blau entstehen grüne Pflanzenformen, noch ganz unbestimmbarer Art. Eine folgende Übung beginnen wir ebenso. Dann aber wird ein Teil der oberen Gelbfläche mit Zinnober nicht zu kräftig übermalt. Zum Grün hin bleibt noch ein Rest von reinem Gelb stehen. Daraus ergibt sich eine Zone, in der es zu blühen beginnt, ohne das schon im einzelnen Blütenformen herausgearbeitet werden. Dabei darf das Gelb nicht etwa in einer geraden Fläche aus dem Gold des oberen Teiles herausstrahlen, sondern es müssen lebendig bewegte Übergänge entstehen. Übermalt man das untere Blau mit etwas Zinnoberrot, so entstehen bräunliche Töne.

Nach solchen Vorübungen kann man in einer nächsten Malstunde dazu übergehen, etwa den *Löwenzahn* zu malen. Die Kinder kennen ihn vom Unterricht her, formen Blätter und goldgelbe Blüten und meistens mit ganz

besonderem Interesse die lange, pfahlartige Wurzel. In einer nächsten Malstunde läßt man im gelblichen Rot des oberen Blattes die ausgeblühten runden Samenkugeln, die Pusteblumen, in zartem Blau entstehen.
Durch Farbübungen, aus denen solche Pflanzen hervorgehen, wird mehr noch als durch die Schilderung das Zusammenwirken der Elemente lebendig. Da ist das dunkle Erdreich, in dessen Tiefen die Pflanze wurzelt und keimt. Aus dem wäßrigen Blau wächst Grün hervor, das sich in die Weite gelblich aufhellt und in das rötlich durchwärmte Element der Luft hinein entfaltet. Schaut man im Sommer auf Büsche, Kornfelder und Wiesen, so erscheint oft das Grün von rötlichen Farbtönen durchzogen. Im Frühling sieht man bei vielen Pflanzen, wie das Grün geradezu aus dem Rot hervorgeht. Darüber spricht man mit den Kindern in der Malstunde. Das führt dann zu einer Grünübung, bei der das ganze Blatt mit zartem Karmin grundiert wird. Wenn es nach einigen Minuten eingezogen ist, malen sie mit Gelb und Blau darüber und sind überrascht, daß ein ganz neues Grün herauskommt. Von hier aus ergeben sich für die nächsten Malstunden verschiedene Rosenstimmungen. Einmal wird die Blütenregion sehr hell gehalten, helles Gelb umspielt hie und da das zarte Karmin des Grundes, es entstehen die schmetterlingsleichten Blüten der Heckenrosen. Ein andermal wird das Rot des Untergrundes an einer Stelle rot übermalt und intensiviert, eine edle Rose erblüht. Bei diesen Themen ist es schöner, kein Zinnober zu verwenden, auch nicht für die Wurzeln, sondern mit Karmin in die dunklen Stellen des Erdreiches violette Nuancen hineinzumalen. Auch in das Grün, in die Region, in der sich der Stengel mit den Dornen bildet und die Blätter sich entfalten, kann Karmin hineingemischt werden. Das Holzig-Dornenhafte der Rose kommt dadurch gut heraus.
Die allererste Gelb-Blau-Übung, die zum Grün führte, bekommt mit dieser Rosenübung eine Steigerung, der Gegensatz von Licht und Dunkelheit wird deutlicher. Im oberen Teil des Bildes wird das Gelb verstärkt. So entsteht Licht um die Blüte. Im unteren Teil ist der Kontrast durch das Violett-Blau verstärkt, die Rose verbindet sich mit den Höhen- und Tiefenkräften, erbildet daraus den Purpur im Grün.
Eine *Lilie* zu malen ist eine ganz andere Aufgabe. Man wird zunächst nach einem Farbklang suchen, der in die richtige Stimmung hineinführt. Die Blüte der Pflanze ist weiß. Man stelle sich die Kelche mit ihren Sternformen auf dem Hintergrunde eines Julihimmels von durchlichteter Sommerbläue vor, ein Bild, das Kosmisch-Überirdisches ausspricht. Mit hellem Ultramarinblau läßt man die Schüler beginnen, die Blütenkelche werden ausgespart, hingegen werden Stengel und Blätter mit Blau dunkler gemacht. Übermalt man das Ultramarinblau mit Gelb, entsteht ein stumpfes Grün. Führt

man etwas Gelb ganz zart in die Blüten hinein, fängt das Weiß an zu glänzen.
Eine Variation des Themas ist die *Lilie im Mondlicht.* Der Malvorgang ist derselbe, nur muß alles dunkler werden, und die Blütenkelche bekommen stellenweise zartes Lila. Das Ganze wird schattiger, geheimnisvoller.
Eine verwandte Aufgabe ist die *Wasserrose.* Im Breitformat entsteht auf blauer Fläche eine weiße Blüte mit goldgelber Mitte zwischen dunkelgrünen, flachen Blättern. Unter einem nächtlichen Himmel in Blau-Violett scheint die Wasserrose gerade aufzugehen. Beim Malen dieser Pflanzen spielt das Grün eine untergeordnete Rolle. Neben Weiß dominiert Blau.
Es folgen nun noch einige Beispiele, wie man vom Gelb und Blau ausgehend zu Bäumen in verschiedenen Grünstimmungen kommen kann. Auf dem weißen Blatt breitet sich von allen Seiten her in hellen, kleinen Flächen Gelb aus, Licht, das sich allmählich an einer Stelle in der Mitte oder auch mehr seitlich verdichtet. Es entsteht aus der sich in lockeren Partien verstärkenden Farbe die *Birke.*
Der Stamm im unteren Teil wird ausgespart. Die gelbe Baumform überdeckt man mit hellem Preußischblau, das in kleineren Flächen aufgesetzt wird. Das Birkengrün scheint jetzt aus dem Licht herauszuwachsen. In das Weiße das Stammes muß nachträglich hier und da stärker oder schwächer Bläulich-Violett hineingemalt werden. Der obere Umkreis des Baumes wird durch Hinzunahme von hellem Rot und hellem Ultramarinblau fein abschattiert; nach unten hin können sich die Farben verdichten.
Will man eine *Tanne* malen, läßt man zuerst Blau auftragen. Diesmal entsteht der Baum von unten her. Auch bei dieser Aufgabe ist es gut, mit zartem Blau zu beginnen und es nach und nach so zu verdichten, daß die Tanne an einer Stelle immer deutlicher hervortritt. Sie wird dann mit einer Schicht Gelb überdeckt und bekommt so eine dunkelgrüne Farbe. Um das Ernste, Feierliche, auch Melancholische der Tannenstimmung zu betonen, gibt man dem Baum eine bläulich-violette oder grau-blaue Umgebung. Die Grautönung erreicht man, indem Rot, Blau, Gelb übereinander gemalt werden.
Als drittes Beispiel wählen wir die *Eiche.* Für diese Baumstudie benötigen wir einen rötlichen Untergrund und lassen diesmal die Malfläche mit hellem Zinnober unterlegen. Mit Preußischblau wird im oberen Teil die Baumkrone angelegt, ebenso der Stamm, der sich mit seinen knorrigen Wurzeln in eigenwilliger Weise im Erdreich verankert.
Durch Übermalen mit Zinnober gestaltet man ihn stärker aus, auch die einzelnen Astpartien. Dann werden die blauen Flächen der Baumkrone mit kräftigem Gelb übermalt zu Grün, doch soll dabei das Spiel von Hell und Dunkel nicht ganz verlorengehen. Im Umkreis des Baumes wird die rote

Farbe verstärkt, vielleicht noch mit Gelb übermalt. Dadurch wird das Grün belebt. So bekommt der ganze Baum einen dynamischen Charakter.
Geht man bei einer vierten Übung noch einmal vom Rot aus und grundiert die Malfläche zuerst mit zartem Karmin, so kann auf ähnliche Weise wie bei der Eiche zunächst das Grün einer mächtig sich ausweitenden Baumkrone gemalt werden. Sie breitet sich weit nach unten aus und spitzt sich im oberen Teil etwas zu. Es ist die *Linde.* Der Stamm ist kurz und wird wiederum bräunlich getönt. Umgeben wird der Baum mit warmen Goldtönen.
Bei diesen verschiedenen Baumstudien kann man an die Temperamentsgruppen denken, die man in der Klasse vor sich hat.
Das Thema Baum weist bereits auf das 6. Schuljahr hin. Licht und Schatten werden zuerst im Hell-Dunkel-Zeichnen mit Kohle geübt, woraus sich dann für das Malen die neue Möglichkeit ergibt, es in Farbe umzusetzen und Baumstudien nach mehr äußerlich malerischen Gesichtspunkten machen zu lassen.

Hell-Dunkel-Zeichnen und Perspektive in der 6. bis 8. Klasse

Das zwölfte Lebensjahr bringt einen neuen Entwicklungsschritt. Der Klassenlehrer bemerkt das manchmal an dem prüfenden Blick eines Schülers, der selbstvergessen an ihm herumrätselt. In der Pause beobachtet er die unverhältnismäßig langen Beine der Buben und Mädchen und den eigentümlich wackelnden Gang mancher Jungen. Die alte Sicherheit und Anmut der Bewegungen ist verlorengegangen. Das Knochensystem, die Kräfte des Mechanisch-Dynamischen übertönen die rhythmisch bewegenden Kräfte*. Der Jugendliche stößt sich an materiellen und seelischen Widerständen und erlebt Dunkelheiten im eigenen Innern, denen er sich ausgesetzt fühlt. Es beginnt in ihm der Kampf zwischen Licht und Finsternis.

Diesem Wachwerden entspricht der Lehrplan im 6. Schuljahr mit neuen naturkundlichen Fächern: *Physik, Mineralogie, Himmelskunde,* in der 7. Klasse dazu *Chemie* und *Ernährungslehre.* Überall wird der unmittelbare *Bezug auf den Menschen* hergestellt. Mit der Beobachtung in der Natur und am Experimentiertisch wird begonnen, das Problem von Ursache und Wirkung tritt in den Mittelpunkt.

Zum Ausgleich wird in diesem Alter *Gartenbau* und *Handwerksunterricht* eingeführt. Die aufschießenden Willenskräfte werden durch die Arbeit an der Erde und am Holz gebändigt, mit Empfindungen durchdrungen.

Das neue Gebiet schließt sich als Epoche einer einfachen *Projektions- und Schattenlehre* an ein naturkundliches Fach, Physik oder Himmelskunde, an (Bild 1). Der Schüler muß eine deutliche Vorstellung davon bekommen, wie Schatten geworfen werden. Man kann die verschiedensten Beobachtungen anstellen. Wie wird der Schatten von einer Kugel auf eine ebene Fläche, wie auf einen Zylinder geworfen, wie geschieht das gleiche bei einer Kerze, wie bei einem Kegel? Der Lehrer wird nicht umhin können, selbst erst auf Entdeckungsfahrt zu gehen, um die Welt der Schatten zu studieren. Der Herbst ist besonders geeignet. Fällt an einem klaren Tag im Oktober das Licht am Morgen durch die Bäume, so zeigen sich im Laub besonders schöne Hell-Dunkel-Schattierungen. An den Baumstämmen und Ästen sieht man helle und dunklere Schattenpartien, die je nach der Art des Baumes verschieden

1

2

sind. So glänzt die beleuchtete Seite eines Birkenstammes weiß auf, die unbeleuchtete erscheint grau-weiß. Hingegen ist die beleuchtete Seite eines Goldregenstammes goldgrün, die unbeleuchtete schwarz. Überall wird durch das Hell-Dunkel die Baumplastik sichtbar (Bild 2). Der Herbst ist die Zeit der langen Schlagschatten. Am frühen Nachmittag sind sie schon so lang, wie im Sommer am Abend. Auf den Wegen und Straßen, die von Bäumen umsäumt sind, sieht man breite und schmale sich überschneidende Schattengewirre, die durch ihre Schwerelosigkeit faszinieren.

Ehe man mit dem *Kohlezeichnen* in der Klasse beginnt, macht ein gemeinsamer Spaziergang die Schüler auf die vielseitigen Schatteneindrücke aufmerksam. Führt der Weg an einem Fluß entlang, an dem alte Häuser mit spitzen Dächern und hohen Kaminen stehen, zwischen denen Büsche und Bäume wachsen, kann man eine besondere Vielfalt von Schlagschatten entdecken. Sie ziehen sich über die ebenen Wege hin und fallen das Flußufer hinunter und steigen die Dächer hinauf. Diese Schatten tasten in den Raum hinein, machen ihn sichtbar, lassen erkennen, ob ein Gegenstand flach, steil, spitz oder rund ist.

Beginnt nun das eigentliche Zeichnen, so müssen die Schüler zuerst mit dem Material, der Kohle oder dem Graphitstift, bekannt gemacht werden*. Man läßt sie zunächst ganz einfache Übungen machen, die sie in die *Technik des Hell-Dunkel* einführen. Es wird mit der Breitseite, nicht mit der Spitze des Kohlestückchens oder des Graphits gearbeitet. Als erste Erfahrung bemerkt man, wie alles Helle größer erscheint, alles Dunkle kleiner wirkt. Während der ersten Versuche wird man feststellen können, daß es immer einige Schüler gibt, die die Übung in nur wenig differenziertem Grau durchführen; es fällt ihnen noch schwer, kräftige, entschiedene Dunkelstriche zu setzen oder Helligkeiten stehen zu lassen. Hieran zeigt sich innerhalb einer Klasse wiederum der unterschiedliche Entwicklungsstand. Die am Grau festhalten, leben noch mehr im Malerischen. Hat man dann eine Zeitlang die einführenden Übungen gemacht, erfolgt der nächste Schritt, und man läßt eine Kugel, einen Zylinder, einen Kegel zeichnen. Man demonstriert das Ganze an einem großen Modell, an dem die Schüler sich auch weiter orientieren können.

An der Tafel macht man ihnen dann vor, wie man den Körper ausspart. Vom Umkreis her schraffieren die Schüler mit zartem Grau vorsichtig an ihn heran. Wenn er deutlich sichtbar ist, wird die Plastik herausgearbeitet. Dabei ist die *Lichtquelle* zu bedenken. Die beleuchtete Seite bleibt weiß. Vom Weiß aus muß allmählich in feinen Stufungen nach der Gegenseite zu abgedunkelt werden. Haben es alle Schüler bis dahin durchgeführt, wird als letztes der Schlagschatten hingezeichnet. Es ist bei diesen Aufgaben wichtig, daß man nicht zu schnell vorangeht und daß man im weiteren Verlauf des Übens die Themen nur leicht abwandelt, damit genügend Sicherheit erworben wird. Denn nur diese löst Befriedigung bei den Schülern aus. Haben dann die Fertigkeiten allmählich zugenommen, kann an Komplizierteres gedacht werden. Statt eines Kegels stellt man zwei voneinder entfernt auf, daß der Schatten des einen auf den andern fällt*. Daß Körper einen Schatten werfen, beschäftigt die Gemüter in diesem Alter sehr, es ist eine geheimnisvolle Angelegenheit. Aus einem dem Lehrer nicht erkennbaren Anlaß fragt ein Junge während des Zeichnens unvermittelt, ob ein Skelett auch Schatten werfe? In dieser Klasse ist im Menschenkundeunterricht das Thema noch nicht behandelt. Bei solcher Gelegenheit wird einem plötzlich bewußt, wie unklar die Vorstellungen über die Welt der Stofflichkeit mit ihren Gesetzen in diesen Jahren noch sind. Das Skelett des Menschen ist verhüllt, doch in diesem Alter zwischen zwölf und vierzehn beginnt der junge Mensch die Kräfte des Statischen und Mechanischen in seiner eigenen Leiblichkeit zu erspüren, das Bild des Knochenmanns taucht in seinen Vorstellungen auf.

Bei den Zeichenübungen zeigt sich das gleiche. Nicht jeder begreift es sofort, daß der Schatten nur auf der unbeleuchteten Seite zu finden sein kann. Besonders die phantasievollen Naturen zeichnen ihn gerne da hin, wo er ihnen am besten gefällt.

Im 7. *Schuljahr* werden die Licht- und Schattenübungen fortgesetzt, und zwar durch *perspektivisches Zeichnen**. Man muß wieder erst klare Vorstellungen von den verschiedenen Perspektiven erarbeiten, Verkürzungen in der Entfernung, Verlängerungen in der Nähe, Überschneidungen und anderes. Vor allem ist es wichtig, daß die Schüler die Beobachtungen in der Bewegung machen, indem sie auf einen Gegenstand zugehen und sich von ihm entfernen, indem sie an einem hohen Gebäude hinaufschauen und andererseits von einer Höhe herab. Wenn sie richtig angeregt sind, kommen sie wochenlang mit immer neuen Erlebnissen, und man merkt, wie ungeheuer einschneidend es ist, daß die Kinder in diesem Alter die Gesetzmäßigkeit dieser Erscheinung im einzelnen kennenlernen.

Das geschieht etwa gleichzeitig auch im Geometrieunterricht. Die Gesetze, die sie dort an perspektivischen Konstruktionen erfahren, werden im Hell-Dunkel in freier Weise angewandt. Um die Schüler tiefer in die Erfahrung des Körperhaft-Räumlichen hineinzuführen, werden Aufgaben gestellt wie das Zeichnen eines Zylinders, durch den ein runder oder vierkantiger Stab hindurchgeht; wie ein Ofenrohr schräg durch eine Wand geschoben wird oder senkrecht durch die Zimmerdecke stößt. Hierbei sollen die sich verschieden ergebenden Schnittflächen beachtet werden.

Hat man solche Übungen gründlich durchgearbeitet und das Wesentliche daran wirklich erfaßt, fangen Jungen und auch Mädchen an, alle möglichen technischen Apparaturen zu zeichnen; Traktoren, chemische Versuchsflaschen, Motorräder. Sie versuchen anzuwenden, was sie gelernt haben, und sind stolz, wenn sie so etwas dann «richtig» hinbringen. Damit sie sich dabei nicht ganz in Spielereien verlieren, ist es gut, dann wieder einen Schritt weiterzugehen und Rudolf Steiners Hinweis, *Technisches mit Schönem zu verbinden**, zu beachten. Das muß nun wieder unmittelbar beobachtet werden. Fenster können in schönen Verhältnissen und sehr langweilig in einer Hauswand stehen. Türen können zu schmal oder zu hoch sein, ein Dach kann angenehm vorspringen, ein Balkon kann beängstigend am Haus kleben. Zum erstenmal bemerken Schüler, wie merkwürdig manche riesigen Gebäude auf dünne Pfeiler gesetzt sind. Den einen oder anderen schönen Architektureindruck wird man mit ihnen im Freien zeichnen.

Was in der Unterstufe durch diese Übungen im Hell-Dunkel in der Perspektive zunächst dargestellt wurde, wird dann erst nach Abschluß der Volksschulzeit als neue, bewußte künstlerische Übung in der Oberstufe aufgegriffen und nach der zeichnerisch-technischen Seite fortgeführt und vervollkommnet.

Malunterricht in der 6. bis 8. Klasse

Einführung in die Technik des Schichtens

Nachdem zu Anfang der 6. Klasse der Schwerpunkt auf das Schwarz-Weiß-Zeichnen mit Kohle gelegt wurde und die Schüler Qualitäten im Hell-Dunkel wahrzunehmen gelernt haben, kann wieder mit dem Malen begonnen werden.

Die Einführung der neuen Technik des Farblasierens löst das bisher geübte Naß-in-Naß-Malen ab. Es empfiehlt sich mit dieser Technik des Schichtens in einer Jahreszeit anzufangen, in der es entweder in den Schulräumen oder im Freien warm ist, also im Winter oder im Sommer. In der Übergangszeit, im Frühling und im Herbst, hat man sonst Mühe die Blätter zu trocknen. Für das Schichten wird das Papier nur auf der oberen Seite mit dem Schwamm leicht angefeuchtet und dann mit Klebstreifen auf der Unterlage befestigt. Da mit dem Malen selbst erst begonnen werden kann, wenn das Papier ganz trocken ist und sich glatt gespannt hat, macht man das vielleicht schon am Tag vorher. Da die neue Technik von den Schülern Disziplin und Durchhaltekraft fordert, sollte man sich für diesen Neuanfang einmal eine ganze Woche Zeit nehmen, damit sie durch tägliches Üben richtig in die Handhabung hineinkommen. Die Farben werden ganz zart mit lockeren Pinselstrichen in kleineren oder größeren geschlossenen Flächen aufgetragen. Dafür müssen sie bereits dünner angerührt werden als für das Naß-in-Naß-Malen, und die Schüler brauchen ein kleines Papier als Palette. Darauf können sie Farben abstreifen und ausprobieren, ob sie hell genug sind. Je weniger Farbe in den Pinsel genommen und je vollständiger ausgemalt wird, umso länger kann an dem Bild gearbeitet werden. Man geht von Fläche zu Fläche über das ganze Blatt. Wenn man es ganz bedeckt hat, ist meistens die erste Ecke bereits trocken. Keinesfalls darf auf einer feuchten Schicht weitergemalt werden.

Im Unterschied zur Naß-in-Naß-Technik, bei der man gleich einen starken Farbeindruck hat, erreicht man diesen beim Schichten erst nach und nach, wenn die zart aufgetragenen Farblasuren sich durch das Übereinandermalen verdichten. Dafür aber bleiben die Farben durchsichtig und verblassen beim Auftrocknen nicht mehr. Durch das lasierende Malen ergeben sich die viel-

3

fältigsten Möglichkeiten zum Differenzieren jedes Farbtones. Mit dem Thema richtet man sich nach dem Unterricht der jeweiligen Epoche. Erfahrungsgemäß bietet der *Erdkundeunterricht* eine ganz besonders gute Möglichkeit. Man kann an Asien anknüpfen und von den Japanern und Chinesen erzählen, wie sie in unendlicher Ruhe wenige Striche auf ihre Malfläche setzen. Für ihre Malerei haben sie sechs verschiedene Schattierungen, die vom hellsten Silbergrau bis zum dunkelsten Schwarz reichen. Diese Abstufungen werden nun zuerst einmal geübt. Jeder Schüler bekommt ein Näpfchen mit *Tusche* und probiert auf einem Blatt mit einfachen Pinselstrichen die verschiedenen Schattierungen. Hierbei muß jeweils die schwarze Tusche mit einer entsprechenden Menge von Wasser verdünnt werden. Das machen sie auf ihrer kleinen Papierpalette. Im Anschluß daran

läßt man einfache Flächenaufteilungen mit verschiedenen Helligkeitsstufen auf einem neuen Blatt vornehmen, die sich allmählich zu einer Art Landschaft gestalten. Im Zeichnen wurden vorher die Licht- und Schattenverhältnisse auch einmal innerhalb einer Landschaft geübt. Nun geschieht das noch einmal in der neuen Technik mit einem Thema, etwa Mondlicht. Durch eine entsprechende Schilderung im Hauptunterricht wird in den völkerkundlich-geographischen Zusammenhang eingeführt. Den Schülern fällt es nicht schwer, sich in diese fernöstlichen Stimmungen einzuleben (Bild 3). Sie gestalten oft sehr poesievolle Landschaften, die auch noch etwas von dem schwebenden Charakter eines unfaßbaren Raumes haben, in den Berge und Wasser eingetaucht sind, wie man es auf den chinesischen, japanischen Tuschmalereien sehen kann.
Hat man eine gewisse Zeit hindurch solche Tuscheübungen gemacht, so können die Schüler etwas Ähnliches mit einer *einzigen Farbe* versuchen, vielleicht zuerst mit Blau. Aus gleichmäßig aufgetragenen Schichten muß das Blau verdichtet werden, aber so, daß verschiedene Farbstärken nebeneinander erhalten bleiben. Dann malt man noch einmal eine Mondlandschaft in Blau, nimmt aber für den Mond und seinen Hof Gelb hinzu. Die Schüler, die erstmals nach längerer Pause wieder die Wirkung der Farbe erleben, sind davon sehr angetan, und sie bemerken, daß sie jetzt differenzierter mit ihr umgehen können. Sie entdecken auch den größeren Reichtum der Farbe. Man kann immer wieder feststellen, wie sich auf dem Hintergrund der Licht-Schattenübungen eine ganz neue Basis dafür bildet.
Manche Lehrer beginnen mit der Schichttechnik in der Unterstufe noch gar nicht oder erst im 8. Schuljahr. Es ist auch in jedem Falle besser, es so zu machen, wenn man selbst nicht die notwendige Sachkenntnis und Sicherheit hat oder merkt, daß die Schüler noch nicht so weit sind, damit fertigzuwerden. Auch wenn man schon dazu übergegangen ist, sollte man nach einer gewissen Zeit wieder locker lassen und zur Naß-in-Naß-Technik zurückkehren. Oft erweist sich auch eine Technik als geeigneter für ein bestimmtes Thema. Man kann es allmählich den Schülern selbst überlassen, wie sie in dem einen oder anderen Falle arbeiten wollen.

Malen und Zeichnen von Landkarten

Die Erdkunde nimmt im Lehrplan der Waldorfschule eine besondere Stellung ein*. Sie soll in Verbindung mit der Naturkunde, Geschichte, Geometrie die Schüler in die wirtschaftlichen und kulturellen Verhältnisse so einführen, daß alles menschliche Leben in seiner weltweiten Verflechtung sichtbar wird. Selbstverständlich wird auch der künstlerische Unterricht hier einbezogen. Dadurch ergibt sich für den Mal- und Zeichenunterricht der Zehn- bis Vierzehnjährigen das Thema Landkarte.

Im 4. Schuljahr wird dem Kind eine bildhafte Vorstellung von den Gebirgs- und Flußverhältnissen seiner Heimat vermittelt und mit der elementaren Ausarbeitung einer Karte begonnen. Die Pflanzenkunde in der 5. Klasse bringt im Zusammenhang mit den Vegetationsstufen eine erste Anschauung vom Antlitz der Erde. Im letzten Drittel der Unterstufe geht der Erdkundeunterricht vor allem auf die geschichtlichen und geistigen Verhältnisse der Völker ein. Die Unterschiede zwischen den mittelländischen und den nordischen, zwischen den europäischen und den amerikanischen und asiatischen Völkern wird herausgearbeitet.

Anfangs arbeitet man mit Buntstiften in den Epochenheften und geht erst später zur Wasserfarbe über. Der Klassenlehrer, der das Kartenmalen mit Aquarellfarbe einführen will, muß den Schülern zuerst eine Hilfestellung geben. Zunächst ist das Format für die jeweilige Aufgabe festzulegen.

Beginnt man etwa mit der *griechischen Halbinsel,* so wird man Hochformat nehmen. Die Schüler legen vom linken unteren Blattrand her das Blau an, malen der Halbinsel entgegen und sparen den Raum für die Landesgestalt aus*. In erster Linie ist wichtig, auf die diagonale Lage des Landes und die Proportionen im Großen zu achten. Die dementsprechend freigelassene Fläche wird mit Gelb ausgefüllt, in der Mitte kräftiger, nach den Rändern zu zarter. Ist die erste Anlage fertig, werden die Buchten und Formen der Küste als Auseinandersetzung zwischen Meer und Land herausgearbeitet. Es ist aber gut, wenn man vorher die charakteristischen Züge des Landes noch einmal in Erinnerung ruft, indem man sie mit dem nassen Pinsel auf die trockene Wandtafel skizziert oder skizzieren läßt. Wird dann beim Weiterarbeiten Gelb neben Blau, Blau neben Gelb verstärkt aufgetragen, so tritt allmählich die feingliedrige Gestalt des Landes deutlicher hervor. Wenn man die Grenzen zwischen Wasser und Land behutsam ertastet, bleiben die Schüler im Flächenhaft-Malerischen. Diese Methode macht die Beobachtung lebendig und verhindert, daß die Schüler sich in den Einzelheiten verlieren, was gar nicht zu vermeiden ist, wenn man die Konturen zeichnerisch anlegen läßt. Durch Übermalen mit Rot läßt man orangefarbene Verdichtungen entstehen, die Gebirgszüge. Die wenigen Tieflagen Griechenlands werden über dem Gelb mit Blau ins Grünliche übergeführt. Das Meer dieses südlichen, von Licht und Wärme umfluteten Erdgebietes muß noch einen Anflug von Rot und Gelb bekommen. So wird eine einheitliche Stimmung über das ganze Blatt gelegt.

Einen direkten Gegensatz bildet *Spanien,* das wie ein riesiger Festlandklotz gegenüber Griechenlands vielseitig geformter Plastik erscheint. Als Vermittler liegt dazwischen die dritte Halbinsel, *Italien,* mit seiner übersichtlichen Stiefelform. Das Gemeinsame der Länder ist, daß sie alle drei in dieselben Breitengrade hineinreichen und ähnliche Licht- und Wärmeverhältnisse haben. Aber man wird sie farbig unterschiedlich behandeln. Bei allen Nuancierungen ins Rötliche und Grünliche muß bei Griechenland die gelbe Farbe dominieren, bei Spanien das Rot, bei Italien das Orange-Zinnober. Diese Farbwahl bringt die strahlig-gegliederte griechische, die einförmig-ruhige spanische, die dynamisch-bewegte italienische Halbinsel charakteristisch zum Ausdruck. Was an Besprechungen über das jeweilige Klima, über die Vegetation, die Tierwelt und die Bevölkerung mit ihren verschiedenen Sitten vorausgegangen ist, führt dazu, daß jeder Schüler im Abwandeln der Haupttönungen seine eigenen Erlebnisse daran mitmalt.
Da die griechische Mythologie und Geschichte als Erzählstoff des 5. Schuljahres die Beziehung zur griechischen Landschaft intensiv vorbereitet haben, ist es günstig, mit Griechenland zu beginnen.
Dieser Länder-Dreiheit des Südens stellt man die des Nordens entgegen. *Norwegen* und *Schweden* bilden eine große Halbinsel, die sich im Süden wie in zwei Köpfe teilt. Der «skandinavische Löwe» springt gleichsam der *dänischen* Landzunge entgegen, deren dazugehörige große Inseln in den Ostseeraum hineingelagert sind. Die westliche Küste ist mit den norwegischen Fjorden am reichsten gegliedert. Wogegen sich im Mittelmeerraum die stärkste Gliederung östlich bei Griechenland zeigt. Macht man die Schüler auf solche Unterschiede aufmerksam, so fangen sie an, die Landkarten gründlicher anzusehen und gehen auf eigene Entdeckungen aus.

Im Gegensatz zu den warmen Tönen des Südens geht man im Norden zu den kühlen Farben über. Erst wird wieder das Meer mit Blau angelegt und das Land ausgespart. Der Westen und Süden Skandinaviens wird in Gelbgrün und Blaugrün getönt, die baltisch-finnische Küste in Blau-Violett. Zwischen die graugrünen Töne der Nordsee und die blauvioletten der Ostsee schiebt sich das dänische Land- und Inselgebiet in ausgeglichenem Grün.
Für die westliche Inselgruppe *England, Schottland, Irland* braucht man eine größere Malfläche. Den Süden Englands und Irlands malt man mit Rot-Gelb die Mitte mit Gelb-Grün und den Norden, vor allem Schottland mit Grün-Blau.
Zum Abschluß läßt man die Schüler auf großem Malblatt noch eine *Gesamtkarte von Europa* anlegen. Die neue Aufgabe erfordert, daß die einzelnen, inzwischen allen bekannten Länderformen in ein entsprechendes

Verhältnis gebracht und auf dem Blatt im Breitformat der von rechts oben nach links unten unsichtbar verlaufenden Diagonale entsprechend angeordnet werden. Die rechte Seite des Blattes wird weitgehend von dem russisch-polnischen Land bedeckt. Dagegen ragen auf der linken die vielseitig gegliederten Küstengebiete der westlichen und südwestlichen Länder in das Meer hinein.

Es wird wieder von der Seite des Meeres her mit Blau begonnen. Etwa von der Mitte des Blattes strahlt Gelb nach den verschiedenen Ländern, vor allem nach Westen und Süden aus. Dann erfolgt die weitere farbige Ausgestaltung, wobei Europa als Zusammenklang verschiedener Farbregionen erscheint: Vom Süden her kommt das Rot-Orange-Gelb, vom Norden her Lila, Blau, Grün. Im Westen begegnen sich Rot und Blau auf gelbem Grund, dabei entstehen Orange und Grün. Im Osten wirkt Rot von Süden in das Blau hinein und schafft eine lila Farbzone. Dieses Gesamtbild Europas, das am Ende der Erdkunde-Epoche gemalt wird, löst in der Klasse meistens lebhafte Überraschung und Begeisterung aus. Möglich wird dieser Eindruck aber nur, wenn gründliche Übungen einzelner Länder vorausgegangen sind. Mit den so erworbenen Fähigkeiten kann man auch die weiteren, später behandelten westlichen, östlichen und südlichen Kontinente farbig darstellen.

Nähert sich der junge Mensch der Pubertät, entwickelt er auf diesem Wege durch das Malen Sympathie und Wärme des Gefühls für die verschiedenen Länder und Kontinente und bleibt nicht als neutraler Betrachter davor stehen*. Die Dynamik der Bewegungsprozesse der Erde werden aber erst mit der Zeichnung erfaßt. Hat man beim Kartenmalen an das elementare Umgehen mit Farbklängen der ersten Klassen angeknüpft, so steht beim Kartenzeichnen das im Formenzeichnen Erübte zur Verfügung*. Es kommt bei den Karten alles darauf an, keine abstrakten Linien zu ziehen, sondern die der Wirklichkeit entsprechenden Bewegungen erscheinen zu lassen. Ein Fluß soll immer seinem Lauf gemäß vom Ursprung an gezeichnet werden, nie von der Mündung her. Das Wasser wird auch hier mit blauem, das Gebirge mit braunem Stift gezeichnet.

Im Anschluß an den Physikunterricht der 8. Klasse, wenn die Hydraulik und die Formensprache des Wassers behandelt werden, lernen die Schüler etwas von der Gesetzmäßigkeit kennen, nach der ein Fluß sich sein Flußbett schafft, sie erfahren, wie er in vielen unregelmäßigen, hin und her

13. Landkarte. Geographieunterricht, 7. Klasse
14. Landkarte, 7. Klasse

wechselnden Rinnsalen beginnt, wie bei den stärkeren Krümmungen die Strömung das einbiegende (konkave) Ufer angreift und es zum Abbruch bringt, während am ausbiegenden (konvexen) Ufer dann die Ablagerungen entstehen, so daß die Flußkrümmungen immer ausholender werden. Von solchen Besprechungen ausgehend, spürt man beim Zeichnen dem Element des «ewig bewegten» Strömens nach. Eine erste Übung leitet man mit frei fließenden Linien ein und läßt diese dann in die Wirbelbewegungen einer Wasserstraße überführen. Dann kann der Versuch unternommen werden, den Flußläufen eines Landes einmal genauer nachzugehen und ihre Charaktere zu erkunden. Als Beispiel nehmen wir die *Loire,* den größten Fluß Frankreichs. Sie entspringt in der Höhe der Cevennen, läuft kurz nach Süden und biegt nach Nordwesten um, durchfließt im Zentralplateau Engtäler und tertiäre Becken, wird bei Vorey flößbar, verläßt bei Roanne das Gebirge, fließt im Pariser Becken in weitem Bogen an der Stadt Orleans vorüber, erweitert sich buchtartig unterhalb von Nantes und mündet bei Saint-Nazaire in den Atlantischen Ozean. Was bei diesem Flußlauf unmittelbar ins Auge fällt, ist der weitausschwingende Bogen, der keine scharfen Abbiegungen zeigt, ja, wie von einem musikalisch-weich dahinschwingenden Element durchzogen scheint. Der Oberlauf hat jedoch ein so starkes Gefälle, daß die Wasserverhältnisse sich ganz rasch verändern können. Daher müssen hohe Deiche unterhalb von Orleans die Niederungen vor dem Hochwasser, das in wenigen Tagen bis zu acht Meter ansteigen kann, schützen. Man wird den Schülern auch noch von den herrlichen Schlössern zwischen Orleans und Tours erzählen; so schließt sich das Ganze zu einem eindrucksvollen Bild zusammen.

Hat man die strömenden Linien der Loire nachgezeichnet, wird ein anderer Flußlauf, z. B. die *Seine,* betrachtet. An der Seine sind die starke Mäanderbildung und die vielverzweigte Einmündung in den Ärmelkanal besonders charakteristisch.

Wieviel Zeit man auch für solche Übungen im Kartenzeichnen anwenden mag, jedenfalls erweisen sie sich als ungeheuer fruchtbar. Die Schüler erleben die Erde als ein lebensvolles Ganzes. Hinter Farben und Linien, die sie selbst gestalten, bleibt ihnen ein Bild der Wirklichkeit erhalten. Das kann der Anblick von Karten allein nicht vermitteln. Für viele Schüler wird vielmehr durch diese eigenen Übungen der Atlas erst zu einer Art Bilderbuch, in dem sie mit Ausdauer studieren*.

Naturstimmungen

Ist man beim Kartenzeichnen von der Beobachtung der äußeren Formen ausgegangen, so taucht man in den drei oberen Klassen der Unterstufe auch in das atmosphärische Farbgeschehen. Sind beispielsweise in der Himmelskunde Sonne, Mond, der Auf- und Untergang der Gestirne besprochen worden, so beginnt man im Malen damit das Prozeßhafte des Tag- und Nachtwerdens herauszuarbeiten.

In den kurzen Sommernächten beginnt der Kampf zwischen Licht und Finsternis schon sehr früh, zwischen drei und vier Uhr morgens, was auch bei trübem Wetter beobachtet werden kann. Man malt zunächst eine Graustimmung. In einer mittleren Höhe über dem Horizont keimt eine silbrige Helligkeit über wogender Dunkelheit. Sie fängt an, sich auszubreiten, und gewinnt immer mehr die Oberhand, so daß die Nacht entweichen muß. Das Grau entsteht beim Malen dadurch, daß Gelb, Rot und Blau in zarten Schichten übereinander gemalt wird.

An einem anderen Tag wird das Grau eines regnerischen Morgens vom Sonnenlicht durchbrochen, das in Gelb-Orange-Tönen durch die Wolkendecke dringt.

Im sechsten Schuljahr wird in völkerkundlichen Erzählungen von fremden Menschen und Ländern berichtet. Dann kann man den Sonnenaufgang an Hand einer Reisebeschreibung malen. Es gibt dafür den schönen Bericht eines *Wanderers in den Gebirgen Javas**:

«Weit im Osten verbrämt ein grellgoldener Saum den alles umhüllenden Wolkenmantel. Er ist es, der den Blick wie gebannt anzieht, denn dort wird sich das Wunder der neuen Taggeburt vollziehen. Nur ein begnadeter Maler, vielleicht auch ein Musiker vermöchte tropische Sonnenaufgänge im Gebirge wiederzugeben. Einem Dichter würden die Worte mangeln, um diesen Reichtum an Farben Ausdruck zu verleihen. In so wunderbaren Tönungen strahlt der Himmel von Osten herauf bis gegen den Zenit. Nie sah ich satteres Rot, zarteres Grün, blendenderes Gelb. Ganz weit im Osten aber, unmittelbar vor dem gewaltigen, tiefroten Sonnenball liegen, in der Form einer menschlichen Maske gleichend, schwarz die geschwungenen Umrisse des Lawu, des höchsten Feuerberges in den weiten Ebenen Mitteljavas.»

Wenn man nun den *Sonnenuntergang* malen will, muß man erst im Gespräch herausfinden, wie sich Sonnenaufgang und -untergang farbig unterscheiden. Dabei zeigt es sich, daß viele Schüler vor allem durch Ferienreisen eigene Erfahrungen vom Sonnenuntergang haben. Sie kommen beim Schildern ihrer Erlebnisse zu der gemeinsamen Feststellung, daß nach einem abklingenden Sonnentage über der Landschaft noch Wärme liegt. Ein Acker leuchtet in goldbraunen Tönen, den mattwerdenden Sonnenball umgeben violette, grauviolette Dunstschichten. — Aber es gibt Variationen. Denken wir an einen Wintertag mit Frost und scharfem Ostwind. Im Kon-

trast zu den kühlen, weißlich blauen Farben der Schneedecke steht der blaurote, leuchtende Abendhimmel mit orangeglühendem Sonnenball.
Daneben stellen wir den Gegensatz eines südlichen Meeres mit dem Himmel vom zartesten Rosenrot bis zum glühendsten Purpur, der das Wasser weinfarben erscheinen läßt.
Schließlich kann man zu einer Dämmerungsstudie kommen: Nur ein letzter Streifen Helligkeit zeigt sich noch über dem Horizont, in den Höhen aber kündigt sich in dunklen Saphirtönen schon die Nacht an.
Mondstimmungen lassen sich sehr schön an die früher geübten fein schattierten Tuschbilder anschließen. Die dort angelegte einfache Blau-Gelb-Stimmung, wird wieder aufgegriffen und zu neuen Themen abgewandelt, die farbig sehr unterschiedlich werden: die silberne Mondsichel am aquamarinfarbenen frühen Abendhimmel; ein Halbmond, dessen kaltes Licht durch eine graue Wolkenwand hindurchscheint; ein orangefarbener Sommermond über einem schwärzlich grünen Wald emporsteigend; der hoch hinaufziehende Mond im Winter mit gleißendem Licht in einer Januarnacht, oder der von Regenbogenringen umgebene Mond im dunstig-feuchten Februardunkel. Um die Schüler anzuregen, durch eigene Beobachtungen selber Mondstimmungen zu finden, kann man ihnen von *Japanern* erzählen, die durch ein bestimmtes Mondfenster ihres Hauses während vieler Stunden die Wanderungen des stillen Erdbegleiters schweigend beobachten. Im 7. und 8. Schuljahr kann man dann im Anschluß an die Wetterkunde weitere Aufgaben aus dem Gebiet des Atmosphärischen stellen.
Das Sehen der Heranwachsenden wird nach dem zwölften Lebensjahr differenzierter, bewußter, es tritt bei ihnen in zunehmendem Maße das Bedürfnis ein, die bisher reinen Farben zu mischen, zu brechen, sie stärker abzustufen in ihren Helligkeits- und Dunkelheitswerten. Das Ineinanderweben von Hell und Dunkel, wie es in der Natur draußen, in der Landschaft, an einem Baum, erlebt werden kann, gibt jetzt den Ausschlag für die Themenwahl. Der Schüler soll am Ende der Volksschulzeit im Malerischen sich üben, Naturstimmungen aus dem Farbenspiel des Atmosphärischen heraus zu gestalten. Was in seinem Seelenleben als Stimmungen jetzt auf und ab wogt, sozusagen Wettercharakter angenommen hat, findet seine Objektivierung durch Aufgaben, in denen er das Wetter malen muß, z. B. Gewitter, Herbststurm, Frost, Schneeschmelze, Hitze. Will er den Sturm, das Gewitter malen, so muß er die Farbe in die Verdunkelung hineinführen, sich zusammenballen lassen. Indem das Lichtelement des Blitzes hinzukommt, der die Düsternis zerreißt und senkrecht in die Erde hineinfährt, erlebt der Heranwachsende malend die Dramatik einer solchen Naturstimmung, den Kampf zwischen Licht und Finsternis, der auch in der eigenen Seele in dieser

Altersstufe erfahren wird. Handelt es sich hingegen um ein solches Thema wie die Schneeschmelze, so gilt es für die Schüler im Farbigen den Übergang zu finden, von der Kälte in die Wärme, von den bläulichen zu den mehr gelblichen Tönen zu kommen. Hier ballt sich nichts zusammen, hier beginnt sich Erstarrtes zu lösen, ins Horizontale auszubreiten, zu zerfließen*.
Will man eine *Gewitterlandschaft* anlegen, wird das ganze Blatt zunächst mit Gelb grundiert. Dadurch vermeidet man, daß der Blitz nur als gelbe Linie im Bild erscheint. Das Licht, das über die bewegte Zickzackgestalt des Blitzes bald mehr, bald weniger hinausstrahlt, treibt das Dunkel der grauen Gewitterwand auseinander.

Nach dem Gewitter ist dann die *Regenbogenlandschaft* mit leuchtend grünen Wiesen auch ein schönes Thema. Jede Aufgabe wird in unvorhersehbaren Variationen ausgeführt. Bei der Nachbesprechung und Betrachtung regen sich die Schüler gegenseitig so an, daß man kaum mitkommt.

Bei dieser Gruppe von Übungen wird man besser wieder zur *Naß-in-Naß-Technik* übergehen. Man findet dadurch unmittelbar den Zugang zum atmosphärischen Leben, das sich im Übergang vom Wäßrigen zum Luftigen unaufhörlich wandelt, sich verdichtet und wieder auflöst. Wenn man solche Vorgänge unmittelbar in Farbe umsetzt, braucht man nach dem Auftragen der einzelnen Farbtöne nicht zu warten wie beim Schichten. Die Schüler können ganz in das Erleben der Wetterprozesse eintauchen und sie gestalten.

Die *Gesteinskunde* ist dann wieder ein geeignetes Aufgabengebiet für die *Schichttechnik*.

Das Charakteristische eines farbigen *Kristalls* oder Edelsteins spricht sich in seiner Struktur und Durchsichtigkeit aus. Beim Schichten erzielt man Wirkungen, die das Kristalline, das von innen her Leuchtende sichtbar machen. Notwendig ist, daß man die Schüler anleitet, den Pinsel gleichmäßig zu führen und gerade Flächen anzulegen, die sich gegenseitig überschneiden. Nicht alle Stellen des Papiers dürfen mit der gleichen Anzahl von Farblagen bemalt werden. Dort, wo nur zwei, drei oder nur eine Schicht aufgetragen wird, ergibt sich im weiteren Verlauf der Malübung ein Lichteffekt, der je nach der Art der Flächenführung dunkler oder heller sein kann. Um verschiedene Gesteinsstimmungen entstehen zu lassen, wechselt man von Mal zu Mal die Hauptfarben. Der *Rubin* muß mit Karminrot, der *Saphir* mit Ultramarin, der *Smaragd* mit Grün aus Preußischblau und Gelb und mit ein bis zwei Lagen Karminrot gemalt werden, der *Amethyst* mit Lila aus Karminrot und Ultramarinblau, der *Goldtopas* mit Gelb und etwas Zinnober.

Wurde der Vulkanismus behandelt, so kann man den *Ausbruch des Vesuvs* malen, wobei ungewohnte Farbtöne entstehen. Man beginnt mit weißlich-gleißendem Gelb und malt mit Zinnober den glühenden Feuerschein hinein. Wo sich die feurige Lava die Hänge hinunter ergießt, wird Preußischblau über die gelb-roten Töne gelegt, und die Form des Berges zeichnet sich in braunen und schwärzlichen Farben ab.

Mit hellen Blautönen, die durch wenig Gelb stellenweise ins Grün abgewandelt werden, kann eine *Gletscherlandschaft* angelegt werden. Oder hat eine Klasse dieser Altersstufe eine Tropfsteinhöhle besucht, malen die Schüler wie von selbst aus Blau und anderen Farben Höhleneingänge und dunkle Schächte mit Lichteinfällen.

Beim Malen von Landschaften werden die gegensätzlichen Formkräfte von Kalk und Granit auch in ihrer unterschiedlichen Farbigkeit sichtbar. Das zeigt schon eine Gegenüberstellung wie wir sie in den Vorgebieten der Alpen, der Schwäbischen Alb und dem Schwarzwald finden. Im Sommer leuchten die *Kalkfelsen* der Alb gelblich aus dem hellen Grün der Buchenwälder hervor. Im Schwarzwald ist es der rote *Buntsandstein*, der uns durch das Dunkelgrün der Tannen erfreut. Eine Dolomitenlandschaft zeigt im Abendschein rotleuchtende Zacken über grünen Almen, hingegen blickt zwischen den tiefergelegenen Wäldern das unbeleuchtete Gestein in weißlich-grauen Tönen hervor. Violette Schatten erfüllen die *Granittäler* des Wallis, silbriges Licht schimmert um die blauen Bergformen des Engadin. Sehr deutlich läßt sich der Gegensatz der beiden Inseln *Rügen* und *Helgoland* gestalten. Schroffe Kreidefelsen ragen aus der bläulich-violetten Ostsee, aber eine rote Wand von Buntsandstein aus dem Graugrün der Nordseewellen. Ihr mineralischer Charakter kann nur mit der Schichttechnik wirklich herausgearbeitet werden.

Mehr Phantasie erfordert das Malen ferner Kontinente. In *Afrika* unterscheidet sich die Wüste mit ihren trockenen, sandfarbenen Tönen und den kalten, scharfen blauen Schatten vom tropischen Regenwald, dessen schweres, dunkel glänzendes Grün sich von dem rötlichen Grau des feucht-warmen Gewitterhimmels abhebt. Eine friedlichere Stimmung breitet sich über die nach einem Regen aufgrünende, lichtdurchflimmerte Steppe, die von Tieren belebt ist. Bevor die Schüler zu malen anfangen, müssen sie sich in die geschilderte Landschaft mit ihrem spezifischen Farbcharakter einleben. Solche Aufgaben führen die Jugendlichen aus ihren in diesem Alter oftmals heftig wechselnden Seelenstimmungen hinaus in das Seelenhafte der Natur. Diese Thematik läßt sich in einer 8. Klasse noch weiter ausbauen. Während der schönen Jahreszeit geht man mit den Schülern auch ins *Freie* hinaus, um mit ihnen kleine Bleistift- oder Kohleskizzen vor der Natur zu machen. Es werden einfache Motive gewählt, eine Wiese mit einem Baum,

einige Büsche, Baumgruppen, eine Lichtung oder ein Waldhang. In der anschließenden Malstunde setzt jeder seine Zeichnung in Farbe um. Dabei ergibt sich eine ganze Reihe von Variationen bei dem gleichen Landschaftsausschnitt. Eine Baumgruppe wird zuerst in den Farben des Sommers, einem Grün-Blau-Klang gemalt, wandelt sich im Herbstbild zu einem Gold-Blau-Klang und schließlich in winterliches Schwarz-Violett-Weiß. Im Frühling wird sie lichtgrün oder blütenfarben in hellem Blau.
Solche farbigen Umwandlungsprozesse, die sich am selben Motiv vollziehen, machen regsam und schöpferisch. Der Schüler beginnt Farbphantasie zu entwickeln und bekommt Interesse an den Farbenerscheinungen in der Natur.
Der Lehrer sollte in einer 7. und 8. Klasse besonders darauf achten, daß die Dreizehn-, Vierzehnjährigen ihr Bild bis zu einem höchstmöglichen Grade *durcharbeiten* und sich nicht zu rasch zufrieden geben. Es gibt in jeder Klasse Schüler, die von sich aus dazu wenig Neigung haben. Oft muß man immer wieder ermuntern, anregen und zeigen, wie etwas verbessert werden kann. Es bedarf dazu einer gewissen Standhaftigkeit von seiten des Lehrers. Man wird, wenn man nicht zu rasch nachgibt und den, der aufhören will, weiter im Auge behält, immer wieder erleben, daß einer plötzlich wirkliche Fortschritte macht. Im 8. Schuljahr wird man dabei auch darauf hinarbeiten müssen, daß die Farben nicht zu schwer und zu fest werden und damit die Form ganz in den Vordergrund rückt. Bei dem Bedürfnis, in diesem Alter durch Übereinandermalen dunkle graue, braune, schwarze Nuancen herauszubekommen, geschieht das leicht. Es kündigen sich darin freiwerdende Willenskräfte an, die nach Gestaltung drängen und dann ja auch im 9. Schuljahr im Plastizieren gefordert werden*.

DER PRAKTISCH-KÜNSTLERISCHE UNTERRICHT VON DER NEUNTEN BIS ZUR ZWÖLFTEN KLASSE

Die künstlerischen Mittel in der Anwendung im Fachunterricht

Im ersten Kapitel über *«Aquarellfarbe als Malmittel»* waren wir davon ausgegangen, daß dem Besucher einer Ausstellung von Schülerarbeiten aus der Waldorfschule zunächst wohl die Malereien auffallen werden*. Wir knüpfen hier daran an, um die ganze Breite der Mittel des künstlerischen Unterrichts in einem knappen Überblick vor Augen zu führen. In Entsprechung zu den farbigen Blättern sind *lineare Zeichenübungen* zu sehen, die auf der einen Seite zu Buchstaben und Schrift weiterentwickelt werden, auf der anderen Seite zu eigenständigen Formgebilden; beide sind charakteristisch für die ersten Schuljahre. Im Bereich der Mittelstufe verwandelt sich das Linear-Zeichnerische in *flächenhaftes Hell-Dunkel.* Beleuchtetes und Schattiges heben sich auf den Blättern voneinander ab. Hier wird die Welt gegenständlich; nur Gegenstände können Schatten werfen. Im beginnenden Oberstufenbereich der Ausstellung treten dem Betrachter noch einmal zeichnerische Licht- und Schattengestaltungen entgegen, hier auf der Ebene eines fortschreitenden Könnens mit Versuchen bildhaft-künstlerischer Darstellungen. Beim weiteren Aufstieg in die oberen Klassen ändert sich der Hell-Dunkel-Eindruck der Bilder abermals ganz wesentlich. Das Malerisch-Tonige der Kohlezeichnung wird durch Kontrastwirkungen abgelöst, die aus verschiedenen zeichnerischen Texturen aus Tusche, schwarzer Kreide oder ähnlichem Material hervorgebracht sind und bei denen nun vor allem auf das Qualitative und den Ausdruck Wert gelegt ist. Mitunter kann man auch Schwarz-Weiß-Kontraste in Linol- oder Holzschnitt sehen.

Beim Wandern durch solche Ausstellungen trifft man weiter auf *handwerkliche* und *plastische Arbeiten,* die auf Tischen und Podesten zwischen den Bilderwänden aufgebaut sind. Neben einfachen Gebrauchsgegenständen und Spielzeug sieht man freiplastische oder gegenständliche Schnitzarbeiten aus Holz, Plastiken aus Ton oder Stein, die von älteren Schülern stammen. Auch einfache Möbelstücke, Hocker, Regale, manchmal auch eine sogenannte Jahresarbeit, ein Schreibtisch gesellen sich dazu. Gebrannte Tongefäße und farbige Keramik, Metalltreibarbeiten und handgeschmiedete eiserne Werkstücke, geflochtene Körbe und Kartonagen oder gebundene Bücher bringen eine bunte Fülle in das Bild. Und in keiner Ausstellung fehlt die Handarbeit, von den einfachen Strickübungen der 1. Klasse bis zu maschinengenähten Kleidungsstücken und Handwebereien der großen Schüler. Der Reichtum einer solchen Ausstellung wird möglich durch den methodischen Aufbau des Unterrichts mit sorgfältig ausgewähltem Material. Auch in der Oberstufe, wo alles vielfältiger wird, bleibt der pädagogische Ansatz und die Begrenzung auf bestimmte Materialien erhalten. Der Werkstoff soll für die Schüler durchschaubar sein. Wie das Holz gewachsen ist und vorgearbeitet wird, bis es zur Werkstatt kommt, können sie sich vorstellen. Beim Kunststoff bleibt ihnen das undurchsichtig; auch wenn sie eine entsprechende Fabrik besichtigen, fehlt ihnen das Verständnis der chemischen Formeln. Diese Überlegungen läßt die Waldorfschule vorsichtig umgehen mit Eindrücken, die sie in den verschiedenen Altersstufen an die Schüler heranbringt.

In einer modernen Ausstellung wie etwa der «Documenta» treffen wir Kunstgegenstände, die sich in keine der überlieferten Kunstgattungen einordnen lassen. Man denke an die kinetische Kunst, an die Vielfalt von Objekten und Apparaten, an Environments und Happenings, Straßenkunst, Landart und Kunstaktionen der verschiedensten Art. Die dafür verwendeten Gestaltungsmittel sind kaum mehr zu erfassen. Auch dadurch ist die Situation der Kunst in unserer Zeit gekennzeichnet, daß Kunstgegenstände der Sache nach nicht mehr von anderen Gegenständen unterschieden werden, daß sie Warencharakter bekommen haben. Gleichzeitig mit überlieferten ästhetischen Idealen soll Kunst als eigenständiger Begriff überwunden werden. Das macht es der Kunsterziehung so schwer, sich an der Kunst der Gegenwart zu orientieren. Theoretiker schließen sich an die bekanntesten Vertreter der Gegenwartskunst an und übernehmen von ihnen Leitmotive. Sie fordern, daß im Vordergrund des Kunstunterrichts die Begegnung und Auseinandersetzung mit der Gegenwart stehen müsse mit ihren «bedrängenden, irritierenden, provozierenden Phänomenen»; die Praxis des Unterrichts müsse sich am Einfallsreichtum der «Kunst unserer Zeit» orientieren*. Daher macht man in dieser Richtung in allen Altersstufen, auch in der Grundschule, kunstpädagogische Experimente. Sehr beliebt ist das Spiel mit vorgeformten gleichen Bauelementen. Im Rahmen der gegebenen Einheiten kann sich zwar der Spieltrieb betätigen, aber man übersieht, wie das festgelegte Material die Phantasie einengt und damit schematisierend und mechanisierend wirkt. Oder wenn kleine Kinder ein Auto mit Farbe bemalen und übergießen dürfen, so mag das zunächst eine lustige Sache sein. Wie soll aber das Kind Vertrauen zu seiner Umwelt gewinnen können, wenn die Erwachsenen es dazu anleiten, die von ihnen erzeugten Gegenstände sinnwidrig zu behandeln? Es mag dadurch in manchem Kind frühzeitig Lust am Zerstören geweckt werden. Der Erwachsene hat wohl etwas Förderndes im Sinn, was er aber nebenbei im Kinde veranlagt, überschaut er nicht. Nicht was wir beabsichtigen ist ja entscheidend, sondern was wir bewirken.

Die wenigen Beispiele mögen genügen, um zu zeigen, in welcher Lage sich der Kunsterzieher heute befindet. An die Stelle pädagogischer und künstlerischer Traditionen ist weitgehend die *wissenschaftliche Theorie* getreten, der ein Gesamtbild vom Menschen und vom Wesen der Kunst fehlt, ja, das sie ablehnt. Daher ist das Allerentgegengesetzteste möglich. Wie kaum zuvor sei die Existenz der Kunsterziehung heute in ihrer Existenz bedroht, meint G. Weber in seiner Analyse zur Lage*.
In dieser Situation geht die Waldorfschule andere, eigene Wege. Wir wollen hier das Problem von der Seite der künstlerischen Mittel aufgreifen. Die Ausweitung der Kunstproduktion hat das Feld der Gestaltungsmittel ins Uferlose ausgedehnt. Diese Entwicklung hat sich zwangsläufig auf die Kunsterziehung übertragen. Das bestehende Wechselverhältnis zwischen Kunst und Kunsterziehung verführt leicht dazu, Entwicklungen und Materialien kritiklos zu übernehmen. Entscheidend sollte aber sein, was dem Kind in seiner Gesamtentwicklung dient, und das sind nur die unter dem Gesichtspunkt der Qualität ausgewählten künstlerischen Mittel. Man geht damit zwar scheinbar auf ursprüngliche, unmoderne Gestaltungsmittel zurück, aber es kann einen Schritt in die Zukunft bedeuten, wenn man sie in einer der heutigen Bewußtseinslage entsprechenden Form neu ergreift.
Wir beschränken uns zunächst auf die vier reinen Elemente:

Linie, Hell-Dunkel, plastische Fläche, Farbe.

Das Tätigwerden mit ihnen ist von tiefgreifender erzieherischer Wirkung, wenn sie ausschließlich angewendet werden. Durch sie spricht sich im künstlerischen Prozeß und im gestalteten Bildwerk das innerlich Qualitative der Welt aus. Zu diesem hat das heranwachsende Kind ein ursprüngliches Verhältnis. Seine künstlerische Betätigung verbindet es mit denselben Kräften, die auch in der Welt schaffend sind. Die bildnerischen Mittel werden dadurch zu Vermittlern einer objektiven Kräftewelt.

Die Linie

ist Spur einer Bewegung. Sie hat zwei Möglichkeiten: die Gerade und die Krumme. Beim Zeichnen erlebt das Kind den charakteristischen Unterschied dieser beiden Möglichkeiten. Die eindeutige Richtung der geraden Linie fordert Konzentration, einen vom Gedanken gerichteten Willen. Die unbestimmte krumme Linie läßt dem Individuellen Raum; Gefühl bestimmt den Willen*.

Das *dynamische Zeichnen* ist in erster Linie Willensbetätigung, während *geometrisches Zeichnen* Gedankenformen widergibt. Die Herkunft der Linie aus dem Gedanklichen deutet sich auch im Sprachlichen an. Im Märchen ist das Gedankenelement im Bilde des Fadenspinnens versinnlicht, und wir sprechen auch vom Gedankenfaden oder der Gedankenlinie. Es ist leicht einzusehen, daß die Gestaltung mit der Linie dazu verführt, an festen Formvorstellungen haften zu bleiben. Deshalb trennt der Kunstunterricht der Waldorfschule die *zeichnerische Formgestaltung* von der *Formgestaltung aus der Farbe.*

Verdichten wir beim Zeichnen die Striche zur *Fläche,* so entsteht etwas Neues:

das Hell-Dunkel.

Aus der Ein-Dimensionalität sind wir zur Zwei-Dimensionalität der Fläche übergegangen. Hier befinden wir uns im Spannungsfeld der Auseinandersetzungen von Licht und Finsternis. In dieser Welt der Gegensätze sind wir anders engagiert als in derjenigen der linearen Form.

Reine Schwarz-Weiß-Flächen sind jedoch eine Abstraktion. Der Gegensatz zwischen Hell und Dunkel ist so absolut, daß kein Leben möglich ist. Das entsteht erst im Zusammenwirken der entgegengesetzten Pole. Zwischen Schwarz und Weiß gibt es vielfältige Durchdringungen und Verwandlungen, alle Schattierungen von Hell und Dunkel sind möglich als Stufen des Ausgleichs. Äußere wie innere Licht-Finsternis-Erlebnisse lassen sich durch flächenhaftes Hell-Dunkel gestalten. Durch die Wahl des Materials und entsprechende Techniken lassen sich die unterschiedlichsten Wirkungen hervorbringen. Mit Holzkohle, in kleinen Stücken breit über die Fläche geführt, erreicht man weiche, tonige Schattierungen, die die Farbe vorahnen lassen. Tusche oder tiefschwarze Zeichenkreide wirken bei entschiedener Strichführung bewußtseinsweckend. Scharfe Schwarz-Weiß-Kontraste können zuweilen wie zuckende Blitze über der Bildfläche erscheinen. Das Element der Gegensätzlichkeit wird im künstlerischen Prozeß deutlich. In ihm wird die Schwarz-Weiß-Fläche überwunden und in eine Bildräumlichkeit gebracht.

Die plastische Fläche

Einen entsprechenden Vorgang der Umwandlung erleben wir, wenn wir

es mit dem dichteren dreidimensionalen Material des Plastikers zu tun bekommen. Eine unsichtbare Kräftewelt, die hinter dem Räumlichen steht, soll durch die künstlerische Gestaltung in die Erlebnissphäre eintreten. Die moderne Plastik hat sich mit diesem Problem vielfach beschäftigt. Der Bildhauer will den toten Stoff mit Leben erfüllen. Naturhaft ist dieser Vorgang an der Pflanze zu studieren. In ihrer Entfaltung geht sie aus dem Räumlichen ins Flächenhafte über. Goethe hat für diesen Gestaltwandel, den er bei seinen Forschungen im Gebiet des Organischen beobachtet hatte, den Begriff der Metamorphose geprägt. In diesen Wachstumsprozeß sollte sich der Plastiker versenken, wenn er Goethes Forderung «zu schaffen, wie die Natur schafft», verstehen will. Er muß den Kräften nachspüren, die im Raum flächenbildend sind. Er muß sie als das gestaltende Prinzip empfinden, dem er mit seinem Schaffen Ausdruck verleiht.
Kräfte von innen, Kräfte von außen, Leichte- und Schwere-Kräfte wirken sich aus. Ausstrahlende Kräfte bilden Wölbungen, saugende lassen Mulden entstehen, der Plastiker gestaltet sie zu konvexen und konkaven Flächen. Die Spiraltendenz der Pflanze nimmt er auf, wenn er die gebogene Fläche in sich nochmals biegt. Auf dieses Prinzip der *doppelt gebogenen Fläche* hat Rudolf Steiner nachdrücklich aufmerksam gemacht*.
Auch das anspruchslose Formenbilden im Unterricht verbindet den Schüler mit den Werdeprozessen, soll ihm ein empfindungsmäßiges Verständnis für die in der Welt waltenden Bildegesetze verschaffen.
Vom Formen in weichem Ton geht man zum Bearbeiten von härterem Material über, zum lebendig strukturierten Holz und Naturstein.

Das Gestalten mit der Farbe

führt unmittelbar in das Gebiet des Seelenlebens. Die Vielfalt der Empfindungen am Farbigen schildert *Kandinsky* in der Erinnerung an seine Knabenzeit, als er dem «für langsam erspartes Geld erworbenen Malkasten» die Tuben entnahm und die Farben auf der Palette verteilte. «Ein Druck mit dem Finger — und jauchzend, feierlich, nachdenklich, träumerisch, in sich vertieft, mit tiefem Ernst, mit sprudelnder Schalkhaftigkeit, mit dem Seufzer der Befreiung, mit dem tiefen Klang der Trauer, mit trotziger Kraft und Widerstand, mit nachgebender Weichheit und Hingebung, mit hartnäckiger Selbstbeherrschung, mit empfindlicher Unbeständigkeit des Gleichgewichts kam eins nach dem andern dieser sonderbaren Wesen, die man Farbe nennt, an . . .»*
Beim Malen durchlebt der mit der Farbe Gestaltende seelische Prozesse. Farbendramatik wird zur Seelendramatik. Gegensätze der verschiedensten Art: Komplementär-Kontraste, warm — kalt, aktiv — passiv, hell — dunkel

kommen zur Geltung. Jede Farbe hat ihren spezifischen Ausdruck, jedes Farbverhältnis einen anderen Klang. Die Beziehungen der Farben untereinander sind so vielseitig wie die der Menschen: Taten und Leiden, Freude und Trauer, Sympathie und Antipathie sprechen sich aus. Mit der größten Unbefangenheit malen die Kinder im Unterricht dieses Farbenleben. Sie steigern dabei nicht nur ihr Farbempfinden, sondern bereichern und nuancieren auch ihre Seelenfähigkeiten.

Wenn man sich mit der Fragestellung der Kunsterziehung ein modernes Materialbild oder ein mit grellen, stechenden Modefarben gemaltes Bildwerk vorstellt, wird man finden, daß es zur Entwicklung von Farbensinn und Seelenqualitäten nicht geeignet ist. Die von ihm ausgehenden Wirkungen müssen eher zur Vergröberung im Sinnes- und Seelenbereich führen. Das technische Experiment und das Montagespiel, das manche Kunstpädagogen heute fordern, ist im künstlerischen Unterricht nicht am rechten Platz. Das zweifellos vorhandene technische Interesse der Schüler kann in zweckentsprechender Weise im Technologie- und Werkunterricht, bei der Ausstattung der Schulbühne, im Kulissenbau und anderen dekorativen Gestaltungen befriedigt werden. An der Reinheit der Mittel soll gegenüber dem Experimentieren mit Materialien festgehalten werden, weil sie, wie wir gezeigt haben, dem heranwachsenden Menschen die Welt qualitativ erschließen können. Das technische Spiel mag den Intellekt befriedigen, aber die auf dem Grund der menschlichen Seele ruhenden Bedürfnisse erreicht es nicht. Daher kann dem Schüler die Wahl der bildnerischen Mittel nicht frei überlassen bleiben. Sie muß aus der Einsicht in das sachlich Gegebene einer Aufgabe hervorgehen. Diese Bindung lenkt die Phantasie auf ein Ziel hin, an der konkreten Aufgabe erwachen die schöpferischen Kräfte. Diese Kräfte methodisch zu schulen, Fähigkeiten auszubilden, ist der Sinn dieser Übungen.

Vielfalt der künstlerisch-handwerklichen Tätigkeiten in der 9. Klasse

In der 9. Klasse beginnt eine neue Form des künstlerischen Unterrichts. Er wird nun von einem *Fachlehrer* in Fachräumen erteilt, und zwar in zusammenhängenden Nachmittagsepochen, wodurch ein kontinuierliches Arbeiten möglich wird. Ein künstlerischer Gestaltungsprozeß läßt sich nicht in Einzel-Unterrichtsstunden aufteilen. Bedingt ist dieser Umschwung durch die neue Situation der Schüler, die nun voll ins Reifealter eingetreten sind. Jetzt sollen sie zum selbständigen Denken und Urteilen fähig werden. Die Zeit der Autorität des Klassenlehrers ist vorüber. Der Schüler will aus eigener Einsicht tun, was man von ihm fordert. Der Lehrer muß den Schülern die Unterrichtsinhalte durchsichtig machen, damit sie lernen, eigene Urteile zu bilden. Sie sollen von der «Kenntnis zur Erkenntnis» geführt werden.
Die Situation der jungen Menschen in diesem Alter ist nicht einfach*. Die natürlichen Phantasiekräfte, die das Kind mitbringt und die es bis zum Eintritt in die Pubertät noch betätigen kann, sind versiegt. Auf dieser Entwicklungsstufe treten neue Gemüts- und Verstandeskräfte auf. Phantasiekräfte müssen neu entwickelt werden dadurch, daß der rege werdende Intellekt mit dem Gefühl durchdrungen wird. Die Kunst ist hierzu das wahre Hilfsmittel, das «sanfte Gesetz».
Eine den Kunsterzieher unmittelbar berührende Frage ist die nach den Phantasiekräften in diesem Entwicklungsabschnitt. Die bildnerische Phantasiefähigkeit schwindet zugunsten der erwachenden intellektuellen Kräfte. Dies ist ein jedem Kunsterzieher bekannter Tatbestand. Er ist bis in die Gegenwart herein Ausgangspunkt kunstpädagogischer Auseinandersetzungen. Das Abklingen der kindlichen Phantasiekräfte wird oft bedauert und aufzuhalten versucht. Aber dieser Entwicklungsvorgang ist notwendig, damit neue Kräfte zur Entfaltung kommen können*.
Die beschwingte harmonische Kindesgestalt geht in das unausgeglichene Erscheinungsbild des heranwachsenden Jugendlichen über. Sie ist irdischer geworden; die mechanischen und dynamischen Kräfte des Skeletts werden wirksam. Das sind Gesetzmäßigkeiten der Außenwelt. Neben dem Rhythmisch-Lebendigen wird das Mechanisch-Tote bestimmender. Die Schwere-

kräfte nehmen überhand. Rudolf Steiner nennt es die Zeit der Erdenreife. Diesen Entwicklungsvorgang auch seelisch zu bewältigen ist für den jungen Menschen nicht leicht. Die Kindheit erlebte er vorwiegend gefühlsmäßig, nun muß er die Welt mit seinen Gedanken erfassen. Da erscheint sie ihm fremd und seelenlos, weil er noch keine Erfahrungen in ihr hat. Dieser kaum bewußte Erlebnishintergrund ist die Ursache für inneren Tumult und manche Rebellion. Der Jugendliche steht vor der Notwendigkeit, sich mit dieser Welt in ein Verhältnis zu setzen. Dabei kann ihm die Schule nun im Beginne des dritten Lebensjahrsiebts viele Hilfen geben.

Die *Einführung in das praktische Leben* ist für die Erziehung im Reifealter ein leitender Gesichtspunkt. Unabhängig vom späteren Beruf steht der Mensch vor der Notwendigkeit, sich in die vom Menschen geschaffene, künstliche Welt hineinzufinden. Daher treten zu allem übrigen Unterricht vielfältige praktische Tätigkeiten, die durch ihren Modellcharakter einen unmittelbaren Bezug zur heutigen Kultur haben und einen Übergang zur Arbeitswelt der Erwachsenen schaffen sollen. Praktische Einsichtnahme in die komplizierten Umweltverhältnisse begründet Vertrauen. An den Waldorfschulen werden Grundkenntnisse in verschiedenen Berufszweigen praktisch erarbeitet. Dabei wird der künstlerische Gesichtspunkt niemals aufgegeben. Für das gesunde Bestehen dieses Krisenalters ist neben der Pflege des Religiös-Moralischen die Ausbildung des künstlerischen Sinnes die größte Hilfe. Der Jugendliche ist für den Übergang am besten vorbereitet, wenn er in der früheren Schulzeit die Welt, die er jetzt mit seinen Gedanken erkennen soll, in ihrer Schönheit erlebt hat. Durch das ästhetische Auffassen der Welt und durch künstlerisches Tätigsein bildet sich im Entfalten der freien Persönlichkeit auch ein freies Verhältnis zum eigenen Leib heraus. Der Mensch wird dann nicht von ihm bedrängt.

Der Fachlehrer muß in einer 9. Klasse mit einer Erscheinung rechnen, die durch den Übergang vom Klassenlehrer zum Klassenbetreuer bedingt ist: mit dem eigenmächtig werdendenden Klassengeist. Der Einzelne versteckt sich in dieser Zeit gerne hinter der Gruppe, er möchte anonym bleiben. Die noch nicht entwickelte Persönlichkeit fühlt sich im «Wir» gestärkt. Will man als Lehrer diesem Lebensalter gerecht werden, so muß man die sich entwickelnde Individualität im Gruppenverband der Klasse zu erfühlen und zu begreifen versuchen. Ein solches Verstehen und Erkennen knüpft auf imponderable Weise ein Band zwischen Lehrer und Schülern, das auch in Spannungszeiten nicht abreißen wird. Der Umgang mit dem schwierigen Alter fordert vom Lehrer viel verständnisvollen Humor, den er als seinen besten Helfer betrachten und in sich entwickeln sollte*.

Praktisch-handwerklicher Unterricht

Den Gegebenheiten des Reifealters entsprechen zunächst eine Reihe handwerklicher Fächer, die Kraft, Geschicklichkeit und planende Überlegung erfordern. Handarbeit und Handwerk der Unterstufe gehen in eine strengere Unterweisung und Übung über. Das Schwergewicht liegt auf der *Arbeit am Holz.* Dieser lebendige Werkstoff, nach Baumarten und Herkunft verschieden in Maserung, Farbe, Geruch, Härte, macht den Unterricht zugleich zu einer Natur- und Lebenskunde. Schon vom 5. oder 6. Schuljahr an wird gesägt, geschnitzt, geraspelt, wobei einfache Geräte für Küche und Garten wie Kochlöffel, Pflanzhölzer und dergleichen entstehen. Später werden Schalen und andere einfache Gebrauchgegenstände, Tiere und vor allem auch bewegliches Spielzeug angefertigt. Dabei müssen die phantasievollen Einfälle der Kinder ihre Realisierbarkeit erweisen.
Jetzt in der 9. Klasse wird das Hobeln sachgemäß erlernt. Dabei gibt es viele Späne und Schweißtropfen. Wenn dann das erste Ergebnis vorliegt, etwa in Form eines Küchenbrettchens für die Mutter oder eines einfachen Werkzeugkastens für den eigenen Bedarf, hätte niemand sich zuvor träumen lassen, welche Mühe dafür aufgewendet werden muß. Mit diesem Brettchen oder Kästchen und den nachfolgenden Werkstücken, einem Hocker, einem Bücherregal oder ähnlichem, hat sich der junge Mensch am Modell ein Stück Werkwelt erarbeitet. Neben dem realen Gebrauchswert dieser Gegenstände ist eine Brücke gebaut worden zu dem ganzen Zweig der holzverarbeitenden Industrie, vor allem der Möbelindustrie. Die tief ins Gemüt eingegangenen Eindrücke dieser handwerklichen Übungen: der Harzgeruch der Späne, das zischende Geräusch des gleitenden Hobels werden neben vielem anderen unauslöschlich in der Erinnerung bleiben. Bei der Besichtigung eines entsprechenden Betriebes können die Schüler die gleichen Arbeitsgänge in der maschinellen Fertigung durchschauen.
Wo es möglich ist, wird auch eine *Schmiede- und Schlosserwerkstatt* eingerichtet. Die über die ganze zivilisierte Menschheit ausgebreitete Maschinenwelt, ohne die kein Zweig der modernen Industrie denkbar ist, hat ja hier ihre Keimzelle. Für den Jugendlichen bedeutet der Umgang mit dem schweren Schmiedewerkzeug, mit Feuer und Eisen eine romantische Welt. Als «Schmiedelehrlinge» stehen sie vor dem Amboß, die Zange mit dem glühenden Eisen in der linken Hand, mit der rechten den schweren Hammer schwingend. Die Schläge müssen das Eisen gezielt treffen. Das ist eine harte Arbeit, bei der es sich um eine tief in die Erlebnissphäre eingreifende Willensschulung handelt. Die unter fachkundiger Anleitung entstehenden schmiedeeisernen Gegenstände wie Spitzmeißel, Mauerhaken,

Schürhaken oder sonstige Werkstücke, die an Schraubstöcken zu einfachen Werkzeugen weiterverarbeitet werden, sind wiederum für den praktischen Gebrauch bestimmt. Bei allem Üben waltet hier ein pädagogisches Grundprinzip, nämlich alle Übstücke nach Möglichkeit einem sinnvollen Zwecke zuzuführen. Der Schüler soll erleben: was ich tue, ist auch zu etwas nütze. Auch diese elementar handwerkliche Übung stellt wiederum eine willenshafte Verbindung zur Umwelt her. Das lodernde Schmiedefeuer, das glühende Eisen, der Kohlegeruch und der metallene Klang der Hammerschläge prägen nachhaltige Eindrücke in die Menschenseele.
Zur heißen Verformung des Metalls tritt als Ergänzung die kalte Verformung im *Metalltreiben* hinzu, das in eine mehr kunstgewerbliche Richtung geht. Damit wird zumeist erst in der 10. Klasse begonnen.
In der 8. Klasse lernten die Schüler Maschinennähen an einfachen Kleidungsstücken, die sie für sich oder die kleinen Geschwister anfertigten. Wenn nun die 9. Klasse in den praktischen Fächern in verschiedene Gruppen gegliedert wird, baut man häufig für die Mädchen die *Schneiderei* aus. Es kommt dabei nicht nur auf sorgfältige und exakte Arbeit an, sondern auch auf die Bildung eines guten Geschmacks. Diese Kenntnisse können sie auch weiter im täglichen Leben unmittelbar verwerten. *Textilkunde und Technologie* im weiteren Sinne gehören zu diesem Fach. Es schließt sich an Übungen im *Spinnen und Weben* an, die in der 10. Klasse stattfinden. Man sieht da Buben und Mädchen an schnurrenden Spinnrädern Rohwolle zu Garn verspinnen. Es wird später am Webrahmen oder sogar an einem Modellwebstuhl zu Geweben verarbeitet. Der Besuch von Spinnereien, Webereien und Betrieben der Bekleidungsindustrie verschafft ihnen Einblicke in dieses Gebiet, mit dem sie sich zu leicht nur aus modischen Gründen beschäftigen.
Ein weiterer Urberuf, den die Schüler dieser Altersstufe in seinen Grundelementen kennenlernen, ist das *Töpfern*. Das Gefäßebilden aus Ton ist ein Vorgang, der auch einen direkten Bezug zum Menschen hat. Dafür sind schon allein die Bezeichnungen für die einzelnen Teile eines Gefäßes wie Fuß, Bauch, Schulter, Kragen, Hals, charakteristisch. Der Zweck eines Gefäßes soll für seine Form bestimmend sein. Sie soll dienend sein. Für manchen Schüler ist es zunächst schon an sich eine Leistung, den weichen Ton beim Aufbau einer Gefäßform so in den Griff zu bekommen, daß sie nicht immer wieder in sich zusammenfällt. Differenziertes Materialempfinden muß herangebildet werden. Mit dem Aufrichten der Form werden auch die eigenen inneren Aufrichtekräfte gestärkt. Der abschließende Vorgang des Brennens und Glasierens macht die Tassen, Teller, Vasen, Krüge, Schalen und Schälchen praktisch brauchbar.

Korbflechten verlangt Einfühlung in die Werkstoffe Weide und Peddigrohr; es erfordert auch geschickte, bewegliche Finger und exakte Vorplanung der Arbeitsgänge. Brot-, Einkaufs- und Papierkörbe werden nachhause gebracht.
Auch hier trägt das Naturprodukt ein Stück ursprünglichen Lebens in die Kunststoffwelt hinein.
Praktische Übungen im *Feldmessen* führen die 10. Klasse auch weiter hinaus ins freie Gelände, das die Schüler mit allen dazu nötigen Geräten vermessen. In einer exakten Kartenzeichnung werden die einzelnen Meßergebnisse zu einem Gesamtplan des aufgenommenen Gebietes zusammengefügt. Dabei spielt das gemeinsame Arbeiten eine wichtige Rolle und will gelernt sein.
Die 11. und 12. Klasse wird noch in die *Buchbinderei* eingeführt. Von einfachen Kartonagearbeiten gehen die Lernstufen bis zum künstlerisch gestalteten Bucheinband. Rudolf Steiner war der Meinung, daß eigentlich jeder Schüler, der die Schule verläßt, in der Lage sein sollte, seine Bücher selbst einzubinden. Es war ihm ein großes Anliegen, daß sich auf allen Gebieten des Handwerks und der Handarbeit solides Können mit künstlerischer Gestaltung verbindet. Er hat selbst viele Anregungen dazu gegeben. Gerne hätte er auch einen Schuster im Lehrerkollegium gehabt, das hat sich aber bisher nur in Ansätzen verwirklichen lassen. Wichtiger als die eine oder andere spezielle Einrichtung ist das grundsätzliche Bemühen, durch sinnvolles Tun Weltverständnis und Selbstvertrauen beim Heranwachsenden zu begründen*.

*Kunstbetrachtung (Ästhetik und Kunstgeschichte)**

In diesem 9. Schuljahr, der ersten Klasse der Oberstufe, beginnt auch der Unterricht in dem neuen Fach *Kunstbetrachtung*.
«In demselben Lebensalter, in dem das Kind begreifen lernen muß: die Natur ist nach abstrakten, durch den Verstand zu begreifenden Naturgesetzen geordnet ... in demselben Lebensalter sollen wir Kunstverständnis schaffen als das Gegengewicht, sollen in das Verständnis einführen, wie sich die einzelnen Künste in den verschiedenen Epochen der Menschengeschichte entwickelt haben, wie das eine oder das andere Kunstmotiv in diesem oder

jenem Zeitalter eingreift. Dadurch erst wird dasjenige in dem Kinde wirklich angeregt, was der Mensch braucht, wenn er zu einer allseitigen Entfaltung seines Wesens kommen will.»* Nachdem die Schüler von der 1. Klasse an praktisch künstlerisch und handwerklich tätig waren, sollen sie nun die großen Werke der Kunst kennenlernen und daran den Begriff des Schönen und die Metamorphose des Schönen in den geschichtlichen Zeiten erfassen. In der 9. Klasse werden die bildenden Künste von Ägypten bis etwa zur Rembrandtzeit behandelt. In der 10. Klasse liegt das Gewicht bei Sprache und Dichtung. Die Elemente der Poetik, der Unterschied der literarischen Gattungen werden in Verbindung mit Rezitation und Deklamation erarbeitet.
Im 11. Schuljahr kommt die Musikästhetik hinzu, die Stilgegensätze von nördlicher und südlicher Kunst, von westlichen und östlichen Ausdrucksformen werden an prägnanten Beispielen gezeigt. Die 12., die Abschlußklasse bringt eine Überschau über die Entwicklung der Architektur bis in die Gegenwart hinein. Das Bewußtsein für die Zusammengehörigkeit aller Künste, ihre geistesgeschichtliche Gesetzmäßigkeit soll im jungen Menschen das Gefühl für seine Mitverantwortung an der Gestaltung des Erdenantlitzes wecken.

Plastisches Gestalten im 9. Schuljahr

Im Unterricht in der 8. Klasse beobachtet man, daß die Malereien der Schüler oftmals eine starke, sogar ins Plastische gehende Überbetonung der Form zeigen, die aus dem Malerischen herausstrebt. Charakteristisch sind auch Hell-Dunkel-Kontraste in den Bildern. Will man diesem Bedürfnis nach Form und Hell-Dunkel entsprechen, so muß man andere Ausdrucksmittel als das der Farbe suchen. Man kommt so zum Plastizieren und Hell-Dunkel-Zeichnen. Für den Malunterricht, der in dieser Zeit ausfällt, bedeutet dies eine schöpferische Pause.

Das Gebiet des Plastischen ist in unserer Darstellung noch nicht behandelt. Im Kinde tritt aber das Bedürfnis nach plastischer Tätigkeit ebenso wie das nach Malen und Zeichnen auf. Man beginnt mit dem Plastizieren bereits vor dem neunten Lebensjahr. Das räumliche Auffassungsvermögen des Kindes stellt sich erst später ein. Man läßt auf dieser Stufe elementare Körper- und Raumformen als Ergänzung zum Formenzeichnen plastizieren*. Es sollte dem Klassenlehrer, der die Kinder von der 1. bis zur 8. Klasse begleitet, als ein Ideal vorschweben, daß sie in plastischen Formen leben. Das Formen von plastischen Gestalten im richtigen Alter und in der rechten Weise wirkt «ungeheuer belebend auf das physische Sehvermögen des Kindes»*. Ein solches Leben in plastischen Formen kann angeregt werden durch den Menschenkundeunterricht, der in elementarer Form in der 4. Klasse beginnt. Auch die Tier-, Pflanzen- und Mineralkunde der 5. und 6. Klasse steht jeweils in Verbindung mit der Menschenkunde, die bis zur 10. Klasse Gegenstand der Naturkunde bleibt. Die Behandlung der Funktion der inneren Organe des Menschen in der 7. Klasse, die des Skeletts in der 8. Klasse regen in besonderer Weise zum plastischen Formen an.

Für den Lehrer wird es notwendig, sich auch in diese Gestaltungskräfte übend einzuleben, wie dies im Hinblick auf das Farbenwesen geschildert wurde. Dabei muß er, seine ästhetischen Vorstellungen beiseite lassend, sich an das unmittelbar Erlebbare halten. Das ist der menschliche Organismus selbst. Die Kräfte, die ihn bilden, sind plastische. Er steht vor der Aufgabe, die verschiedenen Organe wie Lunge, Niere, Leber, Herz in ihrer Lage zueinander, ihre Asymmetrien plastisch zu bilden und ihre Formen aus ihrem rhythmischen Zusammenwirken verstehen zu lernen. Es ist überraschend zu erleben, wie beim Plastizieren die Lunge des Menschen aufgerichtet werden muß im Gegensatz zur Lungenform eines Tieres, die horizontal liegt. Rudolf Steiner: «...Sie müssen aber selber eine Art künstlerischer Anschauung haben vom menschlichen Organismus ... Sie werden sehen, wenn Sie noch so viel gelernt haben über eine Lunge oder eine Leber ... Sie wissen nicht soviel, als wenn Sie das Ganze einmal in Wachs oder Plastilin nachbilden. Da fangen Sie plötzlich an, ganz anders über die Sache zu wissen ...» Eine solche *plastizierende Anatomie* hielt Rudolf Steiner für grundlegend in der Lehrerausbildung*. Es handelt sich also nicht darum, die äußeren Formen abzubilden, sondern den formschaffenden Kräften nachzuspüren und sie plastisch sichtbar zu machen. Hier zeigt sich ein wunderbarer Zusammenhang zwischen den organbildenden Kräften und der freien Handhabung dieser Kräfte durch den Plastiker. «Es wird einer ein Plastiker dadurch, daß er lernt, den Organismus in seinen Formen zu erfassen»*.

Die eigenen plastischen Erfahrungen des Lehrers bilden die Voraussetzung für den Unterricht in der Unterstufe. Den ersten plastischen Versuchen der Kinder folgen solche, die durch die erste Menschenkunde in der 4. Klasse angeregt werden. Die einfache Zeichnung hierzu deutet auf Grundkräfte der Menschenbildung hin, ausgedrückt durch elementare Formtendenzen. Dabei wird man das Kugelige des Kopfes, das nur teilweise Kugelige des

Rumpfes und das Strahlenförmige der Gliedmaßen hauptsächlich unterscheiden*. Die plastizierende Hand des Lehrers regt die Kinder an, selber die verschiedenen Formen in Ton zu bilden. Der Naturkundeunterricht der folgenden Jahre, der immer in Verbindung mit der Menschenkunde bleibt, gibt dem Lehrer viele Möglichkeiten, den Neigungen der Kinder zum plastischen Formen entgegenzukommen. Hierbei wird man auf das Motiv der Verwandlung als einem Gestaltungsprinzip des Lebendigen besonders achten. Rudolf Steiner regte an, in Verbindung mit dem Menschenkundeunterricht den Kindern ein Gefühl für die Verwandlung der Wirbelknochen der Rückenmarksäule in den Kopfknochen zu vermitteln.* Auf dem Hintergrund der in der Unterstufe erworbenen plastischen Formkräfte kann nun im 9. Schuljahr mit dem *Fach Plastizieren* begonnen werden.

Das Entwicklungsalter bringt dem Jugendlichen das Gefühl der Schwere im eigenen Leibe zum Bewußtsein; er empfindet die Umwandlungsprozesse, die in ihm vorgehen. An das Prinzip der Verwandlung kann man anknüpfen. Man kann ausgehen von dem Formgegensatz von Kugel und Pyramide*, wie er in der Unterstufe im Zusammenhang mit dem Formenzeichnen schon plastiziert worden ist, auf der jetzigen Bewußtseinsebene aber ganz neue Einsichten und Gestaltungsmöglichkeiten eröffnet. Die fühlende Hand wird immer mehr das geeignete Werkzeug, um die Form im Raum zu erfahren*.

Beim Bilden der Kugel sind die Hände gleichsam im Dienste der sphärischen Kräfte, die allseitig von außen hereinwirken und die Kugelform zustandebringen. Der ungestaltete Tonkloß wird in den hohlen Händen so lange bewegt, bis die regelmäßige Rundform erreicht ist. Möglichst intensiv wird man den Gestaltungsprozeß zu erfühlen versuchen und dabei auch den Widerstand, den Gegendruck von innen her empfinden. Die Form erscheint als Ergebnis dieses Wechselspiels. Auf das Kräfteerleben kommt es bei allem Formschaffen an. Auch das Auge, ja der ganze fühlende, tastende, sich im Gleichgewicht erlebende Mensch ist beim Plastizieren beteiligt. Nach der Bildung der Kugel von außen geht man dazu über, sie von innen her zu gestalten, indem man die Tonkugel langsam zur Hohlkugel umformt. Dabei müssen die Daumen die wichtigste Arbeit leisten. Im Prozeß von Druck und Gegendruck wird allmählich die beabsichtigte Hohlform entstehen. Diese ersten Übungen vermitteln einen grundlegenden Begriff von konvexer und konkaver Form. Die runde fordert den Gegensatz der kantig-flächigen Form. Wir wählen die tetraedrisch geformte Pyramide, weil ihre Formanlage noch aus der Hand heraus gebildet werden kann. Wir gehen von einer Tonkugel aus, deren Oberfläche die kreuzweise übereinandergelegten hohlen Hände allseitig bedecken können. Biegt man nun die Handflächen in sich zum Winkel ab, so entsteht in ihnen die Anlage zu einer *Pyramide mit dreieckiger Grundfläche.*

Sie erscheint als eine Metamorphose der Kugelform. Der Abdruck der Hand als eines organischen Gebildes hat sphärischen Charakter, er ist leicht gewölbt — die tetraedrische Regelmäßigkeit muß also nachträglich durch Ausgleichen der Flächen hergestellt werden. Dann erst tritt die Entsprechung der beiden Körperformen deutlich hervor. Erst das Erlebnis des Entstehens macht die Polarität bewußt. Man mache sich die Vorgänge nachträglich erinnernd klar: eine sphärische Form entstand wie schwebend im Gleichgewicht von innen und außen durch Bewegungen der hohlen Hände. Dann folgte ein Willensimpuls, eine Kraftanstrengung: die Hände winkelten sich ab, drückten auf die Form. Die Kraftentfaltung wirkte formverändernd: die Kugelform wandelte sich zur kantig-flächigen Form. Die Kräfte von außen waren dominierend gegenüber denen von innen.

*Formbildung ist Kräftewirkung**. Wem das zum Erlebnis wird, dem wird allmählich alle Formbildung in der Welt verständlich. Für ihn spricht ein Kristall von anderen Bildekräften als eine schwellende Frucht. Er erlebt die Gestaltungskräfte gegenüber den scharfgeschnittenen Formen einer Hochgebirgslandschaft anders als in den sanften Hügelformen des Tieflandes. Und die unterschiedlichen Blattformen zwischen Wurzel und Blüte einer Pflanze zeugen ebenso vom lebendigen Widerspiel polarischer Kräfte.

An einer schematischen Zeichnung können wir das Prinzip verdeutlichen. Eine Kreislinie kann in mannigfaltiger Gliederung erscheinen. Sie kann wellenförmig oder zackig gestaltet sein. Die Wellenformen können aber auch eine bestimmte Richtung einschlagen, können in Bewegung übergehen (Fig. 4).

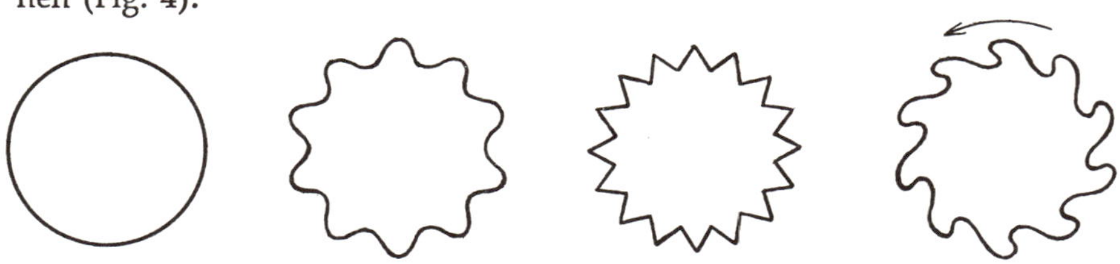

1 2 3 4

Während der ungegliederte Kreis eine vollkommene Harmonie in sich darstellt, zeigen die anderen Kreisformen eine Auseinandersetzung mit der Umgebung. Bei dem wellenförmig gegliederten Kreis erscheinen die Wellenformen als Ausbuchtungen, die inneren Kräfte dominieren (Fig. 2), in den zackig ausgebildeten Kreis (Fig. 3) scheinen sich äußere Kräfte strahlig hereingedrängt zu haben, die stärker sind als die inneren. Die vierte Figur ist eine Metamorphose der zweiten. Bei ihr sind die Wellenformen nach einer Richtung umgebogen, der Kreis scheint sich zu drehen. Ein neuer

Willensimpuls von innen hat eine Bewegung hervorgerufen. Überall, wo wir spitzen oder ausgebuchteten oder wellenförmigen Formen begegnen, wird differenziertes Fühlen, «Besiegung» oder «Überwindung» oder «Tatwerdung» erlebt.

Nach den einführenden Übungen an Kugel und Pyramide muß nun der Übergang zur eigentlich plastischen, der *organischen Form* gefunden werden. Er kann auf einfache und natürliche Weise vollzogen werden. Schon bei der Bildung der Pyramide haben die Schüler die formende Kraft der Hände erlebt. Jetzt regt man sie an, weitere Formen zu bilden, die allein durch den Abdruck der Hände auf eine vorgeformte Tonkugel entstehen. Die Kugel darf zunächst nur so groß sein, daß die beiden Hände ihre Oberfläche noch umgreifen können. Durch unterschiedliche Handstellungen und Druckwirkungen, die sie selber ausprobieren, ergeben sich neue Formbildungen, die sich zuvor nicht ausdenken lassen. Ein Feld der Entdeckungen ist gefunden. Bald ist ein Formenreichtum geschaffen, der die Phantasie vielseitig anregt. Die so entstandenen Gebilde sind freilich noch keine wirklichen Eigenschöpfungen, trotzdem sind sie wichtige Anschauungs- und Lernobjekte. Auffallend ist bei vielen die plastische Geschlossenheit und Lebendigkeit der Flächenbewegung. Ganz befriedigend wird der Eindruck erst, wenn die Unregelmäßigkeiten der Oberfläche nachträglich noch ausgeglichen werden. Schon an diesen einfachen Formen kann das Geheimnis der plastischen Fläche studiert werden, das in der *doppelten Krümmung* liegt. Eine Fläche, die nur einmal gebogen ist, hat noch kein wirkliches Verhältnis zum Raum, sie ist tot. Erst wenn sie nocheinmal gebogen wird, bekommt sie Eigenleben. Nur so kommt die Form zum Sprechen. Rudolf Steiner sprach hierbei vom «Urphänomen des inneren Lebens»*.

In solche Übungen können alle Schüler einbezogen werden; auch der angeblich «Unbegabte» wird etwas zustande bringen. Von keinem wird zunächst mehr verlangt, als seine beiden Hände entsprechend zu betätigen. Kopfmäßiges Vorstellen stört und soll überwunden werden.

Bei der *gemeinsamen Betrachtung der Arbeiten* beobachten die Schüler Ähnlichkeiten vieler Formen mit Naturbildungen wie Samen, Knospen, Früchte, Nestbauten, Organ- und Knochenformen der verschiedensten Art. So ansprechend die einzelnen Gebilde auch sein können, so verloren, beziehungslos wirken sie andererseits. Wodurch entsteht dieser Eindruck? Sie haben allein ein Verhältnis zum Handraum, in dem sie entstanden sind, die Beziehung zum äußeren Raum fehlt. Zu ihnen gehören eigentlich noch die Hände, mit denen sie ein Ganzes bilden wie Nußschale und Kern.

Diese Entsprechung von entstandenem Gebilde und formender Hand führte einmal die Schüler einer 9. Klasse durch eine besondere Unterrichtssituation zu einer überraschenden Entdeckung. Durch ein Versehen fanden sie im Plastizierraum ein Skelett vor. Angeregt durch vorausgegangene Übungen der beschriebenen Art fingen sie an, das Skelett in seinen Formen abzutasten und entdeckten bald eine Fülle von Entsprechungen von konvexer Knochenform und konkaver Handform. Diese Entdeckungen machten ihnen einen so tiefen Eindruck, daß sie aussprachen, der Mensch sei wie durch unsichtbare Hände gebildet.
Der weitere Schritt besteht darin, die neu zu bildenden Formen so umzugestalten, daß sie ein *Verhältnis zum äußeren Raum* bekommen. Beim Versuch, die Handformen aufzustellen, ist man in einer hilflosen Lage, weil sie im Schwebezustand entstanden sind; am ehesten könnte man sie aufhängen. Sie sollen nun zum Stehen gebracht werden. Sie müssen einen «Fuß» bekommen. Die Veränderungen dürfen sich jedoch nicht nur auf das Untere der Form beschränken, sondern müssen auch auf das Obere, auf das Ganze gerichtet sein. Dabei ist die Hauptschwierigkeit, die ursprüngliche Lebendigkeit der Formen nicht zu verlieren. Was manchem bei den einfachen Formabdrücken an lebendiger Flächenbewegung geschenkt worden ist, gilt es jetzt zu erwerben. Damit beginnt der eigentliche gestalterische Prozeß. Durch Zeigen von Beispielen und Gegenbeispielen wird man das plastisch-künstlerische Empfinden mehr und mehr zu wecken versuchen. Ziel der Bemühungen ist der harmonische Ausgleich der gegensätzlichen Kräfte.
Aus dieser Aufgabenstellung läßt sich eine neue ableiten. Den sich nach unten konzentrierenden Schwerekräften einerseits und den nach Verflüchtigung strebenden Kräften der Leichtigkeit andererseits soll Ausdruck

gegeben werden. Der *Gegensatz von Schwere und Leichtigkeit* soll in der Form anschaubar werden. Ein einfaches Schema kann das verdeutlichen. Eine Schale mit sich öffnender Gebärde kann die Empfindung von Leichtigkeit erwecken. Wenden wir die Schale um, so ruft die nach unten breit werdende Form die Empfindung der Schwere hervor. Was schon an der andeutenden Linie zu erleben ist, kommt in einer durchgestalteten künstlerischen Form erst wirklich zum Sprechen.
Die Kräfte von Schwere und Leichtigkeit weisen in die Richtung des Pflanzlichen, das zwischen dem Kosmischen und Irdischen sein Wesen entfaltet. Es entzieht sich jedoch der Gestaltung durch den Plastiker*. Dieser kann

sich zwar von dem Formenreichtum und Gestaltenwandel anregen lassen — er kann aber die Pflanze nicht nachbilden. Er kann nur durch sein Einleben in das Naturschöpferische zu ihr gemäßen Formen kommen.
Nach der Gestaltung der Vertikalen wenden wir uns den anderen Raumesrichtungen zu. Sie führen uns zu der *horizontalen Bewegungsrichtung des Tieres*, die im Vorne — Hinten besonders deutlich wird. Das Ursprünglich-Tierhafte drückt sich in der Vorwärtsbewegung aus. Formen, die sich in diese Richtung eingliedern, sprechen mehr oder weniger tierische Gesten aus. Leichte Veränderungen nach rechts oder links, oben oder unten verstärken die lebendig-triebhafte Tiergebärde. Man empfindet den Antrieb zur Bewegung im Innern der Form, was typisch ist im Gegensatz zum Pflanzlichen.
Indem man versucht, die Formen aus einer groß empfundenen Geste, sozusagen aus dem Griff der Hand heraus zu veranlagen, bekommen die Gestaltungen von vornherein eine gewisse Geschlossenheit in der Flächenführung. Ein plastisches Stilempfinden bildet sich langsam aus, das der Neigung zu naturhafter Nachahmung entgegenwirkt.
Um vom mehr allgemein Tierhaften zu *speziellen Tiergestaltungen* übergehen zu können, müssen wir zunächst versuchen, das jeweils Typische einer Tiergattung zu erfassen*. Die wiederkäuende, der eigenen Schwere verhaftete Kuh zeigt sich typisch in der Ruhestellung, das Wesen des Pferdes spricht sich stärker in der Bewegung aus. Die Gans, ein Vogel, der in die Luft gehört, ist bis in die Schwere des Weidetieres gefallen.
Die Eingliederung des Tieres in die horizontalen Raumesrichtungen wird vom Menschen durch seine Aufrichtekraft überwunden. So drängt nun die bis zur kreatürlichen Gebärde gelangte Formentwicklung zur Bildung der menschlichen Gestalt*, die sich frei im Raume bewegen kann. Dieser letzte Schritt sollte — und sei es nur andeutungsweise — schon deshalb vollzogen werden, weil er mit einem inneren Freiheitserlebnis verbunden ist. Der horizontal gerichteten Tierform wird die *aufrechte Menschengestalt* entgegengestellt. Das Aufrichten der Form ist ein Prozeß der Überwindung der Schwere. Eine Folge dieser Aufrichtung sind die freien Arme und Hände, die beim Tier in erster Linie noch der Fortbewegung dienen. Solche Form-Entwicklungsprozesse haben imponderable Wirkungen auf den jungen Menschen — befindet er sich doch in einer Entwicklungsphase, in der er seine eigene Schwere fühlt, die er überwinden möchte. Bei solcher Tätigkeit schwingt etwas mit von seinem innersten Bestreben, zur Freiheit der eigenen Persönlichkeit zu kommen.
Das plastische Gestalten wird in den anschließenden Klassen der Oberstufe in differenzierter Form und mit verschiedenen Materialien weitergeführt*.

Hell-Dunkel-Zeichnen im 9. Schuljahr auf dem Hintergrund der Schwarz-Weiß-Kunst Dürers

Die andere Komponente des künstlerischen Unterrichts in der 9. Klasse ist das Hell-Dunkel-Zeichnen*. Es ist im Zusammenhang mit der Licht- und Schattenlehre im 6. Schuljahr im Anschluß an das Formenzeichnen erstmals behandelt worden. Von der Wiedergabe einfacher Licht- und Schattenphänomene ausgehend wurde die Beschäftigung mit dem Hell-Dunkel in den folgenden Jahren mit dem perspektivischen Zeichnen und dem Darstellen von Raumkörpern verbunden*. Unwillkürlich ist es zuletzt sogar in die Malereien der Dreizehn-, Vierzehnjährigen eingezogen. So ist der Zeitpunkt vorbereitet, in dem das Hell-Dunkel eigenständig und losgelöst von der Farbe als Kunstmittel auftreten kann.

Die Auseinandersetzung mit den Elementen von *Licht und Schatten* ist für den jungen Menschen aktuell, weil die innerlich erlebten Gegensätze sich in ihr widerspiegeln. Im gestalterischen Prozeß ordnen sie sich zu bildnerischen Gesetzmäßigkeiten. Die Schüler werden aufmerksam auf die Schönheit der Licht- und Schattengestaltungen an den Dingen ihrer Umgebung und werden dadurch zu schöpferischer Tätigkeit angeregt. Sie treten in ein neues Verhältnis zu den Licht-Finsternis-Kräften.

Dürers Schwarz-Weiß-Kunst ist ein geeigneter Ansatzpunkt zum Verstehen und Erarbeiten der im Hell-Dunkel waltenden Gesetzmäßigkeiten. Besonders wertvoll dafür sind die Kupferstiche *«Melancholia»* und *«Hieronymus im Gehäus»*.* Die magische Ausdruckskraft des Hell-Dunkels in ihrer Verbindung mit dem Gegenständlich-Bildhaften ist hier zur höchsten Steigerung gebracht. Ihre pädagogische Bedeutung liegt in Dürers gesundem Realismus, der mit dem Sinnlichen das Übersinnliche mitumgreift. Ihm ist das Licht des Denkens, das er um das Haupt des Heiligen auf dem Hieronymusbild legt, ebenso real wie das Sonnenlicht, das zum Fenster hereinscheint und ihn von außen beleuchtet. Was er darstellt sind zwei Seiten der Wirklichkeit. Rembrandt würde das anders gemacht haben, er ist nicht so gegenständlich wie Dürer. Um die imponderablen Bezüge zwischen der Kunst Dürers und der Situation des Jugendlichen deutlicher zu machen, möchten wir das an der «Melancholia» näher erläutern.

Wir finden hier eine Vielzahl von zeitcharakteristischen Gegenständen in ein webendes Hell-Dunkel hineingestellt. Die Licht- und Schattenverhältnisse sind an den einzelnen Dingen: Kugel, Polyeder, Gewand und Haupt der Sitzenden natürlich wiedergegeben; sie bestimmen die Komposition. Ähnlich wie auf dem Hieronymusbild entdecken wir zwei Lichtquellen, eine äußere und eine innere. Die von außen hereinwirkende beleuchtet die Gegenstände, die andere bringt als strahlender Stern am dämmrigen Himmel die innere Lichtnatur der sinnenden Frauengestalt zum Ausdruck. Inneres und äußeres Licht treten in ein korrespondierendes Verhältnis. Auch die Dunkelheit zeigt zwei Seiten ihres Wesens. Der äußere Schattenwurf der Dinge hat sein Gegenbild in dem fledermausflügeligen Nachtwesen, das durch die Dämmerung geistert und die innere Wesensnatur der Finsternis versinnlicht. Aus dem ganzen kompositionellen Zusammenhang heraus wird deutlich, daß in dem gedankenvollen Sinnen der Frauengestalt die Ursache des inneren Lichtes zu suchen ist, das das Schattenwesen «Melancholia» zum Fliehen bringt. Mit «Melancholia flieh» wird die Inschrift auf dem Spruchband übersetzt. Die Gestalt hat Flügel, Attribute eines Engelwesens, und zeigt doch irdische Schwere wie Kugel und Polyeder, erkennbar an der gleichen Licht- und Schattenbehandlung. Welch ein Widerspruch! Das ganze Bild ist auf Gegensätzen aufgebaut, inhaltlich wie qualitativ. Das Bedeutsame jedoch ist, zu sehen, wie alles Widersprüchliche und Gegensätzliche sich zur künstlerischen Einheit ordnet durch das Gestaltungsmittel Hell-Dunkel.

Der Stich scheint uns die Situation des jungen Menschen im Reifealter zu spiegeln: die Zwiespältigkeit und Widersprüchlichkeit, aber auch sein ganzes Streben nach Überwindung dieses Zustandes. Ist nicht auch er von jener inneren Melancholie ergriffen, die in der ganzen Bildstimmung liegt? So kann er sich mit der Gestalt identifizieren, die aus *der* Welt herausgefallen ist, auf welche die Flügel deuten, und noch nicht recht zu Hause in *jener*, von der sie die Schwere hat. Mit dem neu erworbenen Denken hat er die Paradieseswelt der kindlichen Phantasie verloren, doch liegt in ihm die Kraft, sie sich langsam wieder zu erschließen. Das Denken ist es, das Licht verbreiten kann über die Rätsel seines Eigenseins und der Welt.

Vor einer vergrößerten Nachbildung der «Melancholia» sieht man manchmal Schüler wie gebannt stehen. Dann kann man den Eindruck gewinnen, als halte ihr Genius Zwiesprache mit dem Genius, der aus dem Bilde spricht.

Der Übungsweg, der auf der Grundlage der Dürerschen Hell-Dunkel-Kunst mit Schülern der 9. Klassen gegangen worden ist, soll nun geschildert werden.

Das Interesse der Jugendlichen am Künstlerischen ist nicht von vornherein selbstverständlich. Es ist vielfach ganz anderen Dingen zugewandt. Man muß dazu eine Brücke bauen. Diese Brücke ist die künstlerische Technik. Wenn man den Schülern erzählt, wie ein Holzschnitt oder ein Kupferstich entsteht, welche Werkzeuge dazu benötigt werden, wann sie erfunden sind, so sind sie sofort dabei. Ebenso interessiert sie die Technik des Zeichnens. Die schon erwähnte Nachzeichnung in Vergrößerung der Melancholie ruft Verwunderung und Anerkennung hervor, die man für eine eingehende Besprechung nützen kann. Will man jedoch die Schüler weiter fesseln, so muß man zum Handwerklich-Praktischen des Zeichnens übergehen. Man zeigt, wie mit der Holzkohle umzugehen ist, um eine lebendige, silbrig-helle Graufläche auf dem Papier zu erzielen und wie man die Flächen exakt gegeneinander abgrenzt. Gelingt es, das rechte Feingefühl und vor allem Freude an der Schönheit der Hell-Dunkel-Flächen mit ihren Abgrenzungen und Übergängen zu erwecken, so ist meistens der weitere Erfolg gesichert. Wer eine gleichmäßig helle Schattenfläche zustande bringt — die dunklen entstehen von selbst — und sie auch sauber begrenzen kann, der kann schon viel.

Man übt zunächst die zeichnerische Technik an *einfachen Raumkörpern* mit ihren Licht- und Schattenverhältnissen, etwa einer Kugel. Das ist schwer genug. Dabei geht man nicht primär vom Gegenstand aus, sondern beginnt vom Umkreis her mit der Abtönung des Hintergrundes, wobei man die Form behutsam ausspart und solange von außen her flächig auf sie zuarbeitet, bis sie im Umriß vollständig erscheint. Erst nun wird die Form selbst mit ihren Schattenverhältnissen gestaltet. Das *Prinzip des Aussparens* ist besonders wichtig. Dadurch wird der zu zeichnende Gegenstand nicht isoliert, sondern in die ganze Umgebung hineingestellt, wächst gleichsam aus ihr heraus.

Von solchen einfachen Aufgaben geht man zu schwierigeren über. Beleuchtungseffekte und Schattenformen werden nach Ursache und Wirkung studiert und entsprechend wiedergegeben. Der runden Kugelform mit ihren weichen Hell-Dunkel-Übergängen folgt die kantig-flächige eines Würfels, dessen ebene Flächen übergangslos gegeneinander stehen. Je zahlreicher die Flächen eines Körpers, um so größer ist der Hell-Dunkel-Reichtum und um so reizvoller seine Darstellung. Von zehn gleichzeitig

Licht- und Schattenstudien an verschiedenen Körpern. Kohle, 9. Klasse

wahrzunehmenden Flächen eines Ikosaeders unterscheidet sich jede im Tonwert von der anderen, denn keine steht im gleichen Verhältnis zum auffallenden Licht. Hier gilt es feinste Unterschiede wahrzunehmen. Bei weniger einfachen Aufgaben wird man nicht ohne Vorskizzierung auskommen, doch ändert das nichts im Methodisch-Prinzipiellen der Hell-Dunkel-Gestaltung. Keine Linie darf das Leben der Flächen stören, die den Hell-Dunkel-Raum bilden.

Man kann dann, der Begabungsstufe der Schüler entsprechend, schwierige und weniger schwierige Aufgaben verteilen, wodurch eine größere Vielfalt an Anschauungsbeispielen entsteht. Durch freies Kombinieren der Bildkörper kann der Einzelne sein Empfinden für *Raumaufteilung* und *Bildkomposition* schulen. Hat man vor, zum Schluß eines der Dürerbilder in seinen wesentlichen Hell-Dunkel-Bezügen nachschaffen zu lassen, so wird man die darin erscheinenden Gegenstände wie Kugel und Polyeder aus der «Melancholia» oder den Schädel im Hieronymus-Stich als Übungsobjekte in die Vorstudien miteinbeziehen. Eine gute Vorübung zum Erfassen des Bildraums beim «Hieronymus» ist auch die selbständige Wiedergabe der Licht- und Schattenverhältnisse eines einfachen Innenraumes aus der Vorstellung.

Daß mit dem Nachschaffen eines Dürerbildes hier nicht Kopieren im üblichen Sinn gemeint ist, dürfte aus der Darstellung hervorgehen. Vielmehr handelt es sich um die Umsetzung eines Kunstwerks in ein anderes künstlerisches Mittel, eines Kupfertiefdrucks in die Kohlezeichnung, also um einen selbständigen schöpferischen Prozeß. Die ersten bildmäßigen Orientierungen werden gemeinsam gesucht und mit zarten Kohlestrichen festgehalten. Dabei treten auch geometrische Verhältnisse zutage, die Aufschluß über die Bildordnung geben. Auf dieser Grundlage erfolgt dann die selbständige Ausgestaltung im Hell-Dunkelbereich durch die einzelnen Schüler.

Es war immer sehr eindrucksvoll zu sehen, mit welcher Hingabe und Ausdauer sie sich in diese Arbeit vertieften. Wo die Zeit nicht ausreichte, wurden freie Stunden verwendet. Erstaunlich waren die Durchschnittsergebnisse, von besonderen Einzelleistungen ganz abgesehen. Mit keiner anderen Arbeit waren die Schüler so verbunden wie mit der selbsterarbeiteten Dürerkomposition. Eine tief-innere Beziehung zum Wesen der Hell-Dunkel-Kunst ist entstanden, die nicht so leicht auf anderem Wege hätte erreicht werden können.

◀ *Hell-Dunkel-Studie mit Kohle nach dem Kupferstich «Melancholie» von Dürer, 9. Klasse*

Wieweit es nun im einzelnen gelingt, an das Wesen der Sache heranzuführen, hängt oftmals von der Gunst der Stunde ab. Imponderable Wirkungen spielen beim Hell-Dunkel-Zeichnen immer mehr oder weniger mit. Wir können die Licht- und Schattenwelt rational nicht völlig erfassen. Es gibt Augenblicke, in denen es möglich ist, etwas von dem *Elementarischen des Hell-Dunkels* zu erleben. Eine Gelegenheit zu solcher Erfahrung bietet sich, wenn in der dunklen Jahreszeit der Nachmittagsunterricht in die Dämmerung fällt. Man kann nun die Schüler auf die eigentümliche Stimmung aufmerksam machen, die sich in dieser Übergangszeit zwischen Tag und Nacht im Raume verbreitet und den Dingen einen seltenen Zauber verleiht. Alle Gegenstände, auch die unbeachtetsten, erscheinen plastischer, treten bedeutungsvoll aus dem webenden Hell-Dunkel hervor, als seien sie aus ihm neu erschaffen. Die Welt ist geheimnisvoll verwandelt. In solcher Stimmung läßt Goethe Faust sagen: «Was grinsest du mir hohler Schädel her?» Wir denken an den Schädel und die besinnliche Stimmung im Hieronymusbild, in dem alle Gegenstände belebt sind, uns etwas sagen. Das ist jene Zwielichtstimmung, die für Dürers Hell-Dunkel-Kunst so charakteristisch ist. Bei den Schülern bedarf es nur eines leichten Anstoßes, um sie zu einem Erlebnis hinzuführen, das ihnen im Grunde schon vertraut war. Dieses Eintauchen in die Elementarsphäre des Hell-Dunkel vermag einen bleibenden Eindruck zu hinterlassen.

Was in einer solchen Epoche gelernt wird, ist vielschichtig. Die Aneignung zeichnerischen Könnens ist verbunden mit dem Üben im exakten Beobachten, das zu lebendigen Vorstellungen führt. Es wird die Fähigkeit erworben, die körperlich-räumliche Welt zu erfassen und darzustellen. Dieses Körperlich-Materielle ist jedoch an ein Geistiges gebunden, das sich im Schein des Schönen, in Licht und Schatten, offenbart. Das Licht, das von oben kommt, bindet gleichsam die untere Welt an die obere und macht sie dadurch schön. Dieses Schöne gilt es an allem Sinnlich-Wirklichen wahrzunehmen und in schöpferischer Tätigkeit zu realisieren.

Hell-Dunkel-Zeichnen im 11. Schuljahr

Der in der 9. Klasse begonnene zeichnerische Übungsweg bedarf einer Fortsetzung in der 10. oder 11. Klasse. In unserem Falle erfolgte sie im 11. Schuljahr, weil im 10. Schuljahr wieder mit dem Malen begonnen wurde, das sich auf dieser Altersstufe als besonders fruchtbar erwiesen hat. Alle künstlerischen Fächer in einem Schuljahr zu pflegen, wäre schon aus zeitlichen Gründen nicht möglich. Bevor wir uns jedoch dem Malen zuwenden, wollen wir das Hell-Dunkel-Zeichnen in seiner Weiterführung in der 11. Klasse behandeln.

Die praktischen Übungen wurden in Beziehung gebracht zur Entwicklung der Schwarz-Weiß-Kunst seit dem 15. Jahrhundert. Dadurch wird im Schüler das Bewußtsein für Kontinuität geweckt. Er wird in den Fortgang der Entwicklung miteinbezogen und erlebt sich als Zeitgenosse an den Punkt gestellt, wo Neues geschaffen, Künftiges veranlagt werden muß. Das gibt Impulse, die sich mit Sinn und Ziel des eigenen Daseins verbinden können. Ideale mit Willenscharakter werden erzeugt.

Angeknüpft wurde an die Zeichenepoche der 9. Klasse. Neben Dürer wurde ein neuer Gipfel der Schwarz-Weiß-Kunst ins Blickfeld gerückt: Rembrandt. Es ist nicht nur aufschlußreich, sondern geradezu aufregend, vergleichbare Werke beider Künstler gegeneinanderzustellen und auf sich wirken zu lassen. Welch ein Unterschied in Auffassung, Art und Wiedergabe der Bildidee im Hell-Dunkel. Bei Dürer sind die Bildgegenstände fest umrissen und in allen Einzelheiten durchgeformt; bei Rembrandt treten die Gestalten wie aus einer schaffenden Welt polarer Hell-Dunkel-Kräfte unmittelbar hervor. Ihre Umgrenzungen sind weniger eindeutig, sie sind locker, beweglich und offen. Die gestaltenden Kräfte der Umgebung gehen gleichsam durch sie hindurch. Oft wirken sie wie flüchtig hinskizziert. Es sind keine Idealgestalten, sondern Erscheinungen des alltäglichen Lebens. Was aber den Bildern ihre Größe gibt, ist der das Ganze tragende Bildhintergrund, ist die dynamische Kraft des Hell-Dunkels, die nicht nur an den Gestalten, sondern zwischen ihnen, über ihnen, ja im ganzen Bildraum wirksam ist. Das ist das Wesentliche, Charakteristische. Die Bildobjekte er-

Zeichenstudie nach einem Dürer-Holzschnitt aus der «Apokalypse». Kohle, 11. Klasse

scheinen nicht nur von außen beleuchtet, sondern offenbaren ihr Wesen durch das ihnen zugeteilte Maß an Helligkeit oder Dunkelheit. So sind beispielsweise die Licht- und Schattenzonen um die beiden Schächer auf dem Bild «Die drei Kreuze» nicht durch äußere Licht- und Schattenverhältnisse verursacht, sondern sind Ausdruck der seelisch-geistigen Zusammenhänge. Rembrandt erlebt diese Kräfte in sich und schafft aus diesem Erleben heraus seine Bildkompositionen. Dürer benützt manchmal noch das Symbol, beispielsweise in der «Melancholia», wo er die Dämmerung durch ein fledermausartiges Geschöpf versinnbildlicht. Dürer kommt auf andere Weise zu seinen Bildschöpfungen. Er studiert an Objekten der äußeren Welt die Gesetzmäßigkeiten von Licht und Schatten und stellt das so Erarbeitete zu einer Komposition zusammen. Schon im Ansatz sind die Bildkompositionen beider Künstler verschieden. Rembrandts Hell-Dunkel-Kunst ist keine Wiederholung der Dürerschen, aber ohne diese wäre sie nicht denkbar.

Dies alles läßt sich bis in die Art der zeichnerischen Strichführung hinein verfolgen. Dürer, dem es auf das Erfassen des Sinnlich-Realen ankommt, versucht das Räumliche nicht nur durch Licht und Schatten, sondern auch durch Perspektive und Konstruktion deutlich zu machen. Er modelliert beim Zeichnen, folgt den Formen der Gegenstände mit entsprechenden Strichlagen. Seine Zeichnungen unterscheiden sich daher nur wenig von solchen zeitgenössischer Bildhauer. Am besten lassen sich die zeichnerischen Strukturen an Holzschnitten studieren, etwa an dem Zyklus «Die heimlich Offenbarung Johannis», durch den Dürer schon früh berühmt wurde. Um die ganze Kraft und Lebendigkeit der ins Holz geschnittenen Formen nacherleben zu können, muß man versuchen, sie zeichnend nachzuvollziehen.

Es ist eine gute Übung, für kurze Zeit einmal so zu zeichnen wie Dürer, oder auch wie Rembrandt. Die Dinge, die man sich zeichnend einverleibt, weiß man anders, als wenn sie nur durch einen vorübergehenden Bildeindruck oder durch das flüchtige Wort im Unterricht aufgenommen werden.

Damit ist die erste Zeichenübung umrissen. Sie besteht darin, die zeichnerische Struktur eines Dürer-Holzschnitts in einem Teilstück mit Zeichenkohle vergrößert nachzubilden. Das gelingt nicht jedem Schüler sofort. Mancher muß noch einmal beginnen, um die Eigenart der Strichführung wirklich zu erfassen. Die Striche müssen sicher, bestimmt und charakteristisch gesetzt werden. Alles Zufällige, Willkürliche muß vermieden, das Subjektive zurückgestellt werden. Der Schüler muß sich ganz der Formführung hingeben, auch wenn sie ihm zunächst ungewohnt, vielleicht fremd erscheint. In dem Maße, als ihm dies gelingt, wird er von der Wirkung, die

Zeichenstudie nach der Rembrandt-Radierung «Der verlorene Sohn». Federzeichnung, 11. Klasse

ihm aus der Zeichnung entgegenkommt, überrascht, ja gefesselt. In den Formen liegt etwas Faszinierendes, sie gehen ihm in die Glieder. Die Schüler spüren etwas von der Kraft und Dynamik der Linienführung solcher Zeichnungen. Jeder Strich hat eine individuelle Note und gliedert sich doch den Bewegungen der anderen ein. Es ist ein Strömen von Kräften, vergleichbar den strömenden Bewegungen eines Wasserlaufes. Zeichenübungen solcher Art wirken daher nicht ermüdend, sondern erfrischend. Eigene Studien des Lehrers sind auch hier unerläßliche Voraussetzung für den Erfolg im Unterricht.

Erlebnisse anderer Art erwarten den Schüler bei Zeichenstudien nach Rembrandt. Rembrandts Radierungen bilden ein umfangreiches, eigenständiges Werk. Die zeichnerischen Strukturen einer solchen Radierung lassen sich nicht in der gleichen Weise nachvollziehen wie die eines Dürer-Holzschnitts. Hier muß man sich mehr an das Prinzipielle halten. Die zarten Strichlagen der Radierung lassen sich in den helleren Partien zwar deutlich verfolgen und wiedergeben, aber nicht in den dunklen, wo sie sich in den dichten Überlagerungen verlieren. Daher sind für das Studium solcher Strukturen die hellen Radierungen oder entsprechende Ausschnitte zunächst besser geeignet als solche, in denen die Dunkelheiten vorherrschen. Im Ausdruck sind freilich die letzteren stärker und charakteristischer. Das plastische Element tritt im Vergleich zu Dürer zurück. Die Strichlagen gehen weniger mit der Form; sie heben sich mehr von ihr ab, sind flächenhafter. Der Raum bekommt eine andere Qualität, er wird ins Imaginäre gehoben. Die Bildtiefen werden durch verschieden sich kreuzende Schraffuren herausgearbeitet. Als Beispiel kann außer dem schon genannten Bild «Die drei Kreuze» das des «Faust» gelten. Beim Nachschaffen desselben wird der zeichnerisch Geübte das Figurative weniger schwierig finden als das Gestalten der dunklen Zwischenräume, wo es auf die vielschichtige Modulation in den flächenhaften Bildtiefen ankommt. Sie bilden im Zusammenwirken mit den hellen Lichtpartien den Schauplatz für die seelisch-geistige Dramatik, die dem Bildgeschehen zugrunde liegt und den Betrachter in seinen Bann zieht. Darin ist Rembrandt unerreicht.

Im Unterricht kann man verschiedene Bildmotive verwenden und nach Schwierigkeitsgraden verteilen. Dabei können auch Schülerwünsche berücksichtigt werden. So entstehen Gruppierungen nach Motiven, die z. T. in Vergrößerung vorgezeichnet sind. Solche selbstgezeichneten Vergrößerungen können nicht ohne weiteres durch vergrößerte Lichtdrucke ersetzt werden, weil sie die Differenzierungen in den dunkleren Partien nicht wiedergeben. Als Zeichenmaterial wurde neben hartem Bleistift und modernen Zeichengeräten die Feder mit verdünnter Tusche verwendet. Die Tusche-

ALGASTNA
DAGERAM
AMRTET
ADAM
ALGAR
R I N I

feder reagiert am sensibelsten auf die Intentionen des Zeichners. So wenig auch eine Radierung mit einem Holzschnitt verglichen werden kann, so kommt es bei den jetzigen Strukturübungen nicht minder auf eine bestimmte und sichere Strichführung an. Sie allein gibt der Zeichnung Ausdruck und Charakter. Konzentration und zeichnerische Disziplin werden bei allen Studien gefordert und geübt. Es ist immer wieder interessant zu erleben, wie ein Teil der Schüler mehr zu Dürer, ein anderer mehr zu Rembrandt hinneigt. Dementsprechend verwenden sie ihre Zeit mehr auf die eine oder andere Studie, für deren Fertigstellung sie auch gerne ihre Freizeit in Anspruch nehmen.

Die gemeinsame Betrachtung der Schülerarbeiten, der Vergleich der Dürer- mit den Rembrandt-Studien und die Erlebnisse beim Zeichnen führen zur Frage nach dem weiteren Fortgang der Arbeit. Der Entwicklungsschritt von Dürer zu Rembrandt ist ablesbar. Er zeigt die Tendenz der allmählichen Loslösung von der gegenständlichen Form zugunsten einer unmittelbareren Hell-Dunkel-Aussage. Die letzte Konsequenz dieser Entwicklung wäre die völlige Gegenstandslosigkeit, die in der Kunst tatsächlich eingetreten ist. Daran knüpft sich die Frage nach der Auswirkung auf die künstlerische Technik. Der gegenständliche Bildinhalt beeinflußt mehr oder weniger auch die zeichnerische Struktur. Fehlt ein solcher Inhalt, so fehlt auch die Veranlassung, eine begonnene Strichart zu ändern. Die verschiedenen Helligkeits- und Dunkelheitswerte lassen sich ohne Schwierigkeit auch bei Einhaltung *einer* Strichrichtung hervorbringen. Eine Notwendigkeit, andersgerichtete Strichlagen hinzuzufügen, besteht nicht. So hat die Auflösung der gegenständlichen Form auch eine Vereinfachung der zeichnerischen Struktur zur Folge. Eine größere Vereinfachung als die, die ganze Hell-Dunkel-Gestaltung aus *einer* Strichrichtung zu entwickeln, ist kaum denkbar — es sei denn, man würde auf Striche ganz verzichten und punktieren. Von den möglichen Richtungen: der horizontalen, vertikalen, diagonalen, wird die letztere als die natürlichste empfunden. Sie ist in der Regel auch die Schreibrichtung. Damit ist ein freier Ausblick für einen Neubeginn gewonnen. Es gilt, sich in eine Welt hineinzutasten, die zunächst ohne Vorbild, ohne feste Grenzen, ohne Gegenstandsformen und doch nicht ohne Inhalt ist. Das einzige Rüstzeug ist die erworbene Sicherheit der Hand und das Gefühl für Hell-Dunkel-Wirkungen.

Hier muß erwähnt werden, daß Rudolf Steiner beim Aufbau der ersten Waldorfschule in Stuttgart die Anregung gab, die Schüler der Oberstufe beim Hell-Dunkel-Zeichnen in einer *Diagonal-Strichführung* arbeiten zu

◀ *Federzeichnung nach Rembrandts Radierung «Faust». 11. Klasse* lassen*. Diese Empfehlung gründet auf Erkenntnisse, die im Suchen nach einem neuen künstlerischen Ausdruck bei der Hell-Dunkel-Gestaltung der Fenstermotive am Goetheanumbau gewonnen wurden. Assia Turgenieff hat diese Motive in der angegebenen Strichtechnik als Schwarz-Weiß-Radierungen und beim zweiten Goetheanumbau entsprechend als «Glasradierungen» durchgeführt, sie berichtet darüber in ihrem Buch «Rudolf Steiners Entwürfe für die Glasfenster des Goetheanum»*. So ungewohnt diese Zeichen- und Radiertechnik zunächst anmuten mag, so ist sie doch nicht völlig neu. Erstaunlicherweise begegnen wir ihr schon im 15. Jahrhundert bei verschiedenen Künstlern in Italien. Es gibt bedeutende Kupferstiche von Mantegna und Polajuolo, die konsequent in *einer* Schrägstrichlage durchgeführt sind; aber auch andere Italiener dieser Zeit bedienen sich dieser Technik, wenn auch nicht mit solcher Ausschließlichkeit. Die Entwicklung der Druckgrafik vom konturhaften Holzschnitt bis zur vollendeten Hell-Dunkel-Plastizität Dürerscher Kupferstiche zeigt bei diesen Künstlern des Quattrocento eine Zwischenstufe, die das Flächenhafte besonders betont. Sie tritt gleichsam an die Stelle der flächenhaften Farbe, auf die verzichtet werden muß. Man könnte meinen, diese Künstler scheuten davor zurück, den letzten Schritt in die Illusion der Dreidimensionalität zu tun, der in der Renaissance vollzogen wird.

Über die weitere Entwicklung bis zu den verschiedenen Erscheinungsformen des Realismus auf der einen, der Abstraktion auf der anderen Seite kann hier nicht näher eingegangen werden. Daß zwischen den Extremen eine neue Kunstebene gefunden werden müsse, wurde vielfach empfunden. Rudolf Steiners Anregung, die Hell-Dunkel-Kunst durch eine neue Belebung des Flächenhaften wieder zu spiritualisieren, entsprach diesem Bedürfnis. Was er suchte war: *«geistige Lichteindrücke im Künstlerischen wiederzugeben»*. Es sollte eine *«intensive»* Wirkung erreicht werden, d. h. eine Wirkung des *«Leuchtens von innen aus»* im Gegensatz zum extensiven, dem von außen Beleuchteten*. Eine solche Belebung kann erreicht werden durch eine Zeichenkunst, die nicht formbetont, sondern flächenbetont ist. Eine Strichführung, die *mit der Form* geht, verstärkt diese, macht sie schwer (Beispiel 1), geht sie aber *gegen die Form*, so wird sie leichter, bekommt Schwebecharakter. Die Formen verlieren ihre Isolierung, sie werden in die Umgebung eingebunden (Beispiel 2).

Eine einfache Überlegung kann für unsere Betrachtung hilfreich sein. Die Gegenstände um uns her werden allein durch Licht und Schatten sichtbar. Daher erscheinen sie wie eins mit ihnen. Sie sind es nicht, vielmehr sind Körper, Licht und Schatten ganz verschiedene Dinge. Der Körper hat Volumen, ist tastbar, der Schatten nicht, ebensowenig wie das Licht. Der

Schatten ist nicht mit dem Körper verbunden, sondern zeigt sich *an* ihm, *neben* ihm, *unter* und *über* ihm. Er hebt sich von ihm ab, wandert, überspringt Hindernisse, klettert an Felsen, an Häusern empor, schwebt in der Luft als Luftschatten. Er kann groteske, ja gespenstische Formen annehmen, die den Zusammenhang mit dem Schattenwerfer nur schwer erkennen lassen. Gerade darin liegt zum Beispiel der Zauber des Schattenspiels. Dieses Lebendige, Bewegliche, Schwebende gehört zum Wesen des Schat-

1

2

tens, gehört zum Wesen des Hell-Dunkel, das uns mit dem Elementarischen verbindet. «Was um die Dinge herum ist, was zwischen den Dingen ist, was ins Ätherische führt, das sollte man suchen», bemerkte Rudolf Steiner bei der Korrektur einer Radierung*.

Auch im Hell-Dunkel walten Gesetzmäßigkeiten. Man erinnere sich an das bekannte Phänomen, daß eine weiße Kreisfläche auf schwarzem Grund größer erscheint als eine gleich große schwarze auf einem weißen. In dem, was man hier als optische Täuschung kennt, spricht sich in Wahrheit das Wesen der Sache aus. Das Lichthafte strahlt, dehnt sich aus: die helle Form erscheint größer. Das Dunkle zieht sich zusammen, verdichtet sich: die Form erscheint kleiner. Dazu kommt, daß das Helle aufwärts strebt und sich verflüchtigen möchte, das Dunkle abwärts in die Schwere zieht. Die im Experiment erlebbaren Tendenzen weisen den Künstler auf das Qualitative der Mittel, womit er gestaltet.

Die Kräftepolarität von Licht und Finsternis ist auch im Menschen wirksam und kann erfahren werden, wenn er versucht, sie in sich zu erspüren.

Er erlebt sie differenziert entsprechend seiner nach den Raumesverhältnissen ausgerichteten Organisation. So empfindet er sein Denken als Helligkeit im Kopf, den unbewußten Gliedmaßenpol als Dunkelheit (siehe Dürerstich «Hieronymus»). Zwischen oben und unten — hell und dunkel — bewegen sich die Arme. Hier müssen wir nach rechts und links unterscheiden, der willensbetonteren rechten und der mehr fühlenden linken Seite. «Die Linke

kommt vom Herzen», sagt man. Im Abwägen gegeneinander wird man der rechten, der den Schwerekräften zugeneigten Seite mehr Dunkelheit, der linken «leichteren» mehr Helligkeit zuorden. Was vor unseren Augen liegt, ist hell, was hinten liegt, bleibt dunkel.
Im Unterricht wurde ein solches Wachrufen von Empfindungen oft durchgespielt. Die Schüler finden die verschiedenen Hell-Dunkel-Zuordnungen selbst heraus. Versuchte dann ein Schüler, das Besprochene durch eine entsprechende Armstellung vor der Klasse zu verdeutlichen, so folgte der linke Arm dem nach oben und vorne strebenden Hellen, der rechte dem nach unten und hinten weisenden Dunklen (siehe Zeichnung). Diese Gebärde ist den Schülern vom Eurythmieunterricht her vertraut als Ausdruck für den «I»-Laut. Er ist Bestandteil des Wörtchens «Ich», mit dem der Mensch sein Eigensein bezeichnet (der Schwabe spricht es nur als «I» aus). Das Hell-Dunkel-Erlebnis im Menschen ist zugleich auch ein Ich-Erlebnis, indem er zwischen Licht und Finsternis das lebendige Gleichgewicht in sich suchen muß.

Eine ähnliche Geste zeigt auch die Zentralgestalt der großen Gruppenplastik in Dornach, die für das erste Goetheanum bestimmt war*. Die Armhaltung dieser Gestalt, die zwischen den polaren Verführermächten, die Mitte behauptend, hindurchschreitet, weist ebenfalls von oben rechts nach unten links — vom Beschauer aus betrachtet. Es ist die Richtung, die sich dem Schwarz-Weiß-Zeichner oft ganz naturgemäß ergibt. So scheint die von Rudolf Steiner angeregte Hell-Dunkel-Kunst in der Menschennatur selbst begründet zu liegen.

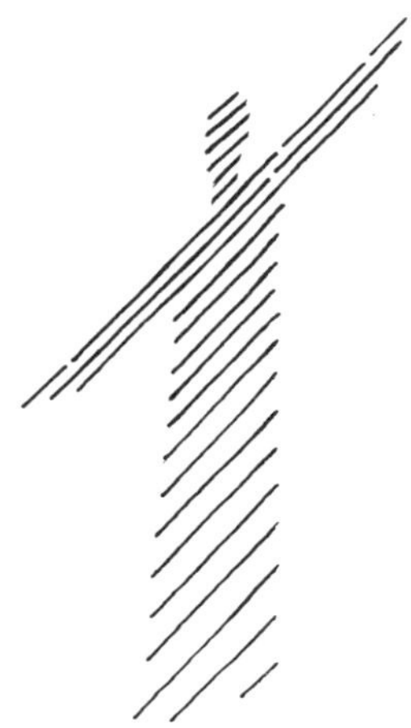

Die Schüler stehen nun vor der Aufgabe, sich in diese neue Art des Zeichnens hineinzufinden. Zunächst müssen die verschiedenen Stricharten und ihre Ausdrucksmöglichkeiten ausprobiert werden: kräftig, zart, kürzer, länger usw. Dabei stellt sich heraus, daß es zunächst schwieriger ist, eine unbegrenzte, gleichmäßige Fläche zustandezubringen als eine solche mit Formen, die meist ungewollt entstehen. Jede irgendwie aufs Papier gebrachte Strichlage zeigt zunächst Begrenzungen und damit auch Formen. Wie läßt sich das vermeiden? Dadurch, daß man die einzelnen Striche lose verteilt und neue Striche gezielt in die Zwischenräume setzt, so viel als man für nötig hält. Es ist ein ständiger Prozeß des Ausgleichens. Auf diese

Weise entsteht ein mehr oder weniger dichtes Gewebe von ineinandergreifenden Schrägstrichen, die eine Fläche bilden. Die Aufgabe, eine solche in kontinuierlichen Übergängen von der größten Helligkeit zur größten Dunkelheit zu gestalten, scheint einfach, ist es aber nicht, wenn eine lebendige Flächenwirkung zustande kommen soll. Jeder Strich muß bewußt, entschieden und sicher geführt werden. Je charakteristischer die Striche, umso ausdrucksvoller wird die Fläche. Gesteigerte Willenskraft und Ausdauer sind nötig. Vor allem muß die einmal begonnene Diagonalrichtung durchgehalten werden, jede Abweichung wirkt störend. Niemals darf die Schraffur durch mechanisches Stricheln entstehen. Jede Art von Routine muß vermieden werden.

Gezeichnet wurde diesmal mit tiefschwarzer Kreide (Pittstift), die bei entsprechender Handhabung dünnere und breitere Striche abgibt. Wichtig ist, daß auch die dünnen Striche wirklich schwarz und nicht grau auf dem weißen Papier herauskommen. Hier ist gerade das tote Schwarz auf dem weißen Grund das Wirksame und Erregende. Man arbeitet gleichsam mit dem «Toten» in das «Geistige» hinein*. Das tiefe Schwarz ruft in dem Weiß immerzu helle Nachbilder hervor, die wie Lichtblitze aufleuchten. Wölfflin sprach bezüglich des Originaldrucks der Dürerschen Apokalypse von der «leuchtenden Flammenschrift» der gewaltigen Linien von Dürers Griffel*. Solche Wirkung ist auch hier erlebbar.

Als nächste Übung kann eine Zeichnung angefertigt werden, die dem oben geschilderten Experiment entspricht. Von zwei gleich großen Kreisflächen soll die eine hell auf dunkel, die andere dunkel auf hell erscheinen. Zur Technik des Schraffierens tritt das saubere Abgrenzen von Formen als neues Übungselement hinzu. Gewiß ist das Herausarbeiten gleicher Kreisformen noch keine künstlerische Aufgabe, aber notwendig für die Anschauung der besprochenen Phänomene. An ihnen läßt sich vieles entwickeln.

Die weitere Aufgabe besteht nun darin, das Kreisschema so umzuwandeln, daß die an ihm beobachteten Tendenzen zum Ausdruck kommen. Die ruhenden Kreisflächen müssen in Bewegung übergeführt, ihre Formen entsprechend verändert werden. Der helle, als aufstrebend und ausstrahlend empfundene Kreis möchte sich zu einer kelch- oder blütenartigen Form metamorphosieren, der dunkle, abwärts strebende dagegen tropfenförmig verdichten. Das Ganze darf nicht als Zustand, sondern muß als ein lebendiges Kräfte- und Formwirken aufgefaßt werden. Dabei kommt es vor allem auf die Gestaltung der Übergänge an. Die Aufgabe ist elementar, aber nicht einfach. Die Schüler werden zu innerer Aktivität, zu beweglichem Vorstellen aufgerufen. Äußeres Anschauen muß in inneres Anschauen

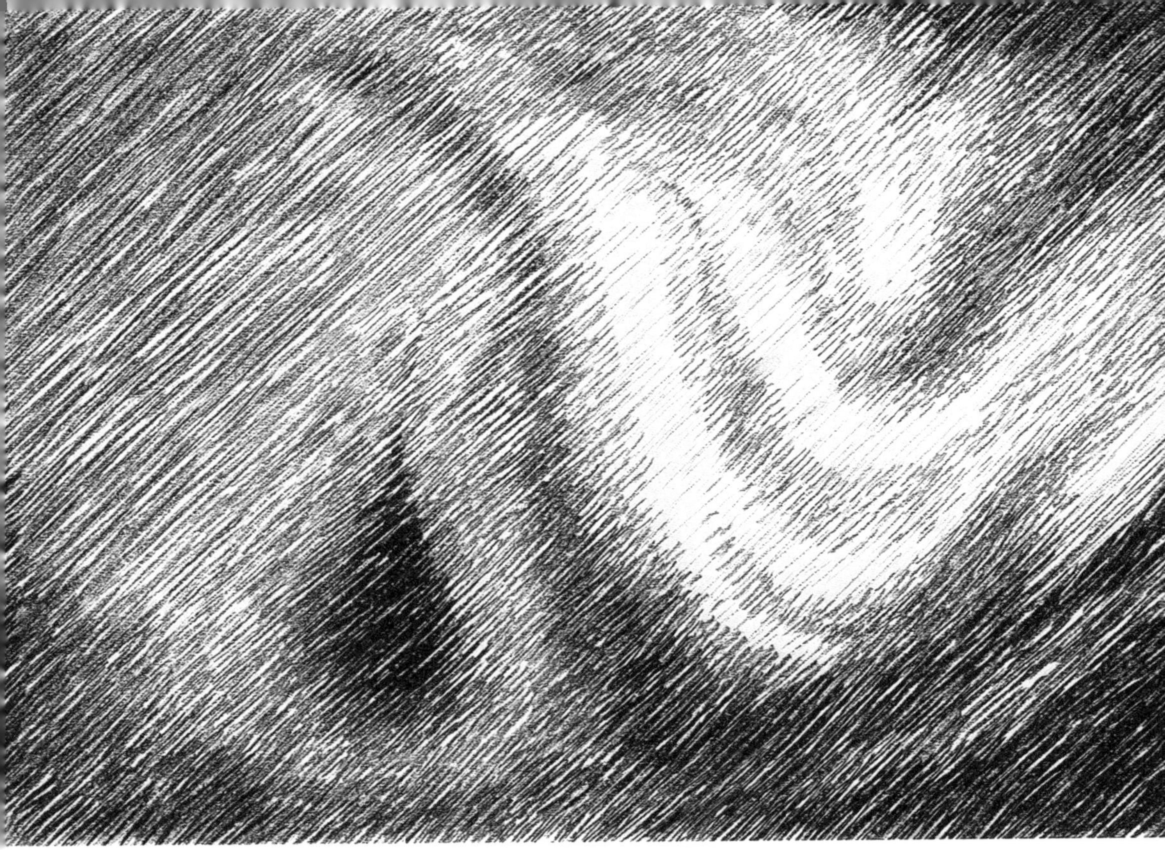

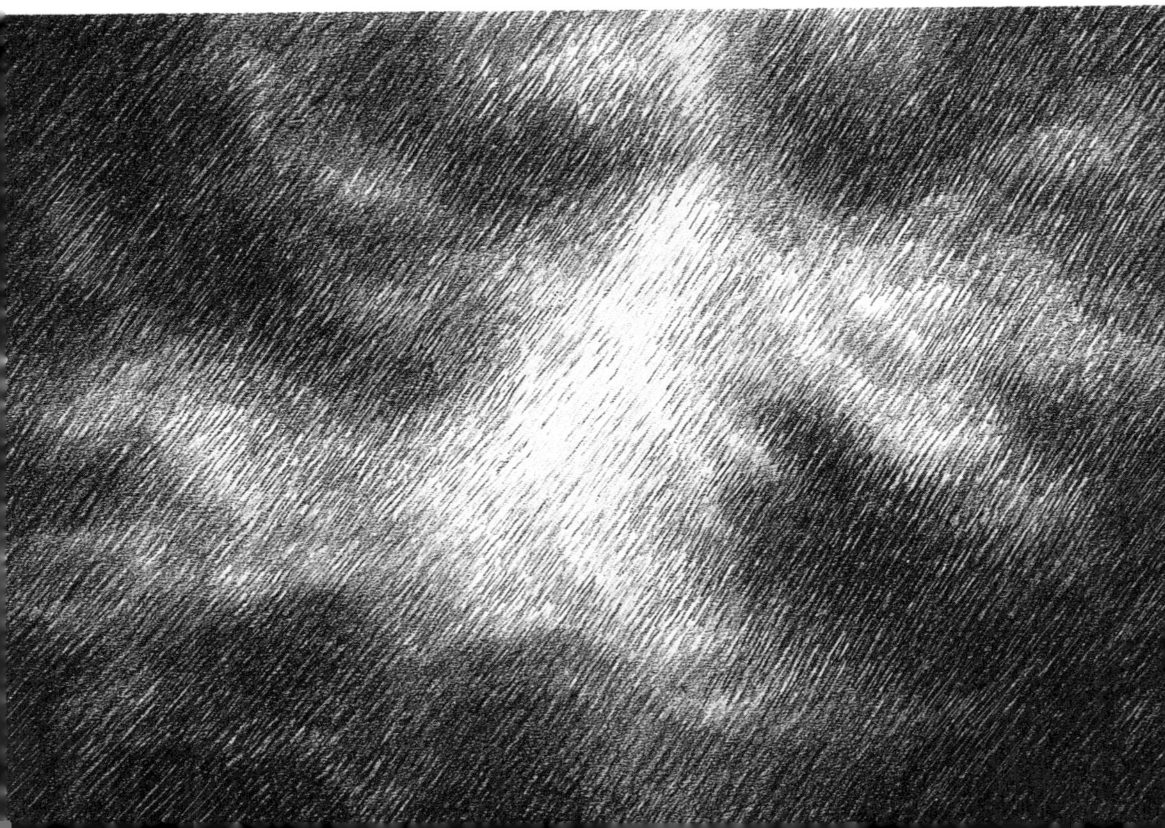

übergehen. Übungen dieser Art führen nicht zur Phantastik, sondern erziehen zu exakter Phantasie.

Die Ergebnisse sind vielgestaltig, sind Ausdruck der Schülerindividualitäten und ihrer augenblicklichen Möglichkeiten. Beispielsweise gibt es Arbeiten, die bei sicherer Strichführung noch eine gewisse Steifheit zeigen, während andere zwar eine lebendige Auffassung verraten, jedoch der nötigen Sorgfalt entbehren. Beides muß zusammenkommen. Weiteres Üben und spezielle Hilfen werden weiterführen. Eines ist noch interessant: Bei aller Verschiedenheit der Resultate hebt sich ein Grundmotiv heraus, eine Art «Palmettenmotiv», das in früheren Kulturen, besonders in Griechenland, vielfältige Anwendung fand. Die beiden motivbildenden Formen: Fächer- und Knospenform (Licht- und Dunkelform) wurden ursprünglich als «Sonnen-» und «Erdenmotiv» erlebt*.

Von diesem ersten Gestaltungsversuch lassen sich viele Aufgaben ableiten. Man kann sie gegensätzlich stellen. Man kann die helle und die dunkle Seite, jede für sich herausgreifen und frei gestalten lassen. Dabei wird es sich nicht vermeiden lassen, daß der fortschreitende Prozeß der Bildverdichtung zu Motiven führt, die an bestimmte Sinneseindrücke erinnern. Das ist ganz natürlich und auch berechtigt. Auf diese Weise entstehen zum Beispiel nach der hellen Seite hin Morgenstimmungen, Blütenstimmungen oder auch Winterlandschaften, auf der anderen, der dunklen Seite können Regen- oder Gewitterstimmungen, Mondstimmungen, Nachtlandschaften usw. auftreten. Man sollte aber Themen dieser Art möglichst nicht direkt als Aufgaben geben, sondern vom reinen Hell-Dunkel-Wirken ausgehen. Es ist ein Unterschied, ob sich solche Motive erst während der Arbeit, beim Durchgestalten der Komposition einstellen, oder ob von einer gegenständlichen Vorstellung ausgegangen wird, die man nachbildet. Das vorgestellte Bild wird immer das Merkmal einer gewissen Einengung zeigen, während das in freier Empfindung entstandene großzügiger und im Hell-Dunkel auch besser komponiert sein wird.

Eine gewisse Parallele zeigt die Entwicklung des Kubismus, der auf dem Weg der Abstrahierung der gegenständlichen Form über die reine Abstraktion wieder zu einem neuen Bildgegenstand kam, der jedoch nichts Nachgebildetes, sondern ein neugeschaffenes bildnerisches Produkt war. Im Ge-

◀ *Oben*
Schrägstrichübung: Hell-Dunkel-Bewegungen, aus dem Kreisschema entwickelt. Schwarze Kreide (Pittstift), 11. Klasse

Unten
Gegenstandslose Hell-Dunkel-Gestaltung. Schwarze Kreide, 11. Klasse

gensatz zum Kubismus wurde bei unseren Versuchen alles Abstrakt-Geometrische vermieden zugunsten eines Ertastens der schöpferischen Kräfte, die dem Sinnlich-Wirklichen zugrunde liegen.

Eine solche in der Regel sechs Wochen dauernde Zeichenepoche stellt an die Schüler hohe Anforderungen an Einfühlungsvermögen, innere Beweglichkeit und Ausdauer. Das Üben von Strukturen an Meisterwerken macht ihnen Freude. Viele möchten es gerne noch länger fortsetzen. Der Übergang zum eigenen schöpferischen Gestalten auf der Grundlage der Schrägschraffur fällt manchem nicht ganz leicht. Diese neue Art zu zeichnen bedeutet eine Umstellung, die eine gewisse Zeit der Einarbeitung verlangt. Ein neues Verständnis und neuer Willenseinsatz sind nötig. Die Wirkung, die von den ersten gelungenen Arbeiten ausgeht, überzeugt die Schüler und spornt sie zu eigener Kreativität an. Ein fruchtbarer Prozeß gegenseitiger Anregung und Nacheiferung findet statt. Wo es in einzelnen Fällen zu einer Krise kam, wurde sie zum fruchtbaren Durchgangspunkt zu neuem Schaffen.

Immer wieder konnte man bestätigt finden, daß nicht das, was leicht fällt, sondern was Mühe macht, die Entwicklung voranbringt. In verschiedenen Schritten der Metamorphose wurde in solchen Zeichenepochen ein Weg gegangen, auf dem sich die Schüler Fähigkeiten erworben haben, die ihnen zum unverlierbaren Besitz geworden sind.

Auf den beiden folgenden Seiten:

Freie Hell-Dunkel-Übung gestaltete sich zu einer Mondlandschaft. Schwarze Kreide, 11. Klasse

Hier führte der Gestaltungsprozeß zu einer Baumlandschaft. Schwarze Kreide, 11. Klasse

Malen im 10. Schuljahr

Die geschilderten Veränderungen im Reifealter äußern sich im 10. Schuljahr in dem wesentlich differenzierteren seelischen Verhalten. Menschliche Beziehungen werden gesucht, Freundschaften spielen eine wichtigere Rolle. Sympathie und Antipathie machen sich deutlicher geltend. Hier erwächst dem Lehrer die Aufgabe, das neu erwachte Interesse am Menschen und an der Umwelt umzuwandeln in Begeisterung und Tatendrang. Der Unterrichtsstoff muß von seinem eigenen Enthusiasmus durchdrungen sein. Erkenntnis darf nicht bei der Betrachtung stehen bleiben, sie muß den Ansporn zur Verwirklichung in sich tragen. «Richtiges Menscheninteresse für das ganze Leben ist nicht möglich, wenn nicht ein richtiges Weltinteresse beim fünfzehn-sechzehnjährigen Menschen erregt worden ist.»*
Die Beschäftigung mit den lebendig wechselnden Farbverhältnissen ist der differenzierten und oft komplizierten seelischen Situation der Sechzehn-, Siebzehnjährigen angemessen. Man beginnt deshalb in der 10. oder 11. Klasse wieder mit dem Malen.

Maltechnische Übungen

Einen fruchtbaren Ausgangspunkt bildet die gemeinsame Betrachtung von Malereien der Schüler einer gleichen Altersstufe aus früheren Jahren. Ein solches Anschauen schließt den Sinn für das Farbig-Malerische wieder auf und entzündet bei vielen den Wunsch nach eigener Gestaltung. Nun wird es wichtig, auf die handwerkliche Grundlage aller Kunst aufmerksam zu machen. Die Schüler, die sich unbegabt fühlen, ermutigt man durch den Hinweis auf die Tatsache, daß jedes Handwerk erlernbar ist. Die zu rasch vorgehen wollen, müssen erfahren, daß sie ohne solide Fähigkeiten nicht weiterkommen.

Die folgende Darstellung bezieht sich nun auf Erfahrungen mit der 10. Klasse, die seit etwa zwei Jahren nicht mehr gemalt hat. Es wird mit einfachsten Übungen begonnen, mit nur einer Farbe. Blau als dunkelste Farbe des Spektrums birgt die Möglichkeit in sich, den größten Hell-Dunkel-Reichtum zwischen tiefem Indigo und hellem Himmelblau zu entfalten. Seine formbildende Kraft regt wie keine andere Farbe zur Gestaltung an.
Das Handwerklich-Technische wird bis in die praktischen Einzelheiten hinein geübt, angefangen beim Aufspannen des Papiers auf die Malunterlage bis zum Farbauftrag mit dem Pinsel. Durch *schichtweises Auftragen der flüssigen Farbe* kommt die dem Aquarell eigene Leuchtkraft und Transparenz erst voll zur Geltung. Um diese Wirkung rein zu erzielen, ist eine große Maldisziplin erforderlich. Der einzelne Farbauftrag muß auf völlig trockenem Grund und mit solcher Vorsicht erfolgen, daß die unteren Schichten nicht wieder aufgelöst werden. Der Malvorgang wird auf die Stufe eines gesteigerten Bewußtseins gehoben: waches Beobachten, Überlegen, Planen und nicht zuletzt Geschicklichkeit beim Durchführen der Arbeitsgänge. Das gehört zum Handwerk. Aber jedes Bild zeigt eine andere Schichtung in Blau, denn die Formen der Farbflächen entstehen individuell. Die strenge Disziplin auf der einen Seite verlangt den Spielraum der Phantasie auf der anderen. Die Schüler finden selbst heraus, wie sich durch entsprechende Flächenüberschneidungen interessante Wirkungen erzielen lassen.
Ist das Prinzip des Farbenschichtens an einer Farbe erprobt, kommt eine weitere hinzu. Nehmen wir Gelb zu Preußischblau, so sind die Möglichkeiten, die beiden Kontrastfarben in differenzierter Weise zum Grün hin zu vereinigen, kaum auszuschöpfen. Jede Nuance von Gelbgrün und Blaugrün läßt sich durch Aussparen oder Verdichten ins Helle oder Dunkle abwandeln. Weitere qualitative Unterschiede ergeben sich, wenn man beim Schichten Gelb über Blau oder aber Blau über Gelb führt. Der Farbenreichtum wird noch größer, wenn man die anderen Blau-Varianten Ultramarin- und Kobaltblau mitverwendet. Ganz andere Empfindungen steigen auf, wenn man zu den Farbklängen Blau-Rot oder Rot-Gelb übergeht und sie schichtend zu vielfältigen Violett- oder Orangetönen nuanciert. Für das Rot stehen Karmin und Zinnober zur Verfügung. Ein schönes Violett erreicht man mit Ultramarin und Karmin, Orange mit Zinnober und Gelb. Schier unendlich werden die Möglichkeiten der Farbverbindungen, wenn zuletzt alle drei Grundfarben Blau, Gelb und Rot zusammenkommen. Beim Malen mit allen drei Farben überraschen nun die ins Graue oder Braune gehenden Farbtöne, deren Klarheit und Schönheit

durch ein direktes Mischen nie zu erreichen wäre. Alle diese Übungen erfordern viel Geduld, denn die entsprechenden Tiefenwirkungen sind nur durch viele Farbschichten zu erzielen. Der Prozeß der Verdichtung wird langsam vom Hellen ins Dunkle geführt.

Beim Malen mit mehreren Farben kommt es auf das Verhältnis der Farben untereinander an. Darin waltet Gesetzmäßigkeit. Hier wird es notwendig, die Schüler in die Goethesche Harmonielehre, die schon beim Malen in den unteren Klassen indirekt zur Anwendung kam, einzuführen und sie erlebbar zu machen. Wir können uns hier mit knappen Andeutungen begnügen und verweisen auf die ausführliche Darstellung von M. Jünemann im Abschnitt «Goethes Farbenlehre» im 1. Teil des Buches. Goethe gliedert die sechs Farben des Farbenkreises in drei Gruppen von Farbenpaaren. Er nennt sie harmonisch, charakteristisch und charakterlos (monoton). Die harmonischen Farbenpaare stehen sich im Farbenkreis diametral gegenüber. Man bezeichnet sie auch als Komplementärfarben, z. B. Purpur-Grün. Die charakteristischen findet man, wenn man im Farbenkreis jeweils eine Farbe überspringt. Dadurch bekommt man Farbklänge mit reinen Farben, z. B. Blau-Gelb, wovon beim Farbenschichten ausgegangen wird. Aber auch Farbenpaare mit gemischten Farben, etwa Orange-Violett, fallen unter diese Gruppe. Monotone Farbenzusammenstellungen endlich sind die, die im Farbenkreis nebeneinander liegen wie Gelb-Grün, Grün-Blau usw. (siehe Zeichnung). Mit all diesen Farbkontrasten hat man es beim Farbenschichten, wie überhaupt beim Malen zu tun. Auf diese dreifache Ordnung von Farbklängen wird man beim Malen immer wieder zurückkommen und

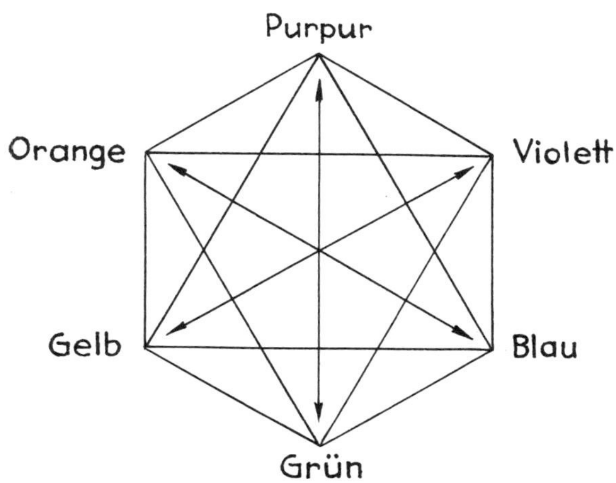

sich an ihr orientieren. Auch für die dann auftretenden Gestaltungsfragen findet man hier sichere Grundlagen.
Glanz und Leuchtkraft der Farben wirken unmittelbar auf die Schüler. Ihre magische Ausstrahlungskraft und ihr Eigenleben faszinieren sie. Unermüdlich sind sie beim Ausprobieren neuer, noch ungekannter Zusammenstellungen und Nuancierungen. Die Vielfalt der Lösungen beim gemeinsamen Üben regt zu immer neuen Versuchen an. In dem intensiven Engagement der Schüler äußert sich auch ein Farbhunger, der durch die lange Malpause entstanden ist. Jetzt ereignet sich eine neue Begegnung mit dem Farbwesen.
Man erlebt sie am eindrucksvollsten bei der anschließenden Betrachtung. Viele hätten sich nicht träumen lassen, was ihnen gelungen ist, wenn sie ihre Bilder überschaubar geordnet an den Wänden des Malraums erblikken. Die Farbe ist auf dem Hintergrund des Hell-Dunkel-Erlebens vom Vorjahr aus dem Licht-Finsterniswirken neu erstanden. Ging der Unterricht vom handwerklich-praktischen Sinn der jungen Menschen aus, um ihren Willen zu aktivieren, so tritt jetzt von den eigenen Malereien her eine Gegenwirkung ein, das Leben in Farbverhältnissen.
Bei vielen dieser gegenstandslosen Gestaltungen mit ihren leuchtenden Strukturen drängt sich der Vergleich mit Kristallbildern auf. Zum Naturkundeunterricht der zehnten Klasse gehören Mineralogie und Kristallogie, woraus sich ein innerer Zusammenhang mit dem Malunterricht ergibt. So ist einleuchtend, wenn das Malen auf der Oberstufe mit dem Glanzcharakter des Mineralischen* beginnt als Grundlage für ein späteres Erarbeiten der lebendigen, beseelten und durchgeistigten Natur.
Vergegenwärtigt man sich das Ausmaß der Reizüberflutung mit ihren kränkenden Folgeerscheinungen in unserer Zeit, so wird man solche Farbübungen als heilendes Gegenmittel ansehen lernen.

Umsetzen von Schwarz-Weiß in Farbenphantasie

Die Möglichkeiten der reinen Farbgestaltungen sind mit den beschriebenen Übungen für die Schüler bis zu einem gewissen Grade ausgeschöpft. Ihre Farbphantasie ist lebendig geworden, sie haben Erfahrungen gemacht und maltechnische Fähigkeiten erworben. Aber die Naivität zur unmittelbaren Bildgestaltung, wie sie in den mittleren Klassen noch vorhanden war, fehlt ihnen. Sie brauchen einen neuen Ansatzpunkt zur Bildkomposition. Dafür hat Rudolf Steiner eine Anregung gegeben, die sich in der Erfahrung als höchst fruchtbar erwiesen hat: die *Umsetzung eines Dürerstiches in Farben**. Manchem Schüler widerstrebt es zunächst, ein derartiges Meisterwerk in Schwarz-Weiß stümperhaft ins Farbige zu übertragen. Dagegen läßt sich zweierlei einwenden. Im Felde der Kunst ist das Übernehmen von Bildkompositionen anderer Meister zu allen Zeiten praktiziert worden. Es ist nichts neues. Wir finden das bei vielen bedeutenden Malern einschließlich Dürer bis in unsere Zeit. Nicht wenige Bilder von Picasso sind auf diese Weise entstanden. Auch darf man nicht vergessen, daß man sich früher das handwerklich-künstlerische Rüstzeug allein durch das Nachschaffen von Werken der Meister erwarb*.

Für die Arbeit mit der Klasse ist aber ein anderer Gesichtspunkt wichtig. Schaut man einen Dürerstich, etwa «Hieronymus im Gehäuse» längere Zeit ruhig an, so kann man sich bewußt machen, daß man das Hell-Dunkel unwillkürlich in einer zarten Weise ins Farbige überträgt. Deutlicher noch wird das an bestimmten Bildstellen, wo die zeichnerische Behandlung des Gegenständlich-Stofflichen, der Butzenscheiben, der Holzmaserung, des Löwenfells farbige Erinnerungen geradezu herausfordert. Die Erklärung liegt in einer Tatsache, auf die Goethe in seiner Farbenlehre hinweist: farblose Schatten haben besondere Neigung, Farbe anzunehmen. «Die Farbe selbst ist ein Schattiges ... und wie sie mit dem Schatten verwandt ist, so verbindet sie sich auch gern mit ihm, sie erscheint uns gern in ihm und durch ihn, sobald der Anlaß nur gegeben ist».* Bei einer farbigen Umsetzung wird im Malprozeß real ausgeführt, was die menschliche Natur fortwährend unbewußt vollzieht. Die Schwarz-Weiß-Kunst ist einseitig, denn die volle Wirklichkeit ist farbig*. Das Hell-Dunkel strebt zur Farbe. Beim Aufkommen der Druckgraphik wurden die gedruckten Holzschnitte oft noch nachträglich koloriert.

In der Zeichenepoche des Vorjahres war ein Dürerstich nachgeschaffen worden. An diese Arbeit kann man anschließen. Die gegebene Hell-Dunkel-Komposition bildet einen sicheren Ausgangspunkt für das farbige Gestalten. Gerade in der Bindung an das Motiv liegt das Gesunde und Fruchtbare der Übung. Sie ist die goldene Brücke zur malerischen Phantasie. Zum «Was» der Komposition soll das «Wie» der Farbgestaltung gesucht werden.

Mit den vorausgegangenen Farbübungen sind die nötigen Vor-Schritte zur Lösung dieser Aufgabe getan. Die Schüler haben Erfahrungen darüber erworben, wie bestimmte Farbtöne durch Schichten zu erreichen sind. Jetzt gilt es, diese Erfahrungen anzuwenden. Die im Hell-Dunkel verzauberte

Bildstimmung, die ihrem Wesen nach schon farbig ist, soll nun auch farbig sichtbar gemacht werden. Die Lichter, die Schatten, die Übergänge — alles soll sich in Farbe verwandeln und nach ihren Gesetzen neu ordnen. Eine umfassende Metamorphose muß stattfinden. Man kann also nicht willkürlich Farbflächen anstreichen und in abstrakter Weise miteinander in Beziehung bringen, sondern muß innerlich bei der Bildstimmung bleiben. Hell-Dunkel-Gesetze müssen durch malerische ergänzt werden. So wie ein helles Licht einen dunklen Schatten hervorruft, so erzeugt ein warmes Licht einen kalten, ein kaltes Licht einen warmen Schatten. Dieses Wechselspiel von farbigen Lichtern und Schatten soll die Farbkomposition bilden, die aus der gegebenen Schwarz-Weiß-Gestaltung zu entwickeln ist. Es handelt sich also um eine farbige Neuschöpfung des Motivs. Sollte die entstehende Farbkomposition auch von ihrem farblosen Vorbild abweichen, so ist das kein Fehler, denn die Farben suchen ihre eigene Form. Eine pedantische Übertragung des Motivs wäre sicher nicht im Sinne der zu entwickelnden Farbphantasie und liegt nicht in der Aufgabe*.

Zur Durchführung ist ein neuer malerischer Ansatz nötig. Das Bildmotiv verlangt mehr Freizügigkeit und Lockerheit in der Farbbehandlung. Die Schichttechnik muß daher zunächst zurücktreten zugunsten einer etwas spontaneren Malweise, dem *Naß-in-Naß-Malen*. Es ist den Schülern von der Unterstufe her bekannt und wird jetzt neu interessant. Als Gegensatz zum Schichten wird dieser andersartige Umgang mit den Farben aufregend. Der feuchte Malgrund läßt überall dort weiche Farbübergänge entstehen, wo beim Schichten feste Grenzen auftraten. Das Bild kann jetzt ohne Unterbrechung in einem Zuge gemalt werden, man braucht nicht mehr wie früher auf das Trocknen der Farben zu warten. Im Gegenteil, man muß bestrebt sein, den Bildgrund möglichst lange feucht zu erhalten, weil nur ins Feuchte gemalt werden kann. Interessanterweise gibt es ein Zwischenstadium, in dem die Farben vom Papier zwar aufgesogen, aber noch nicht trocken sind. In diesem Zustand kann noch einmal Farbe aufgetragen und sogar feucht geschichtet werden. Dies erfordert freilich einiges Geschick. Grundsätzlich malt man mit kräftigeren Farben als beim

15. Farbenschichtübung mit den drei Grundfarben Gelb, Blau und Rot, 10. Klasse
16. Umsetzen von Hell-Dunkel in Farben, durchgeführt am Beispiel der «Melancholie» von Dürer, 10. Klasse
17. Naturstimmung, 10. Klasse. «Sonnenaufgang», lockere Schichttechnik
18. Naturstimmung, 10. Klasse. «Mondlandschaft»

Schichten, weil der feuchte Grund sie wieder verdünnt. Das Vermischen der Farben soll ausschließlich auf der Malfläche erfolgen und nicht außerhalb auf der Palette, weil es zum bildnerischen Prozeß gehört.

Das flüssige Malen kann leicht dazu führen, die Farben schwimmen zu lassen. Man sollte besser von Feucht-in-Feucht- als von Naß-in-Naß-Malen sprechen. Das bewußte Führen der Farbe ist wichtig. Der Gefahr des Verfließens steht beim Schichten die der Verfestigung in der Form entgegen. In wechselseitiger Anwendung der beiden Maltechniken entgeht man der Einseitigkeit.

Dadurch daß den Schülern Inhalt und Form des Bildes vertraut sind, haben sie ein freieres Verhältnis zu ihm und können sich besser auf die Farbgebung konzentrieren. Als methodische Hilfe kann man ihnen die Anregung geben, Licht- und Schattenverteilung im Bilde mit einer warmen und einer kalten Farbe zart anzudeuten. Damit wird eine farbige Orientierung geschaffen, auf deren Grundlage die Farbwerte im einzelnen erarbeitet werden können. Befriedigt das Bildresultat nicht, wird am besten gleich ein zweiter oder dritter Versuch gemacht. Alles kommt hier auf Übung an. In einzelnen Fällen kann nach dem Trocknen am anderen Tag am gleichen Blatt weitergearbeitet werden, indem man zum Schichten übergeht. Dabei geht allerdings leicht der Eindruck des spontan feucht-in-feucht gemalten Bildes verloren.

Leider wird die Begeisterung über die neue Freiheit des Malens und der Möglichkeit des unmittelbaren Ausdrucks merklich getrübt, wenn tags darauf die getrockneten Bildwerke angeschaut und mit Schichtbildern verglichen werden. Der Glanz der feuchten Farbe ist weg. Die Malereien sind matter und stumpfer geworden. Daneben aber strahlen mit unverminderter Leuchtkraft die geschichteten Malereien.

In dieser Situation taucht die Frage auf, ob es nicht eine Maltechnik gibt, die die Vorteile beider Malweisen vereinigt. Schätzte man bei der einen die Leuchtkraft und Klarheit der Farben, so bei der andern das freizügige Arbeiten und das Entstehen schöner Farbübergänge. Das Problem wäre gelöst, wenn es möglich wäre, die geschlossenen Flächen der Schichttechnik aufzulockern und in eine beweglichere Form zu bringen. Diese Möglichkeit gibt es. Man streicht die Farbe nicht in gleichmäßigen Flächen hin, sondern differenziert diese in sich dadurch, daß man sie durch kurze, locker geführte Pinselstriche bei gleichzeitigem Verdünnen oder Verstärken der Farbe entstehen läßt. Anstelle der klaren Abgrenzung der Farbflächen werden weiche Übergänge geschaffen. Es ist nur streng darauf zu achten, daß man das schon Gemalte nicht durch undiszipliniertes Pinseln wieder auflöst. Ein Farbstrich muß dicht neben den anderen gesetzt werden, damit unruhige Bildwirkungen vermieden werden. Zum «Pointilismus» sollte es nicht führen.

Diese Maltechnik erfüllt die Wünsche des Aquarellmalers in hohem Maße. Indem sie freies Gestalten in der Farbe gestattet, erweitert sie die künstlerischen Ausdrucksmöglichkeiten. Sicher ist dies die schwierigste Technik, aber die Schüler sind durch die vorausgegangenen Übungen darauf vorbereitet. Was zunächst nur wenigen gelingt, bringen mit der Zeit alle Schüler der Klasse fertig. Die ersten von den Mitschülern bewunderten Ergebnisse Einzelner ermutigen zu neuen Versuchen. Die gegenseitige Anregung führt zum Nacheifern und steigert die Fähigkeiten. Durch die Überwindung von technischen Hindernissen und Ungeschicklichkeiten treten oft überraschende Leistungen unerwartet zutage. Neue Begabungen werden freigelegt. Es ist außerordentlich interessant zu verfolgen, wie sich die Begabungsverhältnisse einer Klasse im Verlaufe einer künstlerischen Epoche verändern können. Nicht selten bleiben mitgebrachte, sich am Anfang zeigende Begabungen gegenüber neu hervortretenden zurück. Solches Auftauchen neuer künstlerischer Fähigkeiten beobachtet man zunehmend in den folgenden Klassenstufen.

Gegen Ende der Malepoche tritt bei einzelnen Schülern der Wunsch nach einem größeren Bildformat auf, um ihre schöpferischen Kräfte daran zu erproben. Dabei kommen oft glänzende Leistungen zustande. Die große Malfläche ist jedoch nicht für alle Schüler geeignet, man muß herausfinden, welche Bildgröße der einzelne bewältigen kann. Hier muß man differenzieren.

Bei der farbigen Gestaltung des Schwarz-Weiß-Bildes wurden die Schüler völlig freigelassen. Diese Freiheit führte mitunter zu Lösungen, die von der eigentlichen Aufgabenstellung abwichen. So entstand einmal aus einer «Melancholia» eine «Sanguinia» — der heiteren Gemütslage einer Schülerin entsprechend. Diese Arbeit wurde allgemein als eine originelle Bereicherung in der Klasse empfunden und gab Anlaß zu einer weiteren Betrachtung des Themas. Melancholische Düsternis ist der Gegenpol zu den hellen und heiteren Seiten des Lebens. In diesen Gegensatz hat Dürer sein Motiv hineingestellt. Die Schwarzfarbigkeit wird durch das Licht überwunden*. Es wäre reizvoll, das Thema nach dieser Richtung hin auszuweiten und im farbigen Prozeß durchzuspielen. An der «sanguinischen Melancholie» als einem echten Gebilde schöpferischer Phantasie konnte man auch der malerischen Qualität wegen seine Freude haben.

Außer den genannten Stichen wurde in Malepochen, die in die Vorweihnachtszeit fielen, auch eine *Dürerradierung mit dem Madonnenmotiv* farbig gestaltet, und auch diese Versuche gelangen gut.

Das Prinzip, für die Dauer einer ganzen Malepoche bei einem Thema zu bleiben, hat sich in vielen Jahren als besonders fruchtbar erwiesen. Das Thema wurde zwar vielfältig variiert, aber nicht grundsätzlich geändert. Durch die Anwendung verschiedener Maltechniken wird es auf immer neue Weise interessant. Erreicht wird dadurch eine Konzentration, die sonst kaum möglich wäre. Das längere Verweilen in dem einen Erlebnisbereich erbringt eine Vertiefung und Steigerung, die in den Arbeiten der Schüler deutlich wird. Um sie am Thema zu halten und zu ermutigen, erzählt man ihnen von Künstlern, die sich lange Zeit, oft ihr ganzes Leben lang, mit demselben Thema beschäftigten. Überwältigend wirkt das Beispiel *Jawlenskys*, der sich jahrelang nur noch in der Hieroglyphe des Gesichts ausgesprochen hat*.

Das Geheimnis der künstlerischen Produktivität in der Klasse liegt in imponderablen Wirksamkeiten. Dazu gehört eine schöpferisch-anregende Atmosphäre, die im Unterricht vorhanden sein muß. Von der Schaffung dieses, die schöpferische Phantasie beflügelnden Arbeitsklimas hängt alles fruchtbare Schaffen ab. Das weist uns auf den Unterschied des künstlerischen Arbeitens von Schülern und Erwachsenen hin. Während der Erwachsene seine Impulse aus dem eigenen Ich erhält, braucht der noch nicht zur vollen Persönlichkeit gereifte Jugendliche die anregende Kraft von außen. Die Begeisterungskräfte des Lehrers, von denen eingangs die Rede war, müssen ihn in jenen Schwung bringen, den er sich später selber geben muß. Das wird vielfach übersehen, erklärt aber auch die Tatsache, daß von Schülern zu Hause fortgeführte künstlerische Tätigkeiten nicht zu solchen Ergebnissen führen, wie sie im Unterricht erreicht werden.

Selbstverständlich ist die hier ausführlich behandelte Umsetzung eines Schwarzweiß-Bildes in Farbe nicht das einzige malerische Thema für ein 10. Schuljahr. Auch bei Naturmotiven, die im Zusammenhang mit der 11. Klasse besprochen werden, bestimmt das Hell-Dunkel, wenn auch in anderer Weise das farbige Geschehen, ob wir an eine bestimmte Tages- oder Jahresstimmung denken oder etwa an einen im Sonnenlicht stehenden Baum. Derartige Aufgaben wurden ebenfalls für die Dauer einer ganzen Epoche gestellt*.

Bei aller pädagogischer Methodik darf nie außer acht gelassen werden, daß alle Gestaltung sich an die «lebendige Malkunst» anschließen muß. Man kann auf künstlerischem Gebiet schulmäßig nicht anders arbeiten, als es jeder Künstler tut, wenn man den Jugendlichen Wirklichkeit vermitteln und bei ihnen Fähigkeiten veranlagen will, die sie später selbständig ausbilden können.

Malen im 11. Schuljahr

Der junge Mensch erwirbt sich im Rahmen der Schulbildung Kenntnisse von den Gesetzmäßigkeiten in der Natur. Ein volles Erfassen der Wirklichkeit ist jedoch ohne Einbeziehung der Kunst nicht möglich. Die Art der Stoffbehandlung in der Waldorfschule, die goetheanistische Betrachtungsweise aller Erscheinungen, geht davon aus. Diese Form der Beschäftigung mit Natur-Vorgängen und -Phänomenen ruft ein unmittelbares Bedürfnis nach künstlerischer Betätigung hervor im Sinne des Goethewortes: «Wem die Natur ihr offenbares Geheimnis zu enthüllen anfängt, der sehnt sich nach ihrer würdigsten Auslegerin: der Kunst.»* Die Natur ist voller Geheimnisse, die sich nur dem künstlerischen Sinn erschließen. Weil sie jedoch in ihren Einzelerscheinungen ihr Wesen verhüllt, genügt es nicht, sie bloß nachzuahmen. «Die Natur bleibt in jedem Einzelding hinter ihrer Absicht zurück; neben dieser Pflanze schafft sie eine zweite, dritte und so fort; keine bringt die volle Idee zu konkretem Leben . . . Der Künstler muß aber auf das zurückgehen, was ihm als Tendenz der Natur erscheint.»*

Solchen künstlerischen Sinn der Natur gegenüber gilt es zu pflegen, zumal in den oberen Klassen, in denen der naturkundliche Unterricht zu umfangreichem Wissen führen soll. In der 10. Klasse bildet die Behandlung der festen Erdgestalt, als Grundlage der übrigen Naturreiche, einen Schwerpunkt, in der 11. Klasse die Botanik. Die 12. Klasse bringt eine umfassende Darstellung des Tierreichs und gipfelt in der Zusammenschau aller Naturgebiete, die zum Bilde des Menschen führt*.

Die Beschäftigung mit dem *Pflanzenleben* in der 11. Klasse lenkt den Blick hinaus in die Umwelt, in die Landschaft und ihr Einverwobensein in das Kosmisch-Rhythmische der Tages- und Jahreszeiten.

Die malerische Ausgangssituation ist damit vom äußeren Sinneseindruck her gegeben. Beginnt man in der Unterstufe mit dem Malen einfacher Farbklänge aus dem seelischen Erleben des Kindes heraus, so geht man in der Oberstufe vornehmlich von *Natureindrücken* aus, die man im Urphänomen zu erfassen und ins Malerische zu übersetzen versucht. Der Weg geht bis zur 8. Klasse vom reinen Farberleben zum gestalteten Motiv;

in der Oberstufe geht er vom Naturmotiv immer mehr in die rein malerische Gestaltung.

Mit den Schülern kann man später besprechen, wie in der abendländischen Kunst beide Richtungen zeitlich wechselnd und auch nebeneinander auftreten: die mehr von außen, vom Natureindruck ausgehende und die mehr von innen durch den seelischen Ausdruck bestimmte*.

Als charakteristisches Thema kann man den *Baum* nehmen als ein Urbild für das Lebendige in der Natur*. In der Erde wurzelnd, greift er in der Blattregion in den atmosphärischen Raum hinein, hingegeben den kosmischen Wirkungen aus dem Umkreis. Beim Malen geht man nicht vom Baum aus, sondern von den Licht- und Dunkelflächen, so daß der Baum aus dem Licht-Dunkel der Farbe, der Farbe die vom Lichte kommt, entsteht. Die lebendige Vorstellung eines Baumes wird nicht durch die Lokalfarbe Grün und die einzelnen Blätter erweckt, sondern durch das wechselvolle Spiel von farbigen Lichtern und Schatten, das die daraufscheinende Sonne hervorruft. Dazu muß man sich ganz klar machen, was das Sonnenlicht bewirkt, wenn es aus einer bestimmten Richtung herscheinend auf den Baum auftrifft; wie das Grün im Lichte weißlich wird; wie es sich ins Blaue abschattiert dort, wo das Licht nicht angreifen kann, wo sich Grün zeigt und wo die dunklen Schatten sind*.

Man kann sich fragen, ob das nicht reine impressionistische Malerei sei. Während der impressionistische Maler vor dem Naturmotiv steht, das flüchtige Farbenspiel studierend und festhaltend, wird hier von einer vorstellenden Empfindung ausgegangen, die zwar im Einklang ist mit dem Naturgeschehen, aber losgelöst vom Objekt. Dieser innere Abstand schafft den künstlerischen Freiheitsraum. Was im Augenblick vorübergeht und wozu der Gegenstand die Veranlassung gibt, mit Farbe und Pinsel aufzufangen und in eine Beziehung zu einem Geistigen zu setzen, das sei die Aufgabe des Malenden, formulierte Rudolf Steiner einmal*. Mit diesem Inbeziehungsetzen zu einem Geistigen ist ausgedrückt, was über den Impressionismus hinausführt. Praktische Anschauungsbeispiele gab Rudolf Steiner in der Fortbildungsschule in Dornach, wo er siebzehn-, achtzehnjährigen Schülern im Unterricht wiederholt vorgemalt hat. Auf diese Weise ist ein *Zyklus von sieben Pastellskizzen* entstanden, der besonders lehrreich ist für das Malen in dieser Altersstufe*. Die Bilderserie wird im Abschnitt «Die malerischen Beispiele Rudolf Steiners» näher beschrieben.

Mit dem Baum-Motiv greift man nun im Malunterricht etwas auf, was schon im Beginn des Reifealters, etwa vom 12. Lebensjahr an, geübt wurde. Das ist die Zeit des Umbruchs, in der eine Blickwendung von innen nach außen stattfindet. Erstmals treten im Unterricht kausale Zusammenhänge an das Kind heran. Die Schattenlehre im sechsten Schuljahr will das Verständnis für das Licht-Dunkel der Farbe, das uns die Außenwelt überall zeigt, wecken. Von diesem Zeitpunkt an malen die Kinder Naturstimmungen, wie sie ähnlich wieder auf der Oberstufe auftreten. Einen prinzipiellen Unterschied der Malaufgaben gibt es in diesen Altersstufen nicht. Er liegt nur in der Art, wie die jüngeren und älteren Schüler das Thema aufgreifen und ausführen. Ein Vergleich der Mal-Ergebnisse beider Altersgruppen ist pädagogisch aufschlußreich und interessant. In den unbekümmerten Bildern der Jüngeren klingt die Erinnerung an erlebte Naturstimmungen nach. Das Bemühen um eine innere Anschauung der Naturerscheinung, die von der Nachahmung weg zum Wesenhaft-Schönen kommt, wird in den Arbeiten der Größeren erkennbar. Dieser Prozeß der Verinnerlichung kann auch, wie bei Cézanne, vor der Natur stattfinden. Entscheidend ist, vom Zufälligen zum Wesentlichen der Erscheinung zu kommen.

Praktische Malübungen

Seit der letzten Malepoche ist ein Jahr vergangen. Das damals Erlebte liegt im Bewußtsein der Schüler weit zurück. Eine gewisse Befangenheit und Unsicherheit, die anfänglich immer da ist, muß zunächst abgebaut werden. Man beginnt deshalb mit einer malerischen Vorübung. Sie kann darin bestehen, zunächst das elementarische Kräftewirken zu malen, das naturnotwendig zum Leben eines Baumes gehört und die Voraussetzung für sein Dasein ist. Im Zusammenwirken der aus dem Dunkel aufsteigenden Erdkräfte mit den aus dem Kosmos einstrahlenden Lichtkräften entsteht im atmosphärischen Widerspiel von feuchter und warmer Luft das vegetative Leben. Auch die sichtbare Baumgestalt kann man als eine Verdichtung und Verstofflichung dieser Kräfte ansehen. Leicht finden die Schüler für das Lichte die gelben Töne und wählen das dunkle Blau und Violett für das Erdhaft-Feuchte. Für die Wärme kommt Rot wie selbstverständlich hinzu.

Eine solche erste Übung ist geeignet, die Schüler malend in das Naturleben einzuführen und gleichzeitig zu verhindern, daß zu rasch und in oberflächlich nachahmender Weise Bäume fixiert werden. Dem Lebendig-Bewegten des Motivs entspricht das fließende Ineinandermalen der Farben

auf feuchtem Grund. Es wirkt lösend und befreiend und hilft, die Schüler aus ihrer Schwere herauszubringen. Mit der *fluktuierenden Farbe* kommt Leben und Bewegung in die Klasse. Rasch entstehen schöne Farbklänge und regen die Phantasie- und Gestaltungskräfte an. Auch einem weniger Begabten gelingt oftmals unvermutet und auf die unschuldigste Art ein gutes Bild. Ein solches Ereignis kann man nützen, indem man dem Verwunderten im rechten Augenblick sein Blatt wegnimmt und der Klasse zeigt, wobei das Erstaunen groß ist. Das Selbstvertrauen eines solchen Schülers, und mit ihm auch anderer, wird dadurch gestärkt. Das Vertrauen zur künstlerischen Arbeit wächst.
Durch das Naß-in-Naß-Malen wird eine unmittelbare Beziehung zur Farbe hergestellt. Man muß, wie schon erwähnt, darauf achten, daß die flüssige Malweise nicht der bewußten Führung entgleitet und zu einem schwelgerischen Farbenplanschen führt.

Baum-Motive

Mit dieser vorbereitenden Malübung sind die inneren und äußeren Voraussetzungen gegeben, um das in Licht und Farbe erscheinende Bild eines Baumes malen zu können.
Die im Jahr vorher zuletzt geübte lockere Schichttechnik eignet sich am besten dazu, das fluktuierende Spiel von Licht und Schatten und den Glanz der Farbe zum Ausdruck zu bringen. Wieder beginnt ein Prozeß der gegenseitigen Anregung, Förderung und Steigerung, ähnlich wie in der zehnten Klasse. Daß außer den allgemein gegebenen Hinweisen und dem gemeinsamen Betrachten der Malereien manche Einzelhilfe nötig ist, um individuelle Schwierigkeiten zu überwinden, ist selbstverständlich und ergibt sich aus der jeweils abzuspürenden Situation.
Beim Malen von Bäumen spielt, wie bei allem Pflanzlichen, die Behandlung des Grün eine besondere Rolle. Darauf wird im Abschnitt «Blumen-Motive» ausführlich eingegangen. Die dort gegebenen praktischen Hinweise sind auch auf die Baum-Motive anwendbar*.
Wenn es im ganzen zu befriedigenden Ergebnissen gekommen ist, muß ein neuer Einschlag erfolgen. Das Motiv erhält *neue Aspekte durch Variation*. Ist man dem Phänomen Baum einmal malerisch näher gekommen, so

kann man vielseitig damit umgehen. Das Zusammenfassen in Baumgruppen führt auf den Gesichtspunkt der Bildkomposition. Eine Baumgruppierung kann je nach Raumverteilung langweilig oder charaktervoll sein. Ein solcher Unterschied muß erlebt werden. Die Schüler lernen, wie man durch richtiges Verteilen der Massen, des Hell-Dunkel, der Farbwerte und durch Richtungsverschiebungen Spannungsverhältnisse hervorrufen kann. Für die Gesetzmäßigkeiten eines Bildes muß das Empfinden geweckt und geschult werden.

Eine andere Variante des Themas ist *der Baum im Jahreslauf*. Für das Miterleben der Wandlungen und Stimmungen des Baumwesens im Durchgang durch das Jahr sind charakteristische Farbklänge zu finden. Im Frühling kontrastieren die zarten Blütenfarben und das helle Grün der Wiesen mit dem Dunkel der Stämme. Schwer und irdisch dagegen steht das Grün der sommerlichen Bäume gegen den tiefblauen Himmel und erglänzt im Licht der warmen Sonne, oder es leuchtet vom Sturm bewegt im dramatischen Helldunkel einer Gewitterstimmung auf. Im Herbst hat der Baum seine goldene Zeit. Blätter und Früchte haben sich in alle Farben des Goldes verwandelt: in Grüngold, Goldgelb und Rotgold, das im milden Sonnenlicht in unwirkliches Leuchten übergeht. Die höchste Steigerung ist erreicht. Daneben stellt sich das Gegenbild des Herbstes. Die Bäume sind zu gespenstischen Schatten geworden, die im Nebel auftauchen, der kalt und grau sich über die Landschaft breitet und die Farben verlöscht. Im Winter hat die Natur ihr Leben ganz zurückgenommen. Kristallene Klarheit umgibt die leblosen Formen der Baumgestalten, die in Wurzel und Samen neue Lebenskräfte speichern. Runenhaft, zeichenhaft heben sich die geprägten Formen von dem weiß- oder zartfarbig schimmernden Hintergrund ab, eine neue Art von Schönheit offenbarend. *C. D. Friedrichs* Winterlandschaften mit Eichen zeigen den großartigen Charakter einer solchen Stimmung.

Zuletzt wendet das Thema zum *Waldmotiv*. Der dichte Bestand verbindet die einzelnen Bäume zu einer neuen Einheit. In ihr wirkt sich das Baumwesen umfassend aus und ruft in uns eine elementare Empfindung von Erhabenheit und Größe hervor. Die Walderlebnisse sind sehr verschieden. Welch ein Kontrast besteht zwischen einem Buchenwald im Frühling,

19. «Wolkenstimmung». Ein Hell-Dunkel-Kontrast, 11. Klasse
20. «Kräftewirken». Vorübung zu den Baum-Motiven, 11. Klasse
21. Bäume im Jahreslauf. «Blütenbaum», aus einem Farbklang, Grün-Rosa entwickelt, 11. Klasse
22. Bäume im Jahreslauf. «Herbstbaum», 11. Klasse

wenn durch das frischgrüne Laub die Sonne scheint und den ganzen Wald durchlichtet, und dem schattenhaften Dunkel eines Tannenwaldes. Plötzlich einsetzender Regen verändert die Stimmung im Wald augenblicklich. Aber jede Stimmung hat ihre eigene Schönheit. Im Tropfen und Rieseln, Rinnen und Plätschern liegt etwas Musikalisches; die gedämpfte Farbigkeit ist wie von einem silbrig-schimmernden, fließenden Grau durchwoben. Eine solche *Regenstimmung im Walde* ist eine besonders schöne Malaufgabe, bei der die reinen Farben in allseitiger Durchdringung zu differenziert abgestuften Grautönen verwandelt werden müssen.

Das Motiv *«Besonnter Baum am Wasserfall»*, das Rudolf Steiner Schülern in einer Skizze vorgemalt hat*, führt unmittelbar in das elementarische Leben ein, mit dem die Übungen begonnen haben. Es bietet als Bildaufgabe im fortgeschrittenen Stadium der Malepoche die Möglichkeit, Licht- und Wärmehaftes, Luftiges, Wässerig-Kühles und Mineralisch-Erdhaftes im lebendigen Farbenspiel sich begegnen und im Spiel von Licht und Schatten an Baum und Fels sich durchdringen zu lassen und so einen «farbigen Abglanz des Lebens» ins Bild zu bringen.

Die hier genannten Themen können natürlich nicht alle in einer Malepoche bewältigt werden, es sollte aber auf die Fülle der Möglichkeiten hingewiesen werden.

Sonnenaufgang – Sonnenuntergang

Zwei weitere Skizzen, die Rudolf Steiner für Schüler entworfen hat, *«Sonnenaufgang»* und *«Sonnenuntergang»* geben eine andere Aufgabe für die 11. Klasse*. Die beiden Motive, die malerisch voneinander unterschieden werden sollen, haben für die Schüler etwas Packendes. Aber wie kann man das Phänomen der grandiosen Naturvorführungen malerisch fassen, wie mit stofflicher Farbe und der eigenen Unzulänglichkeit etwas hervorbringen, das neben der Naturschönheit bestehen kann? Auch hier hat sich die Methode, der eigentlichen Aufgabe eine Farbübung voranzustellen, bewährt.

Es ist eine zweifache Übung. Zuerst läßt man eine kontinuierliche Farbreihe malen, beginnend in der Mitte über dem unteren Bildrand. Die Farben werden halbkreisförmig nach oben geführt in der Ordnung: Zinnoberrot, Orange, Gelborange, Gelb immer heller werdend und mit einem zarten

Blau endend. Auf einem anderen Blatt wird in Halbbögen kontinuierlich von oben nach unten eine zweite Farbskala gemalt: tiefes Violettblau, Blau heller werdend bis zu einem blassen Coelinblau, das mit einem zarten Orange endet. Beide Farbgebilde können nach unten durch eine neutrale, ins Graue gehende Farbfläche am unteren Bildrand abgeschlossen werden. Auf diese Weise entstehen *zwei gegensätzliche Farbfolgen:* eine warme und eine kalte.

Diese Übungen lassen sich am besten wieder in *flüssiger Malweise* durchführen. Wenn die Blätter der beiden Reihen in zwei Gruppen nebeneinander aufgehängt werden, ist der erste Eindruck eine enorme Farbigkeit, hervorgerufen durch die gegenseitige Steigerung der Farbpolaritäten. Die gemeinsame Betrachtung führt zu weiteren Beobachtungen. Daß einige Schüler schon Sonnenaufgänge und verschiedene Naturstimmungen in den Bildern sehen wollen, ist nicht weiter verwunderlich. Das Entscheidende bringt die allgemeine Entdeckung, daß die Bilder eine intensive Farbbewegung in sich zeigen: eine ausstrahlende Bewegung bei den rot-gelben und eine einstrahlende bei den violett-blauen Farben. Im wechselseitigen Anschauen der Bilder ergibt sich eine Art Atemrhythmus: Einatmung — Ausatmung. Den Tagesverlauf zwischen Sonnenaufgang und Sonnenuntergang kann man als einen großen Atemzug der Natur empfinden. Im Farbgeschehen tritt uns eine dem Naturgeschehen ähnliche innere Dynamik entgegen. Damit sind wir zu einem Objektiven vorgedrungen, einem *Urbildhaften,* das den Erscheinungen am Morgen- und Abendhimmel zugrunde liegt und sich in Farbe übersetzen läßt. Auf dieser Basis lassen sich vielfältige malerische Prozesse aufbauen. Angestrebt wird das — auch von *Cézanne* geforderte — Schaffen parallel zur Natur, nicht nach der Natur. Man erlebt mit den Schülern, daß die allereinfachsten Übungen oft die lehrreichsten sind, weil sie am besten zu durchschauen sind.

Damit kommen wir zum eigentlichen Thema. Die ersten *Sonnenaufgänge* und *Sonnenuntergänge* werden gemalt. Aber bald treten neue Fragen und Probleme auf: Wie kann man die beiden Erscheinungen in den Farben unterscheiden? Wie kann man die Sonne malen? In der Natur erleben wir die aufgehende Sonne hellstrahlend, die untergehende sehen wir oft rotglühend infolge der Trübung durch die Erdatmosphäre. Die reine Nachahmung des Natureindrucks befriedigt nicht, wir müssen ihn entsprechend der *Farbendynamik,* die wir bei unseren Übungen beobachtet haben, übersetzen. Das ausstrahlende Zentrum war zinnoberrot; wogegen bei der Einstrahlung nur ein schwaches Orange in der Mitte erschien. Daraus ergibt sich, daß man für die Kraft der aufgehenden Sonne die stärkste Farbkraft setzen muß: Zinnoberrot; für die schwächere Kraft der untergehenden Sonne das mattere Orange. Man muß also von der stärkeren oder schwächeren Kraft der Farbe ausgehen*.

Die nächste Frage ist: wie könnte man auch den atmosphärischen Raum im Bilde durch die Farbensprache unterschiedlich gestalten? Wieder hilft uns ein Experiment weiter. Wir machen vor den Schülern auf großen Blättern mit farbigen Kreiden zwei gleiche Skizzen, die der ersten der beiden Übungen entsprechen. Über dem Horizont erscheint die Sonne als kräftiges Farbenzentrum mit allen Übergängen von Zinnober, Orange, Gelb bis zu einem zarten peripherischen Blau. Der unbefangene Betrachter kann nun im Zweifel darüber sein, ob die Sonne auf dem Bild auf- oder untergeht, denn auch die untergehende Sonne hat eine Ausstrahlungskraft. In der Wirklichkeit kann ein solcher Zweifel natürlich nicht aufkommen. Das Experiment besteht nun darin, daß auf einem der beiden Bilder eine *geringe Farbveränderung* vorgenommen wird. Von der Peripherie her wird das zarte Blau etwas über das lichte Gelb gegen die Bildmitte geführt. Was geschieht? Ein zartes Grün entsteht, das man oftmals am abendlichen Himmel beobachten kann. Ein Stimmungsumschwung im ganzen ist die Folge. Das Grün hat eine begrenzende Eigenschaft und bewirkt, daß die von der Mitte ausgehende, den Bildraum durchdringende Rot-Gelb-Strahlung an dieser Stelle aufhört, gestaut wird. Der Eindruck entsteht, als ob die strahlende Kraft wieder zurückgewendet wird und dadurch in sich selbst verglüht. Dies ist ein Sonnenuntergang, rufen die Schüler spontan. Ihr Eindruck ist aus dem Vergleich mit dem unverändert gebliebenen Farbbild daneben entstanden, denn dies ist jetzt eindeutig zu einem Sonnenaufgang geworden. Eine kleine Farbveränderung hat eine umfassende Umwandlung herbeigeführt.

Beim Malen wird man jedoch von vornherein andersfarbige Grundstimmungen für Morgen und Abend wählen. Dem Morgen wird man zu der ausstrahlenden Kraft des Rot kühlere Farben zuordnen, weil die Kühle der Nacht spürbar nachwirkt. Dagegen entsprechen dem Abend wärmere Farbnuancen, so wie die Erde die Sonnenwirkung des Tages zurückstrahlt. Durch Andeutung von Wolkenbildungen und atmosphärischen Strömungen kann man nun die aufsteigende oder absteigende Sonnenbewegung im Bilde verstärken. Auch die Form des Horizontverlaufs kann in die Dynamik einbezogen werden, indem man den Horizont an der Stelle der auf- oder untergehenden Sonne anhebt oder einbuchtet. Damit verändert man die Motive ganz leicht in der äußeren Form und verzichtet auf ihre ausschließlich farbige Unterscheidung.

Auch bei diesem Thema wurde mit der Naß-in-Naß-Maltechnik begonnen und dann in eine lockere Farbenschicht-Malerei übergewechselt. Wenn

diese auch immer wieder erneute Übung erfordert, so befriedigt sie doch am meisten, weil sie den größten Ausdrucksreichtum zu schaffen vermag. Der Spielraum individueller Anwendung ist so groß, daß die Eigenart des einzelnen sich auch in seiner Maltechnik auswirken kann. Durch die Farberlebnisse der Vorübungen eignen sich die Schüler eine gewisse Großzügigkeit in der malerischen Auffassung an, die ihnen bei der Weiterarbeit zugute kommt.
Sind die malerischen Motive des Themas erarbeitet, können diese auch abgewandelt werden. Es liegt nahe, daß der eine oder andere Schüler eine Stimmung vor Sonnenaufgang oder nach Sonnenuntergang versuchen möchte. Dadurch wird das Interesse auch auf das Geschehen am nächtlichen Himmel gelenkt und in den Bereich des Malerischen einbezogen.

Mondstimmungen

Wie das Licht den Schatten bedingt, so der Tag die Nacht. Es entspricht einem gesunden Streben nach Totalität, wenn die Schüler als Ergänzung zu den Sonnenstimmungen auch *Mondstimmungen** malen wollen. Zeigt uns der sonnige Tag die ganze Schönheit der Welt, so läßt uns die mondhellte Nacht in ihre geheimnisvollen Tiefen blicken. Das Sonnenlicht, das uns am Tage blendet, wenn es nicht als Morgen- oder Abendröte erscheint, können wir des Nachts in seinem milden Widerschein als Mondlicht ruhig betrachten. Weil der Mond den Menschen nicht überwältigt wie die Sonne, hat er oft ein persönliches Verhältnis zu ihm; er ist ihm näher, vertrauter. Sein Gesicht ist wie das eines alten Bekannten, es begleitet ihn auf nächtlicher Wanderung. Sein zauberisches Wesen hat viele Dichter inspiriert.
Ähnlich dem Auf- und Untergang der Sonne kann man auch den *Mondaufgang* in der Stimmung vom *Monduntergang* unterscheiden. Taucht der Mond nach Sonnenuntergang am östlichen Horizont als orangefarbene Scheibe auf, ruft er jedesmal neues Erstaunen hervor. Ebenso beeindruckend ist das nächtliche Bild, wenn vor der ersten Morgenröte der Mond groß und majestätisch dem westlichen Horizont zustrebt, in warmem Vollton den Dunstkreis der Erde durcheilend. Denken wir uns den Mondaufgang und den Monduntergang in der geschilderten Weise, so wird man einen Stimmungsunterschied herausfinden, der sich wiederum malerisch übersetzen läßt. Der aufsteigende Mond erhebt sich dann über dem warmen Erdhorizont, der die Sonnenwirkung noch in sich trägt

und ausstrahlt, während seinen Untergang fröstelnde Kühle begleitet. Neben der wärmeren oder kälteren Grundstimmung und der dynamischen Farbenbewegung können auch hier wieder leichte Bewegungsformen zur Steigerung des Ausdrucks und der Unterscheidung beitragen. Auch der am hohen Nachthimmel stehende Mond zieht den Betrachter in seinen Bann. Ob er sich im Spiel dahinziehender Wolken zeigt, die von seinem Silberschein beleuchtet sind, oder umgeben von einem zart farbigen Hof — immer wirkt er anregend auf die malerische Phantasie.
Die Schüler, die bei ihren vielseitigen Interessen in diesem Alter auch eine Neigung zur Romantik haben, finden hier Gelegenheit, durch entsprechende Abwandlungen des Themas ihre malerische Phantasie zu betätigen. «Mondaufgang über dem Wald», «Mond über den Bergen», «Sich spiegelnder Mond im See», sind beliebte Themen. Wenn sich die Phantasie im rein Malerischen auslebt, ist erreicht, was beabsichtigt war.

Blumen-Motive

Im Zusammenhang mit der Pflanzenkunde waren schon im 5. und 6. Schuljahr auch Blumen ein Thema des Malunterrichts. Jetzt führen rein malerische Gesichtspunkte auf dieses Thema. Es drängt sich besonders auf, wenn im Jahreslauf die Blumenwelt ein Höchstmaß an Farbentfaltung erreicht. Wer könnte sich auch dem unaussprechlichen Zauber jener ätherischen Wesen entziehen, die Jahr für Jahr die Erde in ein Paradies verwandeln. Zu allen Zeiten haben Maler sie in ihr Bildschaffen mit aufgenommen. Als die Malepoche einer 11. Klasse einmal in eine solche Zeit des Blühens fiel, haben wir anstatt der Bäume — Blumen gemalt.
Die Grundlage dieser ganzen Schönheit bildet das Grün. Aus der Grünheit erblühen die Farben; sie ist das verbindende Element und bewirkt die Harmonie in der farbigen Vielheit. Jede Blütenfarbe hat ihr spezielles Verhältnis zum Grün, das aber auch wiederum vielfältig nuanciert ist «Das Grün» gibt es in der Natur nicht. Es hat schon manchen Maler zur Verzweiflung gebracht. Je mehr wir uns mit dem Grün beschäftigen, um so rätselvoller wird es; es wird zum malerischen Problem.
Der *Goethesche Farbenkreis* zeigt das Grün als einfache Mischung aus Gelb und Blau. Dem Grün unten steht oben der Purpur gegenüber. Dieser ist als der Kulminationspunkt der ganzen Farbentwicklung zu verstehen, als Ergebnis der Steigerungen von Gelb und Blau und ihrer endlichen Vereinigung. Grün und Purpur haben also die gleichen Wurzeln: Gelb und

Blau. Daraus erklärt sich trotz ihrer Gegensätzlichkeit das besondere verwandschaftliche Verhältnis dieser Farben zueinander. Es liegt in ihrer Disposition, die Gegenfarbe anzunehmen: Rot wandelt sich in Grün und Grün in Rot. Man kann das überall in der Natur studieren. Purpurne Pflanzentriebe werden grün, grüne Früchte werden leuchtend rot wie die Hagebutte. Auch Blutbuche und Blutahorn wechseln die Farbe.

Rudolf Steiner nennt Grün *«das tote Bild des Lebens»*, Rot *«den Glanz des Lebens.»** Damit weist er auf den gemeinsamen Urgrund beider Farben hin: das *Lebendige*, das sich in der Pflanzenwelt repräsentiert. Rot und Grün sind also nur verschiedener Ausdruck des Gleichen. Grün ist das *Abbild* des Lebendigen im toten Stofflichen; im Rot *erglänzt* das Lebendige, das immer werdend ist. Im Grün der Pflanze tritt uns ein äußerliches Abbild entgegen; das wesenhaft Lebendige der Pflanze — ihre Bildekräfte, ohne die sie Mineral wäre — verbirgt sich uns*. Diese Erkenntnis kann zu einer Offenbarung für den Maler werden, indem er anfängt, das Grün in der Natur mit anderen Augen anzusehen. Er wird in allem Pflanzengrün die Wirksamkeit des Lebendigen, das ihm die spezifische Färbung gibt, finden und den beträchtlichen Rotanteil im Grün entdecken. Vergleichend kann er feststellen, wie alle pflanzlichen Grünfärbungen Rötliches enthalten, das der Pflanzenfarbe ihre eigentümliche schattige Wärme gibt, die sie von mineralischem Grün unterscheidet. Dem empfindsam gewordenen Auge wird es unerträglich, wenn es auf Bildern scharfem oder grellem Grün begegnet, das Pflanzliches ausdrücken soll.

Geheimnisvoll ist nicht nur das Verhältnis vom Grün zum Rot, sondern auch das vom Grün zu den übrigen Farben. *Goethe* sagt vom Purpur: «Wer die prismatische Entstehung des Purpurs kennt, der wird nicht paradox finden, wenn wir behaupten, daß diese Farbe teils actu teils potentia alle anderen Farben enthalte» (793). Aber wie verhält es sich mit dem geschwisterlichen Grün? Sind in ihm nicht auch der Möglichkeit nach alle übrigen Farben auf verborgene Weise enthalten? Auch das Grün ist aus Gelb und Blau hervorgegangen, jedoch auf der Stufe der ersten Verbindung stehengeblieben. Die im Gelb und Blau enthaltenen Steigerungsfähigkeiten, die auf der anderen Seite zum Purpur führen, können sich in ihrer Vermischung im Grün nicht auswirken; sie sind in ihm wie verzaubert. Alle Farben von Gelb bis Zinnober, von Blau bis Violett und schließlich bis zum Purpur ruhen sozusagen keimhaft im Schoße des Grün. Man könnte auf den Gedanken kommen, daß irgendeine Macht der Welt den Zauber lösen, die Farben befreien könnte. Wenn wir mit dieser Empfindung auf das Pflanzengrün schauen und wahrnehmen, wie die Farben der Blumen aus den Knospen und Kelchen hervorgehen, möchte es uns scheinen, als wären wir Zeugen einer Entzauberung. Die Sonne ist das übermächtige Wesen, das dieses Wunder in der Natur immerzu vollbringt. Wir schauen der Lehrmeisterin Natur in ihre Werkstatt und werden angeregt, ihr nachzuschaffen. So wie sie im Grün die ganze Farbigkeit verzaubert hält, so kann der Maler diese Farbigkeit im Malprozeß in das Grün hineinbringen, indem er das Grün aus der Totalität des Farbigen entstehen läßt. Was er so hineinverzaubert hat, das kann er gewissermaßen als Blumen wieder herausholen. Ein lebendiges Verhältnis von Pflanzengrün und Blütenfarben ist begründet.

Damit sind zugleich die einzelnen Schritte bezeichnet, die im Malunterricht zu gehen sind. Als erstes soll auf feuchtem Malgrund der Grünprozeß entstehen. Er wird damit eingeleitet, daß das ganze Blatt mit einem zarten Purpurton grundiert wird, um auf diese Weise mit dem Lebendigen zu beginnen. Von zwei Seiten her werden dann durch Gelb und Blau die Licht- und Dunkelheitskräfte hereingeführt, die sich auf dem rötlichen Grund vielfältig begegnen und mischen. Die schönsten Blätter sind solche, die alle Stadien des Prozesses zeigen, der in einem gedämpften Grün zur Ruhe kommt.

Die zweite Aufgabe besteht in einer Wiederholung dieses Farben-Kräftespiels mit dem Unterschied, daß der rötliche Grund nicht durchgehend übermalt, sondern an einzelnen Stellen ausgespart wird. Das Resultat ist ein Farbklang Grün-Rosa: Heckenrosenstimmung. Dieses Motiv kann dann auch in Schichttechnik aufgebaut werden. In einer folgenden Variante wird das ausgesparte Zartrot zum Purpur gesteigert und das Grün entsprechend abgestimmt, die Heckenrosen werden zur Rosenhecke.

Jetzt haben wir den ganzen Farbenkreis sozusagen «durch die Blume» betrachtet und es reizte uns, jede Farbe des Farbenkreises in ihrem Verhältnis zum Grün zu sehen. Weil wir — durch die Gegebenheit des Rot-Grün-Zusammenhanges — mit diesem Farbklang zu malen begonnen hatten, haben wir, vom Purpur ausgehend, die Farben der Reihe nach zu Blumen werden lassen. Dabei kamen wir auf der einen Seite über das Zinnober zum Gelb, auf der anderen über das Violett zum Blau. Zum Malen wählten wir jeweils Blumen aus, die in dieser Zeit blühten, so daß ein lebendiger Bezug zum augenblicklichen Geschehen in der Natur hergestellt wurde. Außer den Rosen durften der feurige Mohn, das strahlende Sonnenauge, die sanfte Glockenblume, die Iris und der blaue Rittersporn nicht fehlen. Einige wagten zum Schluß noch einen Sprung aus dem Farbenkreis bzw. in sein weißes Zentrum, um auch die Lilie vor ihrem Verblühen noch malen zu können.

Malen von Blumen ist eine lebendige Farbenlehre. Dabei erlebt man, wie

verschieden sich die einzelnen Farben zum Grün verhalten. Die Skala reicht von höchster gegenseitiger Steigerung bis zu stärkster Abschwächung. Das Mohnrot fängt auf dem Grün an zu brennen, und auch das ihm angrenzende Grün wird hellglänzend und leuchtend. Der hellblaue Rittersporn dagegen scheint im Grün fast zu versinken und das Grün sogar noch mitzunehmen. Die Heckenrosenfarbe bleibt im Gleichgewicht.
Die schönsten und überzeugendsten Blumenbilder entstanden dort, wo die Schüler jene malerische Differenzierung zur Anwendung gebracht hatten, die Rudolf Steiner in seiner Farbenlehre für das Malen des Pflanzlichen angibt. Wenn man das Pflanzengrün und auch die Blumenfarben abweichend vom Natureindruck etwas dunkler, schattiger macht und darüber den Glanz des Lichtes, das wesenhaft zu allem Pflanzlichen gehört, mit einer gelblichweißlichen Lasur wie einen Lichtschimmer malt, zeigen die Farben größere Tiefe und ein gedämpftes Leuchten. Eine neue Art von Lebendigkeit, der Eindruck von «Pflanzenleben» wird hervorgerufen. Die auf solche Weise entstandene Farbqualität bezeichnet Rudolf Steiner als «Glanzbild»*. Sie ist auch auf das Malen von Bäumen und Landschaften anwendbar. In dieser Richtung wurden in der letzten Zeit im Unterricht zunehmend schöne Erfolge erzielt. Diese Entwicklung geht weiter.
Für die Schüler ist es immer ein starker Eindruck, wenn sie am Ende einer Epoche *alle ihre Arbeiten im Zusammenhang betrachten.* Bei den einzelnen wie bei der ganzen Klasse können die Wege verfolgt werden, die gegangen worden sind, von den einleitenden Übungen bis zum Erarbeiten der Epochenaufgaben. Zwischen den kleineren Bildformaten hängen auch große Bilder, in denen ihre Schöpfer versuchten, in einer letzten Anstrengung sichtbar zu machen, was sie gelernt haben, gleichsam als Selbstbestätigung. Was sie im großen Format versuchten, taten andere im kleineren. Mancher hat sich selbst übertroffen; manche Schwierigkeiten konnten überwunden, manches Selbstvertrauen gewonnen werden. Der Maßstab der Bewertung darf nicht allein vom künstlerischen Gesichtspunkt, sondern muß in erster Linie aus der Sicht der werdenden Persönlichkeit genommen werden. Wenn die Schüler im Anschauen ihrer Arbeiten zu der Überzeugung gelangen, daß sie wirklich etwas gelernt haben, ist das für sie tief befriedigend. Sie spüren, wie die künstlerische Tätigkeit sie insgesamt menschlich gefördert hat und erleben dadurch Kunst als etwas real Wirkendes. Das Wesentliche dessen, was sich ereignet hat, ist oft nicht direkt zu sehen. Mancher Schüler hat den Wunsch, das Malen nach der Epoche in freien Stunden in der Schule oder auch zu Hause fortzusetzen. Das läßt erkennen, wie das im Unterricht Angeregte in das persönliche Interesse übergegangen ist.

Malen im 12. Schuljahr

Der Mensch als Motiv

Nach dem Lehrplan werden in der 12. Klasse alle Wissensgebiete in ihrer Beziehung zum Menschen behandelt. Der naturkundliche Unterricht bildet mit der Menschenkunde zusammen ein Ganzes. So entsteht in der Erkenntnis ein Bild des Menschen, das im künstlerischen Unterricht durch schöpferische Gestaltung ergänzt wird.
Zwar stand das Menschenbild immer im Hintergrund des Unterrichts und bildete auch das Thema der Dürerstiche in der 9. und 10. Klasse, aber als eigentlich malerisches Motiv kann es erst bei Erlangung einer größeren menschlichen Reife aufgenommen werden.
Auch die Farbe, die das Kind die ganze Schulzeit hindurch beschäftigt, weist in geheimnisvoller Weise auf den Menschen hin. Man denke an die Erscheinung des Purpur im Goetheschen Farbenkreis und im prismatischen Versuch. Ließ man bei der Durchsicht durchs Prisma die Farbbänder des Dunkelheitsspektrums sich stärker überlagern, so hellte sich der Purpur zur Pfirsichblütfarbe auf. Rudolf Steiner nennt *Pfirsichblüt das «lebendige Bild der Seele»*, das im Inkarnat erscheint. In annähernder Reinheit findet man es nur beim kleinen Kind. Sonst kommt es in der Natur nicht vor. Die frische Pfirsichblüte ist dieser Farbe am ähnlichsten.
Die Physik kennt das Pfirsichblüt ebensowenig wie den Purpur. Das hängt damit zusammen, daß sie nur mit dem Helligkeitsspektrum, nicht auch mit dem Dunkelheitsspektrum rechnet, was logisch ist, wenn man sich die Farben durch Aufspaltung des Lichtes entstanden denkt. Goethe erkannte die Finsternis als Komponente zum Licht und entdeckte im Zusammenwirken beider die Entstehung des Farbigen. Das nach rechts und links unendlich verlaufende Farbenband der Physik widersprach seiner nach Ganzheit strebenden Natur. Indem er dieses Farbenband mit dem Grün in der Mitte zum Kreis bog, ergab sich ihm Purpur-Pfirsichblüt durch Verbindung der gesteigerten Pole Gelb und Blau.

23. «Waldstimmung». Reine Schichttechnik, 11. Klasse
24. Malen von Blumen als lebendige Farbenlehre. «Glockenblumen», 11. Klasse
25. Blumen-Motive. «Sonnenblumen», 11. Klasse
◀ *26. Blumen-Motive. «Tulpen», 11. Klasse*

Erlebt man das Hervorgehen von Purpur-Pfirsichblüt als ein lebendiges Farbgeschehen, so kann der Farbenkreis zum Bilde werden für das Entstehen des Inkarnats aus dem Seelischen des Menschen. Aus ihm können uns die Worte Rudolf Steiners verständlich werden: «Wo wir in die Natur hineinblicken, erblicken wir gewissermaßen den ausgebreiteten Regenbogen als das Zeichen des Vatergottes. Blicken wir aber auf den Menschen: das Inkarnat, es spricht aus des Menschen Innerem heraus, in dem sich alle Farben durchdringen . . .»* Die Farben, die einzeln etwas spezifisch Seelisches aussprechen, neutralisieren sich in ihrer Vereinigung zum Bilde der Menschenseele selbst.

Das menschliche Antlitz als malerisches Motiv, wie es den Schülern als Aufgabe gegeben wird, bleibt in seiner Farbigkeit ein Wunder, wie es ihnen auch in den Farben des schillernden Tautropfens, des Regenbogens und der Blütennatur begegnet. Im Kapitel über Rudolf Steiners Farbenlehre wird auf diese Phänomene noch eingegangen.

Eine 12. Klasse geht erfahrungsgemäß sofort auf dieses Thema ein. Die Frage: was ist der Mensch, wer bin ich, wer ist derjenige neben mir? beschäftigt den jungen Menschen. Die vielen Selbstbildnisse gerade jugendlicher Künstler deuten es an. Täglich sind wir von Menschen umgeben, aber wie ungenau sind unsere Vorstellungen von ihnen. Die ersten Versuche, einen Kopf irgendwie darzustellen, zeigen es gleich. Kaum ist eine wirkliche Kenntnis davon vorhanden, wie etwa eine Stirne, eine Nase, ein Mund gebildet ist, wie die Augen schauen und dergleichen. Schon bei den ersten Übungen werden viele Entdeckungen gemacht. Die Schüler lassen sich durch die Anschauung gerne belehren. Aber dies sind zunächst Angelegenheiten der äußeren Form und noch keine malerischen Gesichtspunkte. Das Motiv, und wäre es noch so packend, muß in jedem Fall in ein malerisches umgesetzt werden. Da aber die bloße Nachahmung des Äußeren keine künstlerische Aufgabe ist — welche malerischen Ziele sollen verfolgt werden?

Malerische Gesichtspunkte

Das Malen des Inkarnats, das sozusagen von innen an die Oberfläche kommt, ist der eine Gesichtspunkt; der andere ist die Wiedergabe der durch die äußere Beleuchtung entstehenden fluktuierenden Farbe. Im einen Fall wird die Farbe zum bildhaften Ausdruck des Seeleninneren, im andern handelt es sich um die auf der Oberfläche spielende, durch äußere Lichtwirkungen hervorgerufene Farberscheinung.

Der Gegensatz der beiden Grundmotive tritt in besonders eindrucksvoller Weise in *Leonardos «Abendmahl»* zutage. Studiert man Licht und Schatten im Bildraum, so findet man, daß sie bei den elf Jüngern in natürlichen Verhältnissen wiedergegeben sind, nicht aber bei der Judas- und Christusgestalt. Der tiefe Schatten auf Gesicht und Gestalt des Judas ist aus den Beleuchtungsverhältnissen nicht erklärbar. Ebensowenig ist die Helligkeit des Christus aus den äußeren Gegebenheiten verständlich. Hier widerspricht Leonardo, der die Wahrheit des Eindrucks über alles stellte, seinen strengen Forderungen gegenüber der Malerei. Er hat danach gestrebt, sichtbar zu machen, daß in den Gegensätzen Christus und Judas Licht und Finsternis nicht von außen, sondern innerlich motiviert uns entgegentreten. Die Seele, die in Jesus lebt, verleiht durch sich selbst diesem Antlitz seine Leuchtkraft und es leuchtet im Widerspruch zu den Lichtverhältnissen. Ebenso hat die Judasgestalt auf sich selber einen Schatten hingezogen, der äußerlich nicht gerechtfertigt ist. Mit solcher Anwendung polarer Ausdrucksmittel gibt Leonardo ein großes Beispiel dafür, wie der Maler immer die Möglichkeit hat, den Menschen von außen und von innen her künstlerisch zu erfassen.*

Goethe hat das malerische Problem deutlich beschrieben. Im Abschnitt «Kolorit der Gegenstände» heißt es: «Die Hauptkunst des Malers bleibt immer, daß er die Gegenwart des bestimmten Stoffes nachahme und das Allgemeine, Elementare der Farberscheinungen zerstöre. Die höchste Schwierigkeit findet sich hier bei der Oberfläche des menschlichen Körpers.» (877) «Das Fleisch steht im ganzen auf der aktiven Seite; doch spielt das Blauliche der passiven auch mit herein. Die Farbe ist durchaus ihrem elementaren Zustand entrückt und durch Organisation neutralisiert.» (878) Doch die interessanteren Bemerkungen stehen in «Diderots Versuch über die Malerei», die Goethe übersetzte und mit Anmerkungen versah. Im zweiten Kapitel «Meine kleinen Ideen über die Farbe» läßt Diderot sich ausführlich darüber aus, wie die Farbe des Fleisches, «dieses saftige Weiß, ohne blaß, ohne matt zu sein, diese Mischung von Rot und Blau, die unmerklich durch (das Gelbliche) dringt, das Blut, das Leben ... den Koloristen in Verzweiflung» bringen.

Goethe bemerkt dazu: «Das Gefühl dieser Farbe des gesunden Fleisches, ein tätiges Anschauen derselben, wodurch der Künstler sich zum Hervorbringen von etwas Ähnlichem geschickt zu machen strebt, erfordert so mannigfaltige und zarte Operationen des Auges sowohl als des Geistes und der Hand, ein frisches jugendliches Naturgefühl und ein gereiftes Geistesvermögen, daß alles andere dagegen nur Scherz und Spielwerk, wenigstens alles andere in dieser höchsten Fähigkeit begriffen zu sein

scheint.» Und etwas später: ...«die Schwierigkeit (wird) noch dadurch vermehrt, daß diese Oberfläche einem denkenden, sinnenden, fühlenden Wesen angehört, dessen innerste, geheimste, leichteste Veränderungen sich blitzschnell über das Äußere verbreiten.»*
Auf Rudolf Steiners malerische Beispiele zu diesem Thema gehen wir im dritten Teil des Buches ein.

Malerische Prozesse im Unterricht

Das Thema, vor das sich Lehrer und Schüler im Unterricht gestellt sehen, wird man so unproblematisch wie möglich einleiten. Als gute Hilfe erweist sich wieder die *Betrachtung von Schülerarbeiten* einer vorangegangenen 12. Klasse. Das besinnliche Anschauen der Bilder schafft eine malfreudige Stimmung. Mut und Zuversicht können den Schülern aus den Leistungen ihrer Vorgänger zufließen, denn was jenen gelungen ist, erscheint auch für sie möglich und erreichbar. Entscheidend für alles weitere ist, die erste Aufgabe so zu stellen, daß sich niemand überfordert fühlt und alle Schüler der Klasse sich zu aktiver Mitarbeit bereitfinden.
Die einfachste Darstellungsform eines Gesichtes ist das *Profil.* Da die Schüler das zunächst vordergründig formal auffassen, wird das Formproblem mit der ersten Aufgabenstellung verknüpft. Dabei geht man am besten vom Blau aus. Seine große Spannweite im Hell-Dunkelbereich, seine Formkraft und raumschaffende Wirkung eignen sich besonders gut für diese Übung. Vom Umkreis her soll durch *Aussparung ein Gesicht im Profil* entstehen. Es tritt als helles Negativ auf blauem Grunde hervor. Beobachtung und übende Selbstkorrektur, wo nötig auch Hilfestellung, lassen nach und nach die einzelnen Partien in ihren Proportionen hervortreten.
Die flüssige Maltechnik auf durchfeuchtetem Papier gestattet im Auftragen und Wegnehmen der Farbe ein freizügiges Arbeiten und Probieren. Im Fortgang des Malprozesses wird die ausgesparte Farbform ebenfalls übermalt und mit dem dunkleren Hintergrund in eine harmonische Übereinstimmung gebracht. Die Hell-Dunkel-Nuancierungen im Bilde wirken dabei wie Licht- und Schattenflächen eines von außen beleuchteten Kopfes. Nicht selten geschieht es, daß da oder dort an hellen Stellen ein rötliches Licht erscheint; da aber eine solche Farbe nicht verwendet worden ist, könnte man meinen, ein anderer hätte mitgemalt. Es ist kein Zweifel: ausgesparte Stellen im Blau zeigen deutlich einen zarten Anflug von Orange —

alle sehen es. Diese Erscheinungen finden wir bei Goethe als «Physiologische Farben» beschrieben. In unserem Falle hat das Blau die geforderte Farbe (Orange) im Auge erzeugt und an den farblosen Stellen sichtbar werden lassen. Auf unerwartete Weise entstand ein farbiger Zweiklang; eine Ganzheit ist hergestellt.

Schon bei früherer Gelegenheit wurde auf die besondere Stimmung aufmerksam gemacht, die beim Umgang mit der blauen Farbe entsteht. Sie breitet sich nicht nur auf den Malblättern aus, sondern gleichzeitig im ganzen Raum; man kann sie wie einen seelischen Glanz empfinden.

Beim Herausarbeiten der Form wird man an das in der Menschenkunde Behandelte anknüpfen und das Haupt als Wiederholung der ganzen Menschengestalt anschaulich machen. In der Stirn und oberen Schädelwölbung ist die eigentliche Kopfform zu erkennen, während der mittlere Bereich von Augen und Nase sich auf das rhythmische System, den Brustmenschen bezieht; Ober- und Unterkiefer hingegen zeigen einen Zusammenhang mit den Gliedmaßen. Wird die Idee lebendig aufgenommen, so können viele Einzelheiten selbständig entdeckt werden.

Die erste naß-in-naß gemalte Blauübung kann in der nächsten Aufgabe zur Schichtübung gesteigert werden. Sind die ersten Formprobleme überwunden, so wird stärker auf das *Qualitative der Farbe* geachtet. Jedesmal stehen beide Blauvarianten, Preußischblau und Ultramarinblau, zur freien Verfügung; ihre kühleren und wärmeren Spielarten bringen schöne malerische Wirkungen hervor. Die blaue Farbigkeit kann dadurch weiter bereichert werden, daß man schwache Gelb- und Rottöne mit hinein bringt, wie Würze in die Speise. Dadurch verliert das Blau etwas von seiner Ausschließlichkeit und man nimmt ihm, wo nötig, die Schärfe. Bilder aus *Picassos* früher blauer Periode können für diese Malerei in Blau Anregungen geben.

Blau spricht jedoch nicht nur Sanftheit und Innerlichkeit aus, sondern neigt auch zu Verdichtung und Verhärtung. Verdunkelt man es zum aktiven Violett, so steigert sich seine Formkraft. Diese doppelte Steigerung nach Farbe und Form erlebt man zunehmend in den Bildern der Schüler. Die anfänglich zarten Bildanlagen verdichten sich immer mehr zu farbkräftigen und profilierten Gestaltungen. Man sieht die Gefahr einer Überformung herankommen. Den Schülern macht das Formen von Köpfen viel Freude. Mit Überraschung und Staunen erleben sie, wie eine seelische Gebärde, ein bestimmter menschlicher Ausdruck, ein Temperament gewollt oder ungewollt aus dem Bilde spricht. Sie werden angeregt, sich gegenseitig zu beobachten, zu zeichnen. Diese Tätigkeit wird oft noch außerhalb des Unterrichts fortgesetzt. Das Formerleben führt jedoch vom Malerischen weg, weshalb die nächste Übung auf einer anderen Ebene stattfinden muß. Die neue Aufgabe wird notwendigerweise *gegenstandslos* sein müssen. Dafür bietet sich zunächst der schon besprochene Farbenzweiklang Blau-Gelborange an, der als ein physiologisches Phänomen schon beobachtet worden ist. Bei dieser Aufgabe sind die warmen Farben vorzugsweise innen, die kalten mehr peripherisch auf das Blatt zu bringen. Die ganze Aufmerksamkeit muß bei dieser Übung auf das farbige Abstimmen und Nuancieren der harmonischen Gegensätze gerichtet sein: warm-kalt, hell-dunkel, innen-außen müssen kontrastieren und zusammenklingen. Auch in ihrer vollen Kraft und Intensität sollten die Farben einen schwebenden Eindruck machen, entsprechend der fluktuierenden Farbigkeit an der beleuchteten Oberfläche eines Körpers. Dieses Schweben der Farben ist durch eine lockere Malweise in Schichttechnik am besten zu erreichen; sie führt zu größtmöglicher Differenzierung und Glanzwirkung. Vom Gelingen dieser so einfach scheinenden Aufgabe hängt die weitere Entwicklung ab; deshalb sollte man nicht schon mit den ersten Ergebnissen zufrieden sein. Jede neue Aufgabe braucht eine gewisse Zeit des Einlebens; erst der zweite, vielleicht sogar dritte Versuch bringt den Prozeß zur Reifung. Diese Übung ist die Vorstufe zum eigentlichen Thema, aber doch völlig eigenständig. Für die Malerziehung ist sie von entscheidender Bedeutung, man muß fordern, daß höchstmögliche Qualität erreicht wird. Dann haben diese gegenstandslosen Farbbilder oftmals eine erstaunliche Ausstrahlungskraft.

Erlebte man zuvor die Formtendenz des Blau als etwas Zwingendes, so wird nun die schwebende Farbigkeit der Zweiklang-Übung als lösend und harmonisierend empfunden. In ihr werden freie künstlerische Entscheidungen gefordert. Darin liegt etwas Zukünftiges. Durch Vergleichen und Besprechen verschiedener Arbeiten muß der Malprozeß impulsiert und in Gang gehalten werden. *Pädagogisch wichtig* ist, daß man im einzelnen auch kleine Entwicklungsschritte anerkennend hervorhebt, denn Lob und Zuspruch können dort, wo sie angebracht sind, Wunder wirken. Man wird sich den vorgeblich Unbegabten und Zaghaften ohnedies mehr zuwenden als den sogenannten Begabten und Selbstsicheren, die sich eher selbst helfen. Es wurde an anderer Stelle schon erwähnt, daß sich die Begabungsverhältnisse im Verlaufe einer Epoche geradezu umkehren können. Besonders Eigenwillige läßt man am besten gewähren und wartet ab, was sich bei ihnen ergibt. Letztlich kann nur das weiterführen, was aus eigener Erfahrung und Einsicht erwächst.

Erst die dritte Phase der Arbeit führt zum eigentlichen Motiv. Ein *Kopf im Profil* soll aus einem *Farbklang* heraus gestaltet werden. Jetzt ist die

Voraussetzung dafür geschaffen, die Form wieder stärker hervortreten zu lassen, jedoch als malerische, nicht als zeichnerische Form. Warum soll die zeichnerische Form vermieden werden? Sie führt aus dem Malprozeß heraus, weil sie direkt auf das Motiv abzielt. Die malerische Form dagegen steht am Ende der farbigen Gestaltungswege, sie kann nicht vorausgewußt werden, ist Ergebnis. Sie erscheint als «Werk der Farbe», Farbe und Form sind eins.

Die gegenständliche Aufgabe besteht in der weiteren Ausgestaltung der vorausgegangenen Farbübungen. Es ist daher ohne weiteres möglich, an einer bereits ausgeführten Farbkomposition weiterzuarbeiten. Wurde bisher vor allem auf das Klanghafte der Farbverhältnisse geachtet, so werden jetzt bildnerische Einfälle gefordert. Betrachtet man die gemalten Farbstimmungen mit einiger Phantasie, so blicken überall Gesichter aus ihnen hervor, die wahrhaftig niemand mit Absicht hineingemalt hat. Beim Drehen und Wenden der Blätter finden sich immer neue Möglichkeiten zur Gestaltung — es wird ein aufregendes Spiel von Entdeckungen.

Wem dieses bildhafte Sehen zunächst schwerfällt, kann es sich durch Übung leicht aneignen. Manchem muß man erst zeigen, was für eine schöne Kopfanlage er auf seinem Bild hat, der er nur noch etwas nachzuhelfen braucht, um sie ganz sichtbar zu machen. Es steht immer in der Freiheit des Malenden, die eine oder andere solcher Anregungen aufzugreifen. Im allgemeinen verläuft der Malprozeß um so günstiger, je mehr es gelingt, die motivliche Form zurückzuhalten, und zwar so lange, bis sie sich aus dem Ganzen der Farbkonfiguration wie von selbst ergibt. Es gibt Schüler, die den Schritt vom Farbklang zum Motiv nicht wagen, die ihre Phantasie im freien Farbgestalten ausleben lassen wollen. Dagegen ist nichts einzuwenden. Ihnen kann man sagen, daß die Qualität einer Malerei nicht vom motivlichen Inhalt abhängt.

Das Thema läßt sich auf mannigfaltige Weise *variieren*. Anstelle des ursprünglichen Farbklangs können andere, von den Schülern frei gewählte Farbzusammenstellungen treten, die zu neuen Erlebnissen führen. Welch ein Stimmungswechsel ist es, wenn der gelb-blaue Farbklang mit einem rot-blauen oder orange-grünen vertauscht wird; welche Veränderung entsteht, wenn das Grün des Umkreises mit dem Orange oder Rot der Bildmitte ausgewechselt wird! In jedem Falle ist es die Aufgabe, den angeschlagenen Farbakkord bei der weiteren Ausgestaltung des Bildes stilgerecht durchzuführen. Es kommt die Harmonielehre Goethes zur Anwendung, die von einer Dreiheit von Farbklängen ausgeht: den harmonischen, charakteristischen und charakterlosen oder monotonen.

Einzelheiten dieser Farbverhältnisse wurden im ersten Teil dieses Buches schon dargestellt. Für die Oberstufe ist dazu noch der Beitrag von *Ph. O. Runge* zur Farbenlehre interessant, weil er die sogenannten charakteristischen Farbzusammenstellungen Goethes weiter differenzierte. Er hat der Gruppe der gemischten Farben Orange-Violett, Violett-Grün, Grün-Orange eine besondere Stellung eingeräumt und sie *«harmonische Kontraste»* genannt. Die Mischungen dieser Kontraste ergeben malerische Grau-Nuancierungen, die beim Farbenschichten besonders schön herauskommen. Jeder Zweiklang hat eine Grundfarbe doppelt; so ergeben sich Rötlichgrau, Bläulichgrau, Gelblichgrau.

Vom Profil wird man zur Darstellung eines *Gesichtes en face* und zu anderen Kopfhaltungen übergehen. Ist man in das schöpferische Element des Malerischen eingetaucht, so ist dieser Übergang nicht allzu schwer. Das Spiel von warmen und kalten, hellen und dunklen Farben ruft oft schon durch sich selbst und die Art der Flächenverteilung den Eindruck eines so oder so gewendeten Kopfes hervor. Vor allem wird man durch Demonstrationen an der Tafel oder Staffelei Anhaltspunkte für verschiedene Kopfstellungen mit den sich verändernden Proportionen geben.

Schließlich kommt man auf die Charakterisierung von männlichen und weiblichen Gesichtern und auf die verschiedenen Lebensalter. In einer gemischten Klasse kommen natürlich Mädchen- und Jungengesichter heraus, von denen manches ein stilles Ideal verrät. Beim gemeinsamen Betrachten lenkt man den Blick auf die objektiven Gesichtspunkte. Der Gegensatz von Kind und Greis wird als besonders reizvolles Thema gerne gewählt. Die Gesichtsfarbe und alle Verhältnisse sind bei beiden ganz verschieden. Im rundlichen weichen Kindergesicht ist die Stirne auffallend groß, dagegen kann man im ausgeprägten länglichen Gesicht des älteren Menschen eine ziemlich genaue Dreiteilung in Stirn-, Augen-Nasen- und Mund-Kinn-Partie feststellen. Das Duftende, Blühende des kindlichen Inkarnats steht der Farbe des Alters, die sich dem Blaßgrauen nähert, gegenüber. Bei einer solchen Gelegenheit kann man näher auf die Farbe des Menschen eingehen, die zeigt, wie das Seelische auf dem Instrument des Leibes spielt. Wird das Instrument gebrechlich, so wirkt sich das wie eine Trübung gegenüber dem durchscheinenden Seelischen aus, das Inkarnat verblaßt. Das Motiv «Mutter und Kind» wird als letzte Steigerung des Themas von einzelnen Schülern, besonders von Schülerinnen, mit großer Hingabe gemalt.

27. Malen von Köpfen auf der Grundlage freier Farbgestaltungen. «Kopf in Gelb-Blau-Stimmung», 12. Klasse

28. «Kopfstudie». Aus dem Farbklang Grün-Orange entwickelt, 12. Klasse

Aus zeitlichen Gründen ist es nicht möglich, von allen Schülern alle Motive malen zu lassen. Daher wird man für die letzte Aufgabe verschiedene Motiv-Vorschläge machen, die sie sich nach Belieben auswählen können. Diese Auflockerung weitet den malerischen Freiheitsraum aus und fördert das individuelle Schaffen.
Für die letzte Phase der Arbeit stehen wiederum große Malblätter und breite Flächenpinsel zur Verfügung. Die großzügig angebotenen Malmittel geben den jungen Malern einen weiteren Anreiz zu selbständig-schöpferischer Entfaltung. Es ist interessant zu sehen, wie der einzelne Schüler an seinen Arbeiten in Farbgebung und -gestik zu erkennen ist. Die Entwicklungsreihen zeigen den jeweils beschrittenen Weg, der im Einzelfall vom allgemeinen Unterrichtsgang auch abweichen kann, wenn eine bestimmte Entwicklungssituation oder Eigenart eines Schülers vorliegt. Ein solcher Fall kann für den Lehrer Veranlassung sein, gesonderte Aufgaben und Hilfen zu geben.

Besondere pädagogische Aufgaben

Besondere Fälle gibt es immer. Sie als Randerscheinungen weniger ernst nehmen zu wollen, wäre pädagogisch nicht gerechtfertigt. Nicht selten sind sie das Salz in der Suppe. Jede menschliche Individualität ist ein Einzelfall. Im Malunterricht haben sich einzelne Entwicklungen oftmals als ein Ereignis für die ganze Klasse dargestellt; einmal deswegen, weil die Mitschüler immer mit Spannung und Teilnahme außergewöhnliche Vorgänge begleiten, zum anderen, weil das Ungewohnte, Unerwartete stets einen besonderen Eindruck macht und stimulierend wirkt. In solchen Fällen ist der Kunsterzieher vor Aufgaben gestellt, die gewiß nicht einfach sind. Alles hängt davon ab, ob es ihm gelingt, die Eigenart eines Schülers wirklich zu erkennen, um in geeigneter Weise auf sie eingehen und einwirken zu können. Hier nützt ihm keine Regel. Allein das Interesse an der Individualität und ein künstlerischer Sinn werden ihn leiten können. Die entgegengesetztesten Verhaltensweisen können die richtigen sein. Dafür einige Beispiele:
Ein etwas sensibler Schüler hatte im 9. Schuljahr mit Begeisterung gezeichnet, den Übergang zum Malen im 10. Schuljahr jedoch nicht leicht voll-

ziehen können. In der Malepoche der 11. Klasse hatte er sich auf das Farbenschichten spezialisiert und diese Maltechnik in der 12. Klasse weiter vervollkommnet. Das Naß-in-Naß-Malen lehnte er ab. Sein Können wurde von den Mitschülern allgemein bewundert, er selbst fühlte sich darin bestätigt. Die erworbene Fähigkeit war aber bei aller Anerkennung seiner Leistung zu einseitig und perfektioniert und stimmte bedenklich. Die weitere künstlerische Entwicklung schien gerade dadurch verbaut. Was tun? Sollte man eingreifen oder weiter gewähren lassen? Die Frage war schwerwiegend, weil man bei der Veranlagung des Jungen befürchten mußte, daß er, auch bei vorsichtiger Kritik, die Freude am Malen verlieren und passiv werden würde. Ein Gespräch nach dem Unterricht über verschiedene Möglichkeiten des künstlerischen Ausdrucks, für die spontan Beispiele vorgemalt wurden, weckten sein Interesse so stark, daß ihm die Einseitigkeit seiner bisherigen Malerei aufging und er bereit war, ganz neue Versuche mit der Farbe zu machen. Das Unternehmen war geglückt. Schon am nächsten Tag begann er, in flüssiger Malweise großzügige Farbanlagen zu schaffen. Die Farbe wurde jetzt nicht ästhetisch, sondern als Ausdruckskraft erlebt. Eine großartige malerische Entwicklung war die Folge.

Dazu ein Gegenbeispiel. Eine Schülerin kam zur ersten Stunde der Epoche mit einer etwas blasierten und geringschätzigen Haltung gegenüber dem Malen. Man weiß ja, wie labil im allgemeinen der Zustand dieses Alters noch sein kann, wie das Verhältnis von Leib und Seele sich noch nicht recht wieder eingependelt hat. Darum wird man auf solches Benehmen am besten mit Nichtbeachtung reagieren. Diese Haltung hatte diesmal keinen Erfolg — ein reinigendes Gewitter schien herausgefordert zu sein. Es mußte ihr hart gesagt werden, daß ihr Vorurteil auf absoluter Unkenntnis beruhe. Sie wurde vor die Alternative gestellt, entweder wirklich mitzumachen oder ganz aufzuhören. Die Wirkung war verblüffend. In überraschend kurzer Zeit lebte sie sich in die Farbenwelt ein und fand ein ganz persönliches Verhältnis zu ihr. Im Verlaufe der Epoche wurde sie zur begeisterten Malerin, nützte auch jede unterrichtsfreie Minute zum Malen und arbeitete nach Abschluß der Epoche noch weiter. Was sie künstlerisch geleistet hat, war außergewöhnlich.

Aber ein Umschwung muß sich nicht nur innerhalb einer Epoche ereignen, manchmal beobachtet man, daß gerade *zwischen zwei Epochen* ein entscheidender Schritt getan wird. Auch dafür ein Beispiel: Eine Schülerin zeigte beim Malunterricht in der 11. Klasse zwar ein gutes Farbempfinden und die Fähigkeit der Farbkomposition, hatte aber Schwierigkeiten bei der Gestaltung eines gegenständlichen Themas. Wenn sie die Farben zur Gestalt verdichten sollte, stand sie vor einem Graben, über den sie nicht hinwegkam. Sie bat darum, ihr direkt auf ihrem Blatt vorzumalen, was nach einigen Einwänden geschah. Im Jahr darauf ging sie völlig souverän auf das Thema zu. Die Schwierigkeit, mit der Farbe die Form zugleich zu setzen, hatte sich in der Zwischenzeit in die ausgesprochene Fähigkeit dafür verwandelt. Mit großer Begabung malte sie jetzt Köpfe; Bild um Bild entstand, eines überzeugender als das andere. Man konnte nur beobachtend und ermunternd dabeistehen. Nur als sie vor dem fordernden Weiß eines übergroßen Bildformats zurückschreckte, brauchte sie eine Hilfestellung. Es war einer von den Fällen, die vom Lehrer äußerste Zurückhaltung verlangen. Seine Aufgabe besteht dann lediglich darin, dem Schüler die bestmöglichen Arbeitsbedingungen zu schaffen und äußere Hindernisse wegzuräumen.

Charakteristisch an dem oben geschilderten Fall war, daß sich die Begabung ausschließlich in der Schule zeigte und zu Hause nicht bemerkt wurde. Das ist eine ganz allgemeine Erfahrung. Schüler, die im Malunterricht besonders erfolgreich sind und dann versuchen, das im Unterricht Erreichte zu Hause nachzuvollziehen und selbständig weiterzuentwickeln, erleben meistens eine Enttäuschung. Ihre Bemühungen führen zu unbefriedigenden Ergebnissen, weil ihnen *das anregende Element des Unterrichts und der malenden Mitschüler* fehlt. Darin zeigt sich, daß die jugendlichen Schöpfungen zunächst noch keine wirklichen Ich-Leistungen sind, sondern Vorleistungen, die im geistigen Lebensraum der Schule erwachsen.

Aus malerzieherischer Erfahrung heraus kann man etwas verallgemeinernd sagen, daß man zur Pedanterie neigende Schüler vorzugsweise naß-in-naß malen lassen sollte, weil das Ineinanderfließen der Farben zu großzügigerer künstlerischer Auffassung und Einstellung zum Leben anregt. Dagegen wird man mehr genial veranlagte Naturen mit gewissen Künstlerallüren veranlassen, bestimmte, abgegrenzte Aufgaben, vor allem in Schichttechnik, handwerklich sauber durchzuführen. Einseitige Begabungen wird man nicht besonders fördern, sondern wird versuchen, die Einseitigkeit im Hinblick auf eine allseitig harmonische Entfaltung auszugleichen. Es kann nicht das Ziel des Malunterrichts sein, einzelne Schüler zu Künstlern auszubilden; alle sollen die Welt der Farben und Formen erleben. Das wird ihrer menschlichen Entwicklung insgesamt dienen und sie im späteren Leben zu vielem Guten geschickt machen.

Rückblick und Fragestellungen

Die Beschreibung des Malunterrichts auf der Oberstufe in der vorliegenden Form erfolgte auf der Grundlage langjähriger Unterrichtserfahrung an der *Ulmer Waldorfschule*. Die Wahl der Motive und ihre Aufeinanderfolge in den Klassen beruht auf den Intensionen Rudolf Steiners. Der Verfasser hatte sich zu Beginn seiner Lehrtätigkeit die Aufgabe gestellt, die aus vertiefter Einsicht in das Menschenwesen gegebenen Anregungen Rudolf Steiners im Schulalltag praktisch zu erproben, um damit innerhalb der gemeinsamen Ausarbeitung des Lehrplans auf seinem Gebiet besonders aktiv mitzuwirken. Diese Erfahrungen haben die Färbung, die sich aus den speziellen Verhältnissen herleitet. Entsprechend der Autonomie der einzelnen Waldorfschulen werden sie unter anderen Gegebenheiten anders tingiert sein.

Selbstverständlich ist die Frage berechtigt, ob die besprochenen Unterrichtsbeispiele nicht auch mit anderen vertauscht werden könnten. Man wird aber die Erfahrung machen, daß es nicht leicht ist, andere Beispiele von gleicher elementarer künstlerischer und pädagogischer Überzeugungskraft zu finden. Das Wesentliche an den von Rudolf Steiner gegebenen ist ihr Modellcharakter. An ihnen wird man sich im malerischen Aufbau immer orientieren müssen, um den künstlerisch-pädagogischen Ansatz im Einklang mit der Wirklichkeit der Menschennatur zu treffen.

Unsere Zeit neigt zum Abstrakten und Schematischen. Ein Programm läßt sich entwickeln — wie es dem Leben entspricht, ist die entscheidende Frage. In den *Skizzen Rudolf Steiners* sind immer *Lebenszusammenhänge* gegeben. Inhaltlich thematisch führen sie vom Erleben der Natur zum Erfassen des Menschenwesens; die malerischen Impulse sind auf die äußerlich wie innerlich zu erlebende Farbe und auf das Zusammenwirken dieser beiden Aspekte gerichtet. Die Grundlage der sogenannten *Schulskizzen*, an denen sich unser Aufbau von Klasse zu Klasse in erster Linie orientiert hat, bildet die allseitig um uns ausgebreitete Schöpferwelt. Dieser begegnet der junge Mensch zuerst in den Hell-Dunkel-Bildern der Dürermotive, wo die erschaffene Welt in Stein, Pflanze, Tier und Mensch aufleuchtet.

Die malerische Phantasie muß diese Welt zur farbigen Bildwirklichkeit ergänzen. Die Umsetzung der Naturwirklichkeit in Malerei ist in den Schulskizzen auf die pädagogisch vorbildlichste Weise demonstriert. Wie sie auch in einem innerlich korrespondierenden Verhältnis zum Natur- und Menschenkunde-Unterricht stehen, wurde besprochen. Auf ihrem Hintergrund kann man andere Bildmotive, den Klassenstufen entsprechend, suchen. Für die Wahl der Themen im künstlerischen Unterricht ist der Zusammenhang mit dem genannten Lehrplan ausschlaggebend.
In der Unterstufe beginnt die erste Menschen- und Tierkunde im 4. Schuljahr, woran sich Pflanzen- und Erdkunde in den folgenden Jahren anschließen. Diesen Weg geht die Oberstufe in entgegengesetzter Richtung. Von der Geologie in der 10. Klasse wird zu Botanik und Zoologie in der 11. und 12. Klasse weitergeschritten, und die Menschenkunde, die als ein Leitfaden durch allen Unterricht geht, wird zuletzt zum Kristallisationspunkt für alle Wissensgebiete. Wie in der Unterstufe wird in den oberen Klassen, wenn auch in freier Weise, der erkenntnismäßige Lernprozeß in praktisch-künstlerische Tätigkeit umgewandelt. Vergleichen wir unter diesem Gesichtspunkt die malerischen Motive mit der Unterstufe, so vermissen wir das Tierbild. Es ist uns kein spezieller Hinweis Rudolf Steiners zu diesem Motiv bekannt, außer im Zusammenhang mit den Dürerbildern, wo Löwe und Hund als Beleuchtungsobjekte vorkommen.
Die Beschäftigung mit dieser Frage führt uns zu Rudolf Steiners umfassenderen Anregungen für eine neue Malerei. In den *Farbvorträgen* finden sich direkte Hinweise darauf, wie der Maler die Reiche der Natur und des Menschen behandeln soll, um durch die Farbe das Wesenhafte der Welt zum Ausdruck zu bringen. Seine Unterscheidung zwischen *Bildfarben* und *Glanzfarben* deutet darauf, wie Farben im Bereich des Mineralisch-Toten, des Pflanzlich-Lebendigen, des Tierisch-Beseelten und des Geistig-Menschlichen verschieden angewendet werden müssen, um die in ihnen unsichtbar wirkenden Kräfte mit sichtbar zu machen*.
Unter diesem Gesichtspunkt wollen wir den Malplan der Oberstufe noch einmal im Hinblick auf das Tiermotiv prüfend betrachten. Beginnen wir mit der 10. Klasse.
Hier war das Zentralmotiv das Entwickeln der Farbphantasie auf der *Hell-Dunkel-Grundlage der Dürerbilder*. So positiv sich diese Arbeit bei uns gestaltete, so ist doch nicht zu erwarten, daß sich jeder Lehrer in gleicher Weise damit verbinden kann. Es ist schon darauf hingewiesen worden, daß es durchaus möglich ist, schon in der 10. Klasse mit der Studienreihe der Schulskizzen zu beginnen, angefangen mit den Sonnen-Motiven. Es könnten sich daran die Baummotive in der 11. Klasse an-

schließen. Die Vorübungen in der 10. Klasse begannen mit der Einführung des Farbenschichtens. Hier könnte man einwenden, daß das künstlerische Thema nicht vom Handwerklich-Technischen bestimmt sein soll. Das ist richtig, aber in diesem Fall schafft die Maltechnik die Voraussetzung für das Fortschreiten in der künstlerischen Tätigkeit. Auf den kristallinischen Charakter der Schichtübungen wurde schon aufmerksam gemacht. Der Bezug zu Mineralogie und Kristallographie der 10. Klasse hat sich nachträglich ergeben. Ob man die gegenstandslosen Farbbilder auch in konkretere Darstellungen des Kristallinischen überführen soll, ist eine künstlerische Frage, die wir offen lassen.

In der 11. Klasse haben uns Naturmotive beschäftigt, vor allem Baummotive, die in innerem Einklang mit der nun auftretenden Botanik stehen. Wir sind zur zweiten Stufe der Naturschöpfungen aufgestiegen: zum *Pflanzlich-Lebendigen.* Die dabei besprochenen malerischen Themen sind von einer solchen Vielfalt und durch Blumenmotive um ein ganzes Gebiet vermehrt, daß hier eine freie Handhabung der Aufgabenstellung ohnehin gegeben ist. Aus der Fülle der Natureindrücke lassen sich bestimmte Themen herauslösen: Motive des Gegensatzes, der Steigerung, der Unterscheidung, der Verwandlung usw., wie sie in den Motivskizzen Rudolf Steiners zu finden sind. Verfolgt man die Blütenentfaltung vom Frühjahr über den Sommer bis zum Herbst, so lebt man sich in den Naturrhythmus ein. Bei allen Pflanzenmotiven spielt das Lichtelement eine entscheidende Rolle. Malerisch läßt es sich durch lichthaft-gelbliche Lasierungen ausdrücken. Das gibt dem Pflanzenwesen den Schein des Lebendigen, der es aus dem Toten, Stillebenhaften heraushebt.

Wir kommen zur 12. Klasse. Hier bemerken wir durch das Fehlen des *Tierbildes,* das zur dritten Schöpfungsstufe gehört, jene Lücke zwischen den Naturmotiven und der *Darstellung des Menschen.* Die Frage bleibt offen, ob bei den Skizzen, die Rudolf Steiner den Schülern vormalte, bewußt auf ein Tiermotiv verzichtet worden ist. Das tierische Wesen lebt sich in der Triebnatur aus, die es mit dem Menschen gemeinsam hat. Seine Aufgabe ist, sie zu bezähmen. Das Bild des Reiters, der Ritter Georg oder Dürers «Ritter, Tod und Teufel» galten von jeher als Ausdruck für die Beherrschung der Tiernatur im Menschen. Interessant ist in diesem Zusammenhang, daß mit der «Melancholia» und dem «Hieronymus im Gehäus» gezähmte Tiere dargestellt sind. Man fragt sich, ob gerade die malerische Beschäftigung mit der Tierseele in einer Zeit, in der sich beim Menschen die eigentliche Triebwelt auszubilden beginnt, einen weniger günstigen Einfluß auf seine Entwicklung hat als einerseits die ätherische Pflanzenwelt und das Ichhaft-Menschliche andererseits. Die mehr wissenschaftsbezogene Zoologie erfordert eine andere Seelenbetätigung als die in der Empfindung lebende Malkunst. Wir denken dabei an Schillers Strophe: «Suchst du das Höchste, das Größte? Die Pflanze kann es dich lehren; was sie willenlos ist, sei du es wollend — das ist's!»*

Für das *Malen von Tieren* gibt es aus dem Unterricht der Oberstufe noch nicht genügend Erfahrungen. Bei unseren Versuchen sind wir von dem Gegensatz Vogelwesen und Stiernatur ausgegangen: Leichtigkeit und Schwere; den Vogelflug innerlich erlebt als Gedankenflug, die Kraft des Stieres als Willenskraft, um den Bezug zum Menschen herzustellen. Wenn man bei Rudolf Steiner auf den Hinweis trifft, man solle beim Malen von Tieren die Farbe etwas heller nehmen und über das Ganze einen bläulichen Schimmer legen, so leuchtet einem auf, wie mit *Blau als «Glanz der Seele»* auf das Beseelte der Tierstufe gedeutet wird*. Viele Tierbilder von Franz Marc, besonders die blauen Pferde, kann man unter diesem Aspekt noch besser verstehen. So wird wahres künstlerisches Empfinden immer in objektive Bereiche des Seins vordringen.

Bei den Schülern ist aber auch viel Liebe und Interesse für die Tiere zu beobachten, was unbewußt aus der Empfindung einer Mitverantwortung hervorgehen mag. Daraus erwächst das Bedürfnis, sein Wesen zu verstehen und zu gestalten. Die Tierbilder von Franz Marc sind aus einer solchen Haltung entstanden. Beim Plastizieren in der 9. oder 10. Klasse gehört die Tierform selbstverständlich zum Themenkreis. In der 12. oder auch gegen Ende der 11. Klasse scheint es uns durchaus möglich, im Malunterricht auch das Seelische der Tierwelt zu gestalten, wenn man auch den Natur- und Landschaftsstimmungen den Vorrang geben wird. Die Darstellung des Menschen sollte aber in der Abschlußklasse das Hauptgewicht behalten.

RUDOLF STEINERS ANREGUNGEN FÜR EINE NEUE KUNSTERZIEHUNG

Grundlagen für das künstlerische Schaffen aus der Farbenlehre Rudolf Steiners

Der junge Rudolf Steiner, der an der Technischen Hochschule in Wien Mathematik, Physik und Chemie studierte, wurde in seinem Erkenntnisstreben durch eigenes Experimentieren immer mehr zu Goethes Anschauungen geführt. Aus dieser Zeit berichtet er: «Ich trat mit dieser Orientierung an die Optik der Physiker heran. Ich mußte in dieser vieles ablehnen. Da gelangte ich zu Anschauungen, die mir den Weg zu Goethes Farbenlehre bahnten. Von dieser Seite her öffnete ich mir das Tor zu Goethes naturwissenschaftlichen Schriften . . . Ich empfand damals die Notwendigkeit, durch eigenes Gestalten gewisser optischer Experimente die Gedanken, die ich über das Wesen des Lichtes und der Farben ausgebildet hatte, an der sinnlichen Erfahrung zu prüfen . . . Trotz aller Einwände, die von seiten der Physiker gegen die Goethesche Farbenlehre gemacht werden, wurde ich durch meine eigenen Experimente immer mehr von der gebräuchlichen physikalischen Ansicht zu Goethe hingetrieben.»*

So war es kein Zufall, wenn der einundzwanzigjährige Student durch Empfehlung seines Lehrers, des Goetheforschers K. J. Schröer, den Auftrag der Herausgabe von Goethes naturwissenschaftlichen Schriften, einschließlich der Farbenlehre, in Kürschners Deutscher Nationalliteratur erhielt. Mit dem Erscheinen des ersten Bandes: «Zur Morphologie», erwarb sich Rudolf Steiner in den damaligen Fachkreisen Anerkennung. In der Einleitung arbeitete er Goethes Prinzip der Erforschung des Organischen heraus und erläuterte von den verschiedensten Gesichtspunkten aus sein Vorgehen, die einzelnen Phänomene eines Gebietes so sorgfältig zu studieren, nebeneinanderzustellen und zu vergleichen, bis sich der Zusammenhang, die Idee, gewissermaßen von selbst ausspricht. Goethe selbst nannte diese Art wissenschaftlichen Erkennens «anschauende Urteilskraft». Früh erkannte Rudolf Steiner die Bedeutung dieser Methode für die Wissenschaft des Organischen; er nannte Goethe den «Kopernikus und Kepler der organischen Welt.»*

1890/91 — hundert Jahre, nachdem Goethe mit seinen Farbstudien begonnen hatte — erschien, als Erstausgabe, Goethes Farbenlehre mit einer grundlegenden Einführung und zahlreichen Kommentaren. Darin äußerte Rudolf Steiner, daß er es als zu seinen schönsten Lebensaufgaben gehörig betrachten würde, «eine Farbenlehre im Goetheschen Sinne ganz auf der Höhe der modernen Errungenschaften der Naturwissenschaft zu schreiben.» Diese Absicht konnte er nicht verwirklichen; zunächst fehlten ihm dazu die nötigen Mittel, später die Zeit.

1888 wurde Rudolf Steiner zur Mitarbeit an der großen Weimarer Goetheausgabe aufgrund seiner Veröffentlichungen zur Goetheliteratur berufen. Ihm fiel die Aufgabe zu, einen Teil der naturwissenschaftlichen Schriften Goethes mit Einbeziehung des noch unveröffentlichten Nachlasses für die Weimarer «Sophien-Ausgabe» zu bearbeiten*.

Als «Eine Zugabe zu Goethes naturwissenschaftlichen Schriften» in Kürschners Deutscher Nationalliteratur erschien 1886 sein erstes Buch: «Grundlinien einer Erkenntnistheorie der Goetheschen Weltanschauung — mit besonderer Rücksicht auf Schiller»*. Dann folgte 1892 «Die Philosophie der Freiheit — Grundzüge einer modernen Weltanschauung — Seelische Beobachtungsresultate nach naturwissenschaftlicher Methode».* Hier wendet Rudolf Steiner die Methode Goethes auf das Gebiet des Denkens an. Damit setzte er den Anfang der Geistesforschung, deren Ausgestaltung sein eigentliches Lebenswerk bildete. Auch die Weiterführung der Goetheschen Farbenlehre ist aus diesem Ansatz zu verstehen.

In einem Brief schrieb der dreißigjährige Rudolf Steiner: «Dort stehen bleiben zu wollen, wo Goethe stand, ist unsinnig, aber ohne ihn im Leibe zu haben und ohne mit den von ihm in die Welt gesetzten Triebfedern sich ganz durch und durch auszuspannen, ist kein Fortschritt möglich. Das ist ja nicht so schnell zu haben, wie unsere Zeitgenossen gerne möchten, aber ... wir dürfen uns den Luxus einmal nicht gestatten, so einfach naiv in die Welt hineinzuleben ...»*

Goethe selbst war von der Wahrheit und Zeitlosigkeit seines Werkes so tief überzeugt, daß er sagen konnte: «Auf alles, was ich als Poet geleistet habe, bilde ich mir gar nichts ein ... Daß ich aber in meinem Jahrhundert in der schwierigen Wissenschaft der Farbenlehre der einzige bin, der das Rechte weiß, darauf tue ich mir etwas zugute ...»*

Für Goethe wie für Rudolf Steiner war das eigentliche Motiv ihres Forschens die Förderung der Kunst, die Impulsierung der Malerei. So lesen wir bei Goethe, daß «das Bedürfnis des Malers, der in der bisherigen Theorie keine Hilfe fand, sondern seinem Gefühl, seinem Geschmack, einer unsichern Überlieferung in Absicht auf die Farben völlig überlassen war ... der erste Anlaß war, der den Verfasser vermochte, in eine Bearbeitung der Farbenlehre sich einzulassen.»* Und nichts konnte ihm wünschenswerter sein, «als daß diese theoretische Ausführung bald ins Praktische genutzt und dadurch geprüft und schnell weitergeführt werde.» Diese Weiterführung erfolgte durch Rudolf Steiner. Den Weg, den Goethe mit seinen Beobachtungen über die sinnlich-sittliche Wirkung der Farben eingeschlagen hatte, ging er mit seiner geistigen Forschung konsequent weiter, er erschloß eine Welt, in der sich die geistige Natur der sinnlichen Farben offenbart.

Anstelle der ursprünglich beabsichtigten Farbenlehre traten später die vielen Vorträge, in denen Rudolf Steiner, häufig in Verbindung mit Malerei, kürzere oder längere Ausführungen über das Wesen der Farben gemacht hat*. Einen besonderen Schwerpunkt bilden drei zusammenhängende Farbvorträge, gehalten für Maler 1921. Eine Fülle einzelner Äußerungen und Notizen ergänzen diese Mitteilungen, die zusammen mit den malerischen Beispielen zu einem Quell von Anregungen wurden und das ursprünglich Geplante vermutlich weit übergreifen. Nach der Gründung der Waldorfschule hat Rudolf Steiner für die Lehrer zwei Vortragskurse über Licht- und Wärmeerscheinungen durchgeführt, als «Geisteswissenschaftliche Impulse zur Entwicklung der Physik»*.

Nachdem das Vortragswerk Rudolf Steiners heute nahezu vollständig gedruckt vorliegt, kann auch das in ihm enthaltene umfangreiche Gebiet des Farbigen mehr und mehr überschaut werden. Es zeichnet sich darin der Umriß einer neuen Farbenlehre ab, in der der Schritt vom sinnlichen zum übersinnlichen Erleben der Farben vollzogen wird. Die Erkenntnis der Farbe sollte aus den Abstraktionen der Physik heraufgehoben werden in ein Gebiet, in dem Phantasie und Empfindung des Künstlers zusammenwirken können mit einem geistig-wissenschaftlichen Hineinschauen in die Welt, «so daß tatsächlich eine Farbenlehre begründet werden kann, die allerdings weit weg liegt von den Denkgewohnheiten der heutigen Wissenschaft, die aber durchaus eine Grundlage sein kann für das künstlerische Schaffen . . .»*. «Eine solche Farbenlehre ist durchaus innerlich so lebendig, daß sie unmittelbar von dem Seelischen aus in das Künstlerische übergehen kann.»*

Im folgenden soll der Versuch gemacht werden, aus der Fülle des Materials einige grundlegende Gesichtspunkte herauszugreifen und nach Motiven zusammenzustellen. Wo notwendig, soll dies durch wörtliche Wiedergabe geschehen. Wenn das über das Wesen der Farbe Mitgeteilte auch nicht Lehre im herkömmlichen Sinn sein kann, am allerwenigsten im Unterricht, so ist doch vieles im künstlerischen Umgang mit der Farbe erfahrbar. Zunächst soll an einem Beispiel gezeigt werden, wie Rudolf Steiner Goethes Ansätze aufgreift und weiterentwickelt.

Goethe kam im exakten Versuch und durch aufmerksame Beobachtung bis zum Urphänomen des Farbigen. Man kann das als die Stelle bezeichnen, an der die Farbe aus dem sinnlichen in den nicht-sinnlichen Bereich eintritt. Er war davon überzeugt, daß sie wesenhaft in jenem Reiche urständet, das er am Schluß seiner Farbenlehre als das der Elohim bezeichnet. Diese seine persönliche Überzeugung konnte er jedoch im Rahmen seiner Farbenlehre nicht belegen, weshalb er hinzufügte, daß es besser wäre, sich «nicht noch zum Schluß dem Verdacht der Schwärmerei auszusetzen»*.

In dem Kapitel «Sinnlich-sittliche Wirkung der Farbe» beschreibt Goethe die einzelnen Farben mit ihrem spezifischen Empfindungsgehalt und empfiehlt, durch farbige Gläser zu schauen, um sich so intensiv wie möglich mit einer einzelnen Farbe zu identifizieren. So könne sich das Besondere einer Farbe, ihre Seelensprache, am stärksten mitteilen. Eine beleuchtete Landschaft durch ein Purpurglas betrachtet, zeigt diese «in furchtbarem Lichte. So müßte der Farbton über Erd' und Himmel am Tage des Gerichts ausgebreitet sein.»

Rudolf Steiner geht darüber hinaus und zeigt, wie das Farberleben so gesteigert werden kann, daß man vom sinnlichen zu einem

moralisch-spirituellen Erleben der Farbe

kommt. «In dieser Beziehung werden die Menschenseelen bedeutungsvolle Entdeckungen machen in der Zukunft. Sie werden wirklich ihr moralisch-spirituelles Wesen verbinden mit demjenigen, was der Sinnesschein uns bringt. Eine unendliche Vertiefung der Menschenseele kann auf diesem Gebiete vorausgesehen werden.»* Rudolf Steiner beschreibt nun den Ablauf eines vertieften *Roterlebens,* das von einem sinnlichen Eindruck ausgehend in moralisches Empfinden übergeht, zur Farbimagination wird und so zum künstlerischen Schaffen anregt. «Wir nehmen einfach den Fall, daß wir unseren Blick auf eine gleichmäßig in stark zinnobrigem Rot leuchtende Farbenfläche richten und wir nehmen ferner an, daß wir dazu gelangen, alles übrige, das um uns herum ist, zu vergessen, uns zu konzentrieren ganz auf das Erleben dieser Farbe, so daß wir diese Farbe nicht bloß als etwas vor uns haben, das auf uns wirkt, sondern so, daß wir diese Farbe als etwas haben, worin wir selber sind, daß wir eins werden mit dieser Farbe. Wir werden dann gleichsam die Empfindung haben können: . . . das Innerste deines Seelenwesens ist ganz Farbe geworden; wo du auch hinkommen magst in der Welt mit deiner Seele, wirst du als roterfüllte Seele hinkommen, du wirst überall mit Rot, durch Rot und aus Rot leben. — Dies aber wird man bei intensivem Seelenleben nicht erleben können, ohne daß die entsprechende Empfindung übergeht in ein moralisches Erleben . . .

Wenn man so gleichsam die Welt durchschwimmt als Rot, ... so wird man nicht umhin können, in dieser rot gewordenen Welt ... zu empfinden, als wenn diese ganze Welt im Rot zugleich uns durchsetzt mit der Substanz des göttlichen Zornes, der uns von allen Seiten entgegenstrahlt für alles dasjenige, was an Möglichkeiten des Bösen und der Sünde in uns ist. Wir werden uns gleichsam in dem unendlichen roten Raum wie in einem Strafgericht Gottes empfinden können ... Und wenn dann die Reaktion kommt, wenn irgend etwas auftaucht in unserer Seele ... so kann es nur so sein, daß man es bezeichnen möchte mit dem Worte: man lernt beten. Wenn man im Rot erleben kann das Erstrahlen und Erglühen des göttlichen Zornes mit allem, was an Möglichkeiten des Bösen in der menschlichen Seele liegen kann, und wenn man im Rot erfahren kann, wie man beten lernt, dann ist das Erleben mit dem Rot unendlich vertieft. Dann können wir auch verspüren, wie sich das Rot formend in die Räumlichkeit hineinstellen kann.»

Wir können dann ein Wesen erleben, «das von sich Gutes ausstrahlt, das erfüllt ist mit göttlicher Güte und göttlicher Barmherzigkeit, ein Wesen, das wir hineinempfinden wollen in den Raum. Dann werden wir die Notwendigkeit fühlen, dieses ...

zur Form aus der Farbe heraus

sich gestalten zu lassen. Wir werden das Bedürfnis empfinden, zerstieben zu lassen die Räumlichkeit, so daß die Güte und Barmherzigkeit ausstrahlt.» Bevor sie da war, war das ganz konzentriert im Mittelpunkt, und jetzt stellt sich diese Güte und Barmherzigkeit hinein in den Raum; «und wie Wolken auseinandergetrieben werden, so treibt sie *das* zurück, ... so daß es vor der Barmherzigkeit weicht und wir das Gefühl bekommen: das mußt du verlaufend rot machen (hierbei wurde auf die Wandtafel farbig gezeichnet). Und dann werden wir ... hier in der Mitte ... eine Art Rosaviolett schwach andeuten müssen in dem auseinanderstiebenden Rot. — Wir werden dann mit unserer ganzen Seele bei einem solchen Sichformen der Farbe dabei sein. Wir werden ... etwas nachempfinden, was die Wesen empfunden haben, die insbesondere zu unserem Erdenwerden gehören, die, als sie zu dem Elohimdasein aufgestiegen waren, gelernt haben, aus den Farben heraus die Formenwelt zu gestalten.»

Hier ist auf den Prozeß des *Formwerdens der Farbe* gewiesen als einer Kraft, die im Schöpferischen der Farbe liegt. Wie nahe kommt dieser Schilderung die Beschreibung Goethes von der purpurroten Landschaft im «furchtbaren Lichte» am «Tage des Gerichts».

Rudolf Steiner schildert dann die Erfahrungen, die man mit anderen Farben machen kann, wenn man in ähnlicher Weise vorgeht wie bei dem Rot. Ganz andere Seelenerlebnisse werden eintreten, je nachdem, ob man von einer orangefarbenen, einer gelben, einer grünen oder einer blauen Fläche ausgeht. «So lernt man erkennen die innere Natur des Farbigen ... Eine Zeit können wir vorausahnen, wo die Vorbereitung, die der Maler als Künstler durchmachen wird, ein solches moralisches Erleben in der Farbe bedeuten wird, wo viel innerlicher, viel intimer als es jemals in alten Zeiten der Fall gewesen ist, das Erleben sein wird, das vorbereitet zum künstlerischen Schaffen.»

Eine weitere, in ihrem lebendigen Wesen begründete Eigenschaft ist

die innere Dynamik der Farbe.

Durch sie wird die Fläche überwunden, auf der sie erscheint; die Farbe tritt für die Empfindung entweder vor oder hinter die Fläche. Das Rot wirkt attackierend, auf uns zukommend; das Blau dagegen empfinden wir zurückweichend, als möchte es uns nach sich ziehen. Dieses Aggressive und Passive, Vor- und Zurückgehen der Farben ruft Bewegungsvorstellungen hervor, die farbliche Distanzen schaffen, Farbräume bilden, die nicht dreidimensional, sondern seelisch-räumlich erlebt werden, als Farbenbildraum. Rudolf Steiner spricht davon, daß jemand, der Farbempfindung hat, sich eine rote und eine blaue Kugel gar nicht in Ruhe vorstellen kann, für ihn drehen sie sich umeinander, sie bewegen sich, die rote auf den Betrachter zu, die blaue von ihm weg. Die Form an sich ist ruhend. — «Aber in dem Moment, wo die Form Farbe hat, ... hebt sich durch die innere Bewegung der Farbe die Form aus der Ruhe heraus, und es geht der Wirbel der Welt, der Wirbel der Geistigkeit durch die Form hindurch. Färben Sie eine Form, so beleben Sie sie unmittelbar mit dem, was in der Welt Seele, Weltenseele ist ... Seele hauchen Sie ein der toten Gestalt, wenn Sie sie mit Farben beleben.»* Weil die Farbe lebendig ist, strahlt, entsteht in ihrem Bewegen eine Art von Farbenspiel: «es wird unmittelbar eine Farbe, das Rot, wenn sie schreitet, sich bewegt, etwas vor sich hertreiben wie Orangeaura, wie Gelbaura, wie Grünaura. Und bewegt sich die andere, die blaue Farbe, so wird sie vor sich hertreiben anderes.»

Diese innere Dynamik der Farben kann man auch als Farbenperspektive bezeichnen, die noch bis in die Zeit der Frührenaissance von den Malern beachtet wurde. Das Aufkommen der Linearperspektive verdrängte die qualitative Farbperspektive. «Das ist diejenige Perspektive, die noch im Seelisch-Geistigen lebte ...» (Rudolf Steiner machte dies an Tizians Bild «Himmelfahrt Mariä» deutlich.)* Aber dann kam die Raumperspektive, die mit Raumgrößen rechnet, «die das Ferne nicht in Blau taucht, sondern klein macht, das Nahe nicht in Rot erglänzen läßt, sondern groß macht ... Wir sind heute wiederum in der Zeit, wo wir zurückfinden müssen zum Naturgemäßen des Malens.»*

In einem 1923 gehaltenen Vortrag* lenkt Rudolf Steiner den Blick auf

die Farbe als freischwebendes Wesen

und macht darauf aufmerksam, daß die Farbe in früheren Zeiten noch anders erlebt worden ist als heute, was in der Behandlung des Malerischen auf alten Bildwerken zum Ausdruck kommt. Dieses Andersartige versucht Rudolf Steiner deutlich zu machen, indem er schildert, was der Mensch zwischen Einschlafen und Aufwachen unbewußt erlebt, wahrnehmbar für den geistig Schauenden.

«Da sind die Dinge nach Maß, Zahl und Gewicht zunächst überhaupt nicht da ... Aber was da ist, das sind, wenn ich mich so ausdrücken darf, die *frei schwebenden, frei webenden Sinnesempfindungen.* Nur daß der Mensch im gegenwärtigen Zustand seiner Entwicklung nicht die Fähigkeit hat, die frei schwebende Röte, die Wellen des frei webenden Tones und so weiter wahrzunehmen ... Man könnte sagen: Hier auf Erden haben wir wägbare feste Dinge (es wurde gezeichnet) und an diesen ... haftet gewissermaßen die Röte, die Gelbe, also dasjenige, was die Sinne an den Körpern wahrnehmen. Wenn wir schlafen, dann ist die Gelbe frei schwebendes Wesen, die Röte ist frei schwebendes Wesen, nicht haftend an solchen Schwerebedingungen, sondern frei webend und schwebend. Ebenso ist es mit dem Ton: nicht die Glocke klingt, sondern das Klingen webt.»

Im Physischen sind wir geneigt, etwas als Augentäuschung zu betrachten, wenn es keine Schwere hat: «Wir sehen einen roten Gegenstand. Um uns zu überzeugen, daß es keine Augentäuschung ist, heben wir ihn, und er ist schwer: dadurch verbürgt er seine Realität.» Derjenige, der nun im Schlafzustande in seinem geistig-seelischen Wesen bewußt wird, «der kommt auch endlich darauf, daß so etwas da drinnen schon ist in diesem frei schwebenden und frei webenden Farbigen, Tönenden; aber es ist anders. Es ist in einem so frei schwebenden Farbigen die Tendenz, in die Weiten der Welt hinaus sich zu entfernen; es hat eine entgegengesetzte Schwere. Diese Dinge der Erde, die wollen da herunter nach dem Mittelpunkt der Erde (es wurde gezeichnet), jene wollen frei hinaus in den Weltenraum.»

Ähnlich ist es mit dem Maß. «Man kommt nämlich darauf, wenn man irgendwo, sagen wir, eine kleine rötliche Wolke hat, und diese ... ist meinetwillen eingesäumt von einem mächtigen gelben Gebilde: Dann mißt man, aber nicht mit dem Maßstab, sondern qualitativ mißt man mit dem

Roten, mit dem stärker Scheinenden das schwächer scheinende Gelbe. Und so wie Ihnen der Maßstab sagt: Das sind fünf Meter —, so sagt Ihnen hier das Rote: Wenn ich mich ausbreiten würde, ginge ich fünfmal in das Gelbe hinein. Ich muß mich weiten, ich muß mächtiger werden, dann werde ich auch gelb —.» Ebenso verwandelt sich auch das Zählen in ein Qualitatives.

«Mit dem wachen Bewußtsein sieht der Mensch nur die Außenseite der Mineralien, der Pflanzen, der Tiere. Aber bei dem, was in allen diesen Wesen der Naturreiche lebt als Geistiges, bei dem ist der Mensch, wenn er schläft. Und wenn er dann beim Aufwachen wiederum in sich zurückgeht, dann behalten sein Ich und sein astralischer Leib gewissermaßen die Neigung, die Affinität zu den äußeren Dingen und veranlassen den Menschen, daß er eine Außenwelt anerkennt . . .»

«Wenn wir in ganz alte Zeiten zurückgehen, in die Zeiten, in denen die Menschen noch ein ursprüngliches Hellsehen hatten, da war es so, daß nämlich die Menschen nicht so viel merkten von Maß, Zahl und Gewicht in den irdischen Dingen . . . Man war mit seinem Gemüte hingegeben dem Farbenteppich der Welt, den Tonwebungen und -wellungen . . . Man lebte darin, auch indem man in der physischen Welt lebte . . . Dadurch hatte man die Möglichkeit, wenn man zum Beispiel an den Menschen herankam, den Menschen gar nicht so zu sehen, wie man ihn heute sieht, sondern man sah sich den Menschen an wie ein Ergebnis des ganzen Weltenalls. Der Mensch war mehr ein Zusammenfluß des Kosmos . . . Man dachte sich im Menschen mehr ein Abbild der Welt. Da flossen die Farben von allen Seiten so zusammen, gaben dem Menschen die Farben. Die Weltenharmonie war da, durchtönte den Menschen, gab dem Menschen die Gestalt.»

Dieses Leben in Qualitäten war zugleich die Ursache der Kunst in alten Zeiten. «Dasjenige, was zum Beispiel auf dem Gebiete der Malerei einmal da war, was dann verschwunden ist, wo man noch aus dem Weltenall heraus gemalt hat, weil man noch nicht die Schwere hatte, das hat seine letzte Spur zurückgelassen — sagen wir zum Beispiel bei *Cimabue* und namentlich bei der *Ikonenmalerei der Russen.* Die Ikone ist noch aus der Außenwelt, aus dem Makrokosmos gemalt; sie ist gewissermaßen ein Ausschnitt aus dem Makrokosmos. Dann aber . . . konnte man nicht weiter, weil einfach für die Menschheit diese Anschauung nicht mehr da ist . . .

Es liegt ein ungeheurer Abgrund zwischen *Cimabue* und *Giotto.* Denn Giotto begann bereits mit dem, was dann *Raffael* auf besondere Höhe gebracht hat. Cimabue hatte es noch durch Tradition, Giotto wurde schon halber Naturalist. Er merkte: Die Tradition wird nicht mehr innerlich in der Seele lebendig. Jetzt muß man den physischen Menschen nehmen, jetzt hat man nicht mehr das Weltenall. Man kann nicht mehr aus dem Golde heraus malen, man muß aus dem Fleische heraus malen ... Giotto fing zuerst an, die Dinge so zu malen, daß sie Gewicht haben ... Da ist das Weltenall gewichen aus dem Menschen, und der schwere Mensch wurde dasjenige, was man jetzt nur noch sehen konnte. Und weil noch die Gefühle der alten Zeit da waren, so wurde sozusagen das Fleisch möglichst wenig schwer, aber es wurde schwer. Und da entstand die Madonna als Gegensatz der Ikone: die Ikone, die kein Gewicht hat, die Madonna, die ja Gewicht hat, wenn sie auch schön ist. Die Schönheit hat sich noch erhalten ... Die Malerei Raffaels, die Malerei, die sich eigentlich auf dem aufbaut, was Giotto aus dem Cimabue gemacht hat, diese Malerei, die kann nur solange Kunst bleiben, solange noch der alte Glanz der Schönheit auf sie strahlt ...

Aber das hörte auf ... Und so sitzt heute die Menschheit künstlerisch zwischen zwei Stühlen auf der Erde, zwischen der Ikone und der Madonna, und ist darauf angewiesen, dasjenige zu entdecken, was die reine webende Farbe, der reine webende Ton ist, mit ihrem entgegengesetzten Gewicht, entgegengesetzt der Meßbarkeit, der wägbaren Zählbarkeit. Wir müssen lernen, aus der Farbe heraus zu malen. Treffen wir das heute versuchsweise auch noch so anfänglich und schlecht, es ist unsere Aufgabe, aus der Farbe heraus zu malen, die Farbe selber zu erleben, losgelöst von der Schwere ...» Hier folgt ein Hinweis auf die großen Aquarellbilder, die als Programme für Aufführungen am Goetheanum von Rudolf Steiner gemalt worden sind: «Und wenn Sie sich ansehen, was erstrebt wurde in den einfachen Versuchen unserer Programme, dann werden Sie sehen: da ist, wenn es auch nur ein Anfang ist, eben doch der Anfang gemacht, die Farben loszubekommen von der Schwere, die Farbe als ein in sich selbst tragendes Element zu erleben, zum Sprechen zu bringen die Farben ...»

Ein anderer Aspekt ist die

Entwicklung der Farbwahrnehmung

des Menschen im Laufe der Kulturgeschichte. Verschiedentlich hat Rudolf Steiner darauf aufmerksam gemacht, daß die Fähigkeit der Farbwahrnehmung bei den Menschen innerhalb größerer Zeiträume sich wandelt. Er weist darauf hin, daß z. B. die Griechen die Welt noch ganz anders gesehen haben als wir heute, was man in der griechischen Literatur bestätigt finden kann. So findet sich bei dem Vorsokratiker Xenophanes aus Kolophon folgende merkwürdige Beschreibung des Regenbogens:

> «Und was sie Iris benennen, auch das ist seiner Natur nach nur eine Wolke, purpurn und hellrot und gelbgrün zu schauen.»

(En t'Irin kaleusi, nephos kai tuto pephyke,
Porphyreon kai phoinikeon kai chloron idesthai*.)

Für Grün hatten die Griechen das Wort «chloros», mit dem sie auch den gelben Honig, die gelben Harze und die gelben Blätter im Herbst bezeichneten. Grün und Gelb konnten sie demnach in der Farbe nicht voneinander unterscheiden. Ebenso hatten sie für den blauen Lapislazuli und für dunkle Haare die gleiche Benennung. Letztere beschrieben sie auch als «veilchenfarbig». Plato nennt außer den vier Hauptfarben Weiß, Schwarz, Rot und Gelb, die er mit den vier Elementen in Beziehung bringt, noch verschiedene Mischfarben. Erstaunlicherweise findet sich unter ihnen auch Ultramarinblau (κυανοῦν) als einer Mischung aus «Glänzendweiß und gesättigtem Schwarz»*. Blau wurde offenbar nur als eine Dunkelheit wahrgenommen, so daß man von einer Blaublindheit der Griechen sprechen könnte. Den Blauanteil im Grün konnten sie nicht sehen. «Die ganze Umgebung war für die Griechen viel feuriger, weil sie alles nach dem Rötlichen hin gesehen haben ... Daß der Grieche sein ganzes Farbenspektrum nach der Rotseite hin verschoben hatte und nicht empfand nach der blauen und violetten Seite», ist deutlich. «Das Violett sah er viel röter ... als es der heutige Mensch sieht.» Dies wird noch bekräftigt dadurch, daß die römischen Schriftsteller erzählen, die griechischen Maler hätten mit nur vier Farben gemalt, mit Schwarz, Weiß, Rot und Gelb. Daraus geht hervor, daß sich der Farbensinn entwickelt. «Wir sind hineingewachsen in die Empfänglichkeit für den blauen Teil des Spektrums ... Der Grieche war vorzugsweise empfänglich in dem Rot ... Aber indem wir uns in diesen Teil des Spektrums hineinleben, ... (es wurde gezeichnet) mehr und mehr liebgewinnen die blaue und blau-violette Farbe, müssen sich ja unsere Sinnesorgane völlig ummetamorphosieren ...»*

Bei einer anderen Gelegenheit hat Rudolf Steiner diesen Aspekt des Farbigen in den Zusammenhang mit

Licht und Finsternis

gebracht. Goethe erkannte, wie aus dem Wirken von Licht und Finsternis die Farbe entsteht. Wie nun Licht, Finsternis und Farbe im ganzen Weltzusammenhang darinnenstehen, hat Rudolf Steiner von den verschiedensten Seiten dargestellt. Das folgende entnehmen wir einem 1920 gehaltenen Vortrag*.

Wir erleben das Licht ausgebreitet in den Naturerscheinungen. Wir erleben es aber auch im Gedanken — wir sprechen vom Gedankenlicht. «Es geht mir ein Licht auf», wird oft gesagt. Das Licht des Gedankens erhellt das Vergangene, es weist uns zurück auf früher Dagewesenes. Wie das Licht mit dem Gedanken, so ist die Finsternis mit dem Willen verbunden. Der Wille, der Tat werden will, führt uns in die Zukunft. Diese ist dunkel für unser Empfinden. So erscheinen uns Licht und Finsternis als Gedanke und Wille. Sie sind einverwoben der menschlichen Organisation: im Haupte leben die Gedanken, in den Gliedmaßen wirkt der Wille. Auch in der uns umgebenden Natur offenbaren sich diese polaren Kräfte.

In der Blütenpracht des Frühlings tritt uns eine gesteigerte Lichtfülle entgegen. Sie ist Vergangenheit, sterbende Schönheit. Die gereiften Früchte des Herbstes bergen in ihrer Stoffnatur die Keime einer zukünftigen Welt. Das Licht ist innerlich Gedanke — der Wille äußerlich Stoff. Zwischen Blüte und Frucht liegt die Blattregion der Pflanze. Im Pflanzengrün begegnet sich das Licht der Vergangenheit mit dem Dunkel der Zukunft in der Gegenwart. Das lichtverwandte Gelb und das dunkle Blau verbinden sich zum Grün. Wo dieses sich zum Bläulichen abstuft, empfinden wir Zukünftiges, wo sich das Licht zur Wärme steigert im Rot, leuchtet Vergangenheit auf (siehe Zeichnung).

Fig. 1

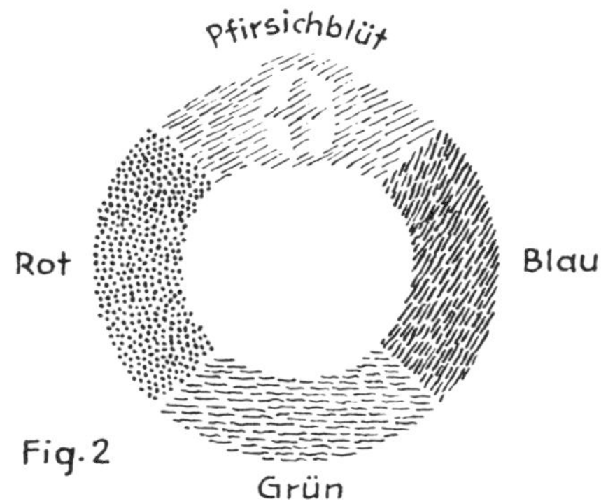

Fig. 2

Würde man das Farbenband (Fig. 1) nach beiden Seiten erweitern, bekäme man das Regenbogenspektrum der Physik. Das wirkliche Spektrum bekommt man aber erst, wenn man das Farbenband zum Kreis biegt. Dann verbindet sich das helle Gelbrot auf der einen mit dem dunklen Blauviolett auf der anderen Seite zur Pfirsichblütfarbe — zur Farbe des Menschen (Fig. 2). Sie steht dem Grün im Kreis gegenüber: «Da steht man aber selber als Mensch, da hat man als Mensch innerlich das, was man in der grünen Pflanzenwelt äußerlich hat, da ist man innerlich als menschlicher Ätherleib ... pfirsichblütfarbig. Das ist auch die Farbe, die hier erscheint, wenn das Blau in das Rot übergreift ... Aber weil man in dem Pfirsichblütigen drinnen ist, ... kann man das ... ebensowenig wahrnehmen, wie man den Gedanken als Licht wahrnimmt, . . . deshalb läßt man da das Pfirsichblüt aus . . . und so übersieht man nur von Blau bis zu Rot und von Rot bis zu Blau durch das Grün die farbige Welt.»*

*«Das Wesen der Farben»**

In dem schon erwähnten Zyklus von drei Vorträgen für Maler ist das grundlegend Neue die Unterscheidung nach «Bild- und Glanzfarben». Wie Rudolf Steiner zu diesen Begriffen kommt und welche Konsequenzen sich für den Maler bis in die praktische Behandlung der Farbe ergeben, soll in groben Zügen dargestellt werden.
Zunächst demonstrierte Rudolf Steiner, wie man, mit der Farbe experimentierend, zu einem

Farben-Erlebnis

kommen kann und malte auf die Tafel drei grüne Flächen auf. In die erste setzte er ein Zinnoberrot hinein, in die zweite eine Pfirsichblütfarbe und in die dritte ein Blau und machte auf den jeweils anderen Empfindungsgehalt aufmerksam. Um die Phantasie noch stärker anzuregen, rief er die Vorstellung von roten, pfirsichblütfarbenen und blauen Menschen hervor, die auf einer grünen Wiese herumgehen. Dabei stellen sich ganz verschiedenartige Erlebnisse ein: Die roten Menschen beleben das Grün der Wiese, es wird noch grüner, gesättigter, leuchtender, es scheint förmlich zu brennen. Und die roten Gestalten können gar nicht in Ruhe vorgestellt werden, sie bewegen sich, tanzen, hüpfen — sie müßten eigentlich wie Blitze gemalt werden. Die pfirsichblütfarbenen Menschen dagegen verändern weder das Grün noch ihre eigene Farbe, sie verhalten sich völlig neutral zur grünen Wiese. Bei den blauen Gestalten kann sich das Grün gar nicht mehr behaupten, sie dämpfen es ab, es wird selbst bläulich und schwindet gleichsam mit dem Blau dahin. So muß man, sagt Rudolf Steiner, im Bereiche der Phantasie experimentieren, wenn man in die Welt der Farbe eindringen will.
Bei den hierbei gewählten Farben werden wir an den zuvor besprochenen Farbenkreis erinnert. Die Farbenpaare repräsentieren zugleich die Goethesche Harmonielehre, nach der Grün-Pfirsichblüt als harmonisch, Grün-Zinnober als charakteristisch, Grün-Blau als charakterlos (monoton) bezeichnet wird.
Rudolf Steiner kommt dann auf das *Bild- und Glanzwesen der Farben* zu sprechen und charakterisiert zunächst

die vier Bildfarben

Grün, Pfirsichblüt, Weiß und Schwarz. Als erstes behandelt er das Grün in seinem Zusammenhang mit der lebendigen Pflanzenwelt. So verbunden mit dem Wesen einer Sache wie die Grünheit mit der Pflanze empfinden wir sonst nichts. Dennoch ist das Grün nicht Ausdruck des Urwesens der Pflanze. Das Wesen der Pflanze ist *das Leben*, ihr «Gestaltleib» oder «Ätherleib». Dieser ist nicht grün, sondern «ganz anders gefärbt» (siehe auch Abschnitt «Malen im 11. Schuljahr» — «Blumenmotive»). Durch ihn unterscheidet sich die Pflanze vom Mineral. Das Mineralische ist jedoch der Pflanze eingelagert, erfüllt gleichsam den Gestaltleib. Das Grün ist der Ausdruck des toten Mineralischen im lebendigen Pflanzenwesen. Es erscheint als das Abbild desselben. Rudolf Steiner vergleicht dies mit dem fotografierten oder gemalten Abbild eines Menschen im Verhältnis zum wirklichen Menschen. Weil sich das Grün vom toten Mineralischen herleitet, wird es zum toten Bild des Lebendigen.

«Grün stellt dar das tote Bild des Lebens.»

Wir kommen zur Pfirsichblütfarbe oder zur Farbe des menschlichen Inkarnats. Wir sind darauf im Abschnitt «Malen im 12. Schuljahr» schon näher eingegangen. Sie zeigt sich uns nicht nur von außen als Färbung der Haut, wir erleben sie auch innerlich. «Die Seele, die sich erlebt, erlebt sich als Inkarnat». Und dieses Durchseeltsein des Menschen muß man sich übergehend denken in seine physisch-leibliche Gestaltung. «Was da nach außen strahlt in dem Inkarnat, das ist nichts anderes als der sich als Seele in sich erlebende Mensch.» Wie die Seele auf der Oberfläche der Haut spielt, sich zurückzieht oder aktiv zeigt, kann durch die nach dem Grünlichen oder Rötlichen hin sich verändernde Farbe beobachtet werden. Wir können sagen: «Was wir da im Inkarnat als Farbe vor uns haben, es ist das Bild der Seele.»

«Pfirsichblüt stellt dar das lebendige Bild der Seele.»

Das Weiß als Farbe ist mit dem Licht verwandt. Das wird erlebbar, wenn wir eine weiße Fläche beleuchten. Der Quell aller Beleuchtung ist die Sonne; ihr Licht empfinden wir als weiß — wenn wir von der Morgen- und Abendröte absehen. Das weiße Licht nehmen wir nicht in der gleichen Weise wahr wie die Farben, die an den Dingen haften. Es macht die Farben und Dinge sichtbar, zeigt sich selbst aber nur in seinen Wirkungen. «Das Licht ist etwas durch und durch Fluktuierendes.» Der Mensch hat zu ihm ein besonders innerliches Verhältnis, er fühlt sich wesensverwandt zu ihm. In der Finsternis der Nacht kann er nicht zu seinem Wesen finden. «Wir haben in dem Lichte . . . dasjenige, was uns eigentlich durchgeistigt . . . Es hängt unser Ich, das heißt unser Geistiges, mit diesem Durchleuchtetsein zusammen ... Das Ich ist geistig, es muß sich aber seelisch erleben; es erlebt sich seelisch, indem es sich durchleuchtet fühlt.» Das läßt sich in die Formel fassen:

«Weiß oder Licht stellt dar das seelische Bild des Geistes.»

Das polare Gegenbild des Weißen ist das Schwarze. Wie jenes dem Lichte, so ist dieses der Finsternis zuzuordnen. In der Natur findet sich das Schwarze am eindrucksvollsten an der Kohle, sie verdankt gleichsam ihr ganzes Kohledasein der Schwärze ... «So bedeutsam ist das Schwarz für die Kohle, daß, wenn sie nicht schwarz wäre, sondern weiß und durchsichtig, sie ein Demant wäre ... Geradeso wie die Pflanze ihr Bild irgendwie hat in dem Grünen, so hat die Kohle ihr Bild in dem Schwarzen. Aber versetzen Sie sich selbst in das Schwarze: Alles ist absolut schwarz um Sie herum ..., da kann in einer schwarzen Finsternis ein physisches Wesen nichts machen. Leben wird aus der Pflanze vertrieben, indem sie zur Kohle wird. Also das Schwarze zeigt ..., daß es dem Leben fremd ist ...» Und die Seele? «Es vergeht uns die Seele, wenn das grausige Schwarz in uns ist. Aber der Geist blüht, der Geist kann durchdringen dieses Schwarze, der Geist kann sich da drinnen geltend machen.» Rudolf Steiner verweist hier auf die Schwarz-Weiß-Kunst: «... da bringen Sie eigentlich, indem Sie auf die weiße Fläche das Schwarz daraufmalen, den Geist in diese weiße Fläche hinein. Gerade in dem schwarzen Strich, in der schwarzen Fläche durchgeistigen Sie das Weiße. Den Geist können Sie in das Schwarz hineinbringen. Aber es ist das einzige, was in das Schwarz hineingebracht werden kann. Und dadurch bekommen Sie die Formel:

«Schwarz stellt dar das geistige Bild des Toten.»

In der Zusammenstellung der vier Bildfarben drückt sich mit dem Objektiven der Farben zugleich die Wirklichkeit der Welt im Bilde aus:

Grün stellt dar	*das tote Bild des Lebens*
Pfirsichblüt stellt dar	*das lebendige Bild der Seele*
Weiß oder Licht stellt dar	*das seelische Bild des Geistes*
Schwarz stellt dar	*das geistige Bild des Toten*

Legen wir dieses Schema in den Zirkel, so ergibt sich ein bedeutender Kreislauf des Werdens, ein Fortschreiten von Leben, Seele, Geist und Tod mit dem Wiedereintritt in das Leben (siehe Zeichnung). In der Formulierung wird man bemerken, wie jeweils aus dem früheren Substantiv das spätere Adjektiv hervorgeht. Im Aufsteigen der Farbenreihe Schwarz, Grün, Pfirsichblüt, Weiß steigen wir auf durch die Reiche der Natur

vom Toten zum Lebendigen, zum Seelischen, zum Geistigen, d. h. vom Mineral zu Pflanze, Tier und Mensch.
Im zweiten der drei Vorträge bespricht Rudolf Steiner die Bildfarben noch von einer anderen Seite. Er schildert ihr Entstehen mit Hilfe von Vorstellungen aus der Schattenlehre. Dabei unterscheidet er zwischen dem Gebenden oder Leuchtenden und dem Empfangenden oder Schattenwerfer. Aus

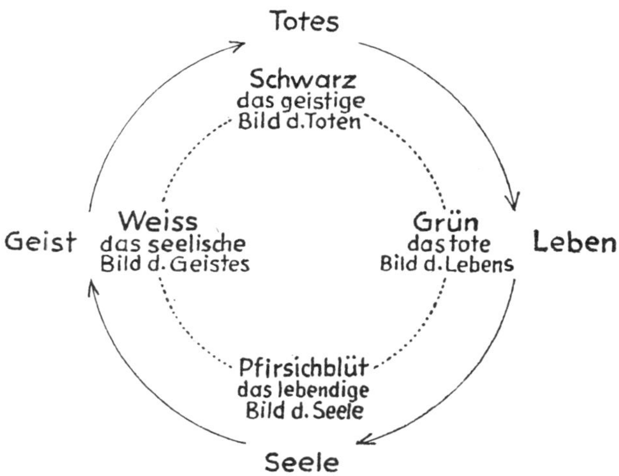

der Wirksamkeit beider Faktoren resultiert der Schattenwurf: die Bildfarbe oder — wie er sie auch nennt — Schattenfarbe. Das folgende Schema verdeutlicht das Besprochene:

Leuchtendes:		*Schattenwerfer:*		*Schatten oder Bild:*
das Tote	——→	der Geist	——→	Schwarz
das Leben	——→	das Tote	——→	Grün
die Seele	——→	das Leben	——→	Pfirsichblüt
der Geist	——→	die Seele	——→	Weiß

Von den vier Bereichen Tod, Leben, Seele, Geist tritt jeder einmal als «Leuchtendes» und einmal als «Schattenwerfer» auf. Ist zum Beispiel der Schattenwerfer das Tote und das Leuchtende das Lebendige, so entsteht das Grün als Bild des Lebendigen im Toten. Grün ist also der Schattenwurf des Lebendigen im Toten oder «das tote Bild des Lebens». Entsprechend lassen sich die anderen oben wiedergegebenen Formeln für die Bildfarben aus dem Schema ableiten.

Rudolf Steiner veranschaulicht noch einmal auf neue Weise die Entstehung von Grün und Pfirsichblüt und kommt dann zur Besprechung der anderen Farben.

Lassen wir in ein ruhiges Weiß von der einen Seite Gelb, von der anderen Seite Blau einstrahlen, so bekommen wir Grün. Pfirsichblüt läßt sich nicht so einfach zustandebringen. Man denke sich Schwarz und Weiß im Wechsel aufgemalt: zunächst ein Schwarz, dann ein Weiß, wieder ein Schwarz usw. und stelle sich dieses nicht ruhig, sondern in Bewegung vor, so daß Schwarz und Weiß fortwährend ineinanderwellen. Das denke man sich durchglänzt und durchstrahlt von Rot — und es entsteht Pfirsichblüt. «Sie sehen, wie wir die ganz verschiedene Entstehung aufsuchen müssen. Das eine Mal müssen wir ein ruhiges Weiß nehmen — also . . . eine von den Bildfarben zugrunde legen, und zwei andere Farben, die wir noch nicht haben, müssen wir einstrahlen lassen. Hier aber (es wurde gezeichnet) müssen wir . . . zwei von den Farben, die wir haben, Schwarz und Weiß, nehmen, . . . müssen sie in Bewegung bringen und müssen dann eine Farbe nehmen, die wir noch nicht haben, nämlich das Rot, und müssen es einstrahlen lassen durch das bewegte Weiß und Schwarz. Sie sehen damit auch etwas, was Ihnen, wenn Sie das Leben beobachten, auffallen wird. Das Grün haben Sie in der Natur; das Pfirsichblüt haben Sie eigentlich nur, so wie ich es meine . . . beim . . . gesund durchseelten Menschen in seinem Organismus . . . Diese Farbe aber können wir (in der Malerei) nur annäherungsweise erreichen . . . Man müßte also eigentlich einen Vorgang malen. Dieser Vorgang ist ja auch vorhanden im menschlichen Organismus; da ist niemals Ruhe, da ist alles in Bewegung, und dadurch entsteht eben (im Inkarnat) diese Farbe . . .»

So grundverschieden wie ihre Entstehung erleben wir Grün und Pfirsichblüt auch in der malerischen Anwendung. Während das Grün mit seiner Flächentendenz sich begrenzen möchte — das grüne Pflanzenblatt ist dafür urbildlich — wirkt ein begrenztes Pfirsichblüt geradezu unerträglich. «Pfirsichblüt läßt sich eigentlich nur als Stimmung auftragen.» Es möchte sich verflüchtigen.

Von solchen malerischen Gesichtspunkten ausgehend, kommt Rudolf Steiner zur Charakterisierung der Farben Gelb, Blau und Rot, den sogenannten

Glanzfarben.

Wenn wir ein Gelb auf der Fläche auftragen, gleichmäßig und mit Grenzen wie das Grün, so empfinden wir das als einen Widerspruch zu seinem Wesen. Die Lichtnatur des Gelb will strahlen, will das Begrenzte auflösen.

Als Fläche will es in der Mitte kräftiger sein und nach außen zu schwächer werden. Es will sich in dieser Weise auf der Fläche differenzieren:

«Das Gelbe will ausstrahlen.»

Das Gegenteil fordert das Blau. Es ist «in seinem ureigenen Elemente, wenn wir es am Rande gesättigter und im Innern weniger gesättigt machen.» Das Blau staut sich an seinen Grenzen und rinnt in heller werdenden Stauwellen der Mitte zu.

«Blau will nach innen strahlen.»

Das Rot, das wir uns neben Gelb und Blau in seiner vollen Kraft als Purpur vorstellen müssen, hält die Mitte zwischen beiden. Es will weder ausstrahlen noch sich stauen; es will sich gleichmäßig auf der Fläche ausbreiten. Das Rot wird uns besonders deutlich, wenn wir es vom Pfirsichblüt unterscheiden, in dem es als Schein enthalten ist. Das Pfirsichblüt strebt auseinander, will sich verdünnen, sich auflösen. Das Rot behauptet sich kraftvoll.

«Rot wirkt als ruhige Röte.»

Trotz seiner Auflösungstendenz ist das Pfirsichblüt nicht in dem Sinne beweglich, wie es das innerlich Willenshafte von Gelb, Rot und Blau ist. Die intensive Regsamkeit dieser Farben unterscheidet sie vom Schattencharakter der Bildfarben. Sie sind *«Modifikationen des Leuchtenden»*, durch sie erglänzen die Dinge. «Daher haben diese Farben ihrer eigenen Wesenheit nach in sich die Natur des Strahlenden: das Gelb das Ausstrahlende, das Blau das Einstrahlende, . . . das Rot die Neutralisation von beiden, das gleichmäßig Strahlende» (siehe Zeichnung). Rudolf Steiner nennt sie daher *«Glanze»* oder *«Glanzfarben»*.

Aber was erglänzt durch sie? Nehmen wir das Gelb. «Bedenken Sie, das Gelbe macht uns heiter. Heiter sein heißt aber im Grunde genommen, sich mit einer größeren . . . seelischen Lebendigkeit im Inneren erfüllen. Wir

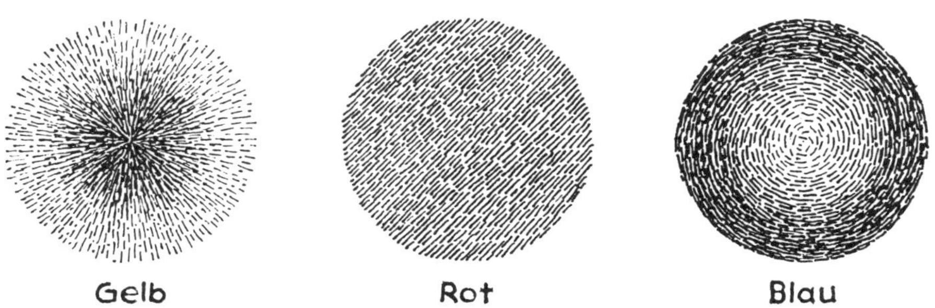

Gelb Rot Blau

werden also eigentlich mehr nach unserem Ich hin gestimmt durch das Gelbe. Wir werden durchgeistet ... Wenn Sie also das Gelbe in seiner Urwesenheit nehmen, wie es nach außen hin verschwimmt, und wenn Sie sich vorstellen, es glänzt nun, weil es ein Glanz ist, nach Ihrem Inneren, und wenn es in Ihrem Inneren als Geist aufglänzt, so werden Sie sagen müssen: *Das Gelb ist der Glanz des Geistes. Blau,* das Sich-innerlich-Zusammennehmen, das Sich-Stauen, das Sich-innerlich-Erhalten, es ist *der Glanz des Seelischen. Das Rot,* das gleichmäßige Erfülltsein des Raumes, es ist *der Glanz des Lebendigen.*»

Gelb ist der Glanz des Geistes
Blau ist der Glanz des Seelischen
Rot ist der Glanz des Lebendigen

Die ruhige Röte kann man durchaus als Fläche fassen. Wenn man sich aber eine blaue Fläche gleichmäßig aufgetragen vorstellt, so führt das aus dem Menschlichen heraus. «Wenn *Fra Angelico* blaue Flächen gleichmäßig aufträgt, so ruft er gewissermaßen ein Überirdisches in die irdische Sphäre herein. Er gestattet sich, das Blau dann gleichmäßig aufzutragen, wenn er das Überirdische in die irdische Sphäre hereinspielen läßt.»
Wenn man das Gelb gleichmäßig auf die Fläche bannen will, so muß man ihm etwas von seinem ausstrahlenden Willen nehmen, man muß es schwer machen, man muß es goldfarbig machen. Der Glanz des Geistes, Gelb, ist im Goldgrund der alten Meister auf die Fläche fixiert. «Machten sie einen Goldgrund, wie *Cimabue,* dann gaben sie dem Geistigen Wohnung auf der Erde, dann hatten sie im Bilde gewissermaßen das Himmlische vergegenwärtigt. Und die Gestalten durften herauskommen aus dem Goldgrund, durften sich entwickeln auf dem Goldgrunde als das, was Geschöpf ist des Geistigen.»
«Bedenken Sie, was das für die Kunst bedeutet. Wir haben den Künstler, der weiß, wenn er es mit Gelb, Blau und Rot zu tun hat, so zaubert er auf sein Bild etwas, was einen innerlich aus sich heraus aktiven Charakter hat, was sich selber Charakter gibt. Wenn er mit Pfirsichblüt und Grün auf Schwarz und Weiß arbeitet, da weiß er, daß er in der Farbe schon den Bildcharakter gibt. Eine solche Farbenlehre ist ... so lebendig, daß sie von dem Seelischen aus unmittelbar in das Künstlerische übergehen kann.»
Leben, Seele, Geist und Tod können sich — mit einer Ausnahme — ebenso als Bild wie als Glanz darstellen. Zur Bildfarbe des Toten (Schwarz) fehlt die entsprechende Glanzfarbe. In einer Notizbuch-Eintragung fand sich der Hinweis auf Braun*; in den Vorträgen fehlt diese Farbe. Wir setzen sie nachfolgend in Klammern mit ein:

	Bildfarben:		*Glanzfarben:*
Grün	— das tote *Bild des Lebens*	Rot	— der *Glanz des Lebens*
Pfirsichblüt	— das lebendige *Bild der Seele*	Blau	— der *Glanz der Seele*
Weiß	— das seelische *Bild des Geistes*	Gelb	— der *Glanz des Geistes*
Schwarz	— das geistige *Bild des Toten*	(Braun	— der *Glanz des Toten*)

Eine lebendige Anschauung der Zwienatur des Farbigen kann folgendes Experiment geben: Man betrachte intensiv ein gesättigtes Rot und schaue dann auf eine neutrale Fläche — ein grünes Nachbild erscheint. «Das Rot glänzt in Sie herein; es bildet sein eigenes Bild im Inneren. Was ist aber das Bild des Lebendigen im Inneren? Sie müssen es ertöten, um ein Bild zu haben. Das Bild des Lebendigen ist Grün. Es ist kein Wunder, daß das Rote als Glanz, wenn es in Sie hineinglänzt, das Grün als sein Bild gibt.»

«Gelb, Blau, Rot: das ist die Außenseite des Wesenhaften.» Da haben wir es zu tun mit dem Leuchtenden. «Grün, Pfirsichblüt, Schwarz, Weiß sind immer hingeworfene Bilder, sind immer etwas Schattiges . . . Schatten oder Bilder ist etwas Verwandtes.»

Die Glanzfarben sind «die aktiven Farbennaturen. Es ist dasjenige, was glänzt, was gewissermaßen in seiner Wesenheit die Differenzierung hat; die anderen Farben sind ruhige Bilder. Wir haben hier etwas, was sein Analogon hat im Kosmos. Wir haben im Kosmos den Gegensatz von Tierkreisbildern, die ruhige Bilder sind, und das den Kosmos Differenzierende in den Planeten. Es ist nur ein Vergleich, aber ein Vergleich, der innerlich sachlich begründet ist . . .»

Dieser «Farbenkosmos» kann zum Bild werden, wenn man die Farben in eine entsprechende Anordnung bringt. Im Farbenband der Physik stehen die Farben nebeneinander in einer Reihe und gehen nach beiden Seiten ins Unendliche, Unbestimmte:

Rot, Orange, Gelb, Grün, Blau, Indigo, Violett.

«Im Geiste und im Seelischen schließt sich alles zusammen. Da müssen wir das Farbenband zusammenfassen.» Dann verbindet sich die warme Seite mit der kalten Seite des Spektrums zum Kreis und es entsteht oben das Pfirsichblüt als Bildfarbe und hat das Grün gegenüber. Eine bedeutungsvolle Ordnung ist entstanden: Sie zeigt eine Bildfarbe oben, eine Bildfarbe unten, eine Glanzfarbe rechts, eine Glanzfarbe links. Der Purpur als dritte Glanzfarbe ist als Schein im Pfirsichblüt enthalten. Schwarz und Weiß dringen von oben und unten in das Kreisfeld ein, ihre Wirksamkeit beim Zustandekommen von Grün und Pfirsichblüt geheimnisvoll andeutend (siehe Zeichnung).

«Sie sehen, wenn ich mit dem Weißen jetzt hier herauffahren würde (von unten nach oben), würde es im Grün drinnenstecken, da kommt ihm das Schwarze hier (von oben nach unten) entgegen, nun fangen sie hier in der Mitte an zu raufen: so geben sie mit dem roten Schein zusammen das Pfirsichblüt.»

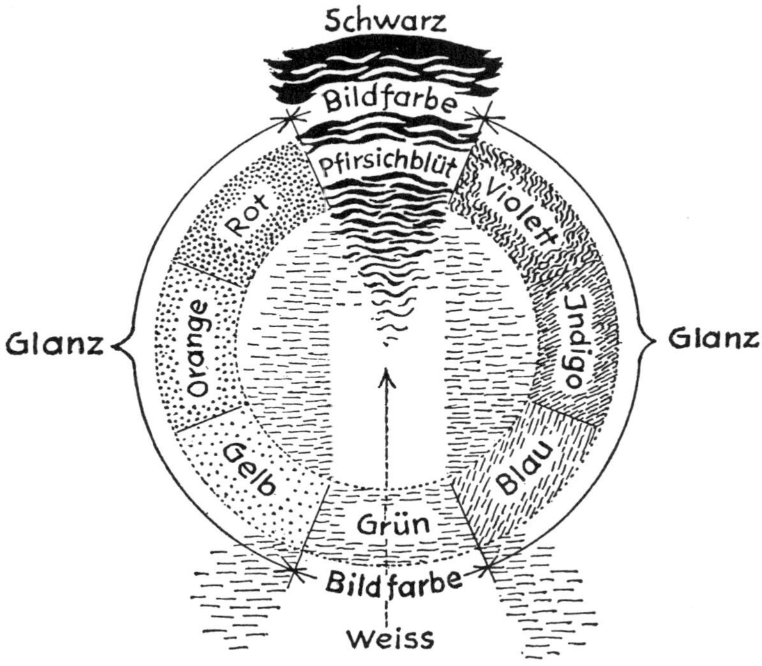

Bei dieser Anordnung des Farbenkreises wird sichtbar, wie die ganze Farbentwicklung hintendiert zur Pfirsichblüt-Inkarnatfarbe. «Und erziehen wir uns dazu, nicht nur Pfirsichblüt zu sehen, sondern das Bewegte des Inkarnats zu sehen, erziehen wir uns dazu, uns das Inkarnat nicht nur vom Menschen zeigen zu lassen, sondern in ihm zu leben, empfinden wir die Erfüllung unseres Leibes mit unserer Seele selber als Inkarnat, so ist dieses der Eintritt, das Tor in eine geistige Welt, dann kommen wir in die geistige Welt hinein. Es ist die Farbe dasjenige, was sich hinuntersenkt bis zu der Oberfläche der Körper, es ist die Farbe auch dasjenige, was den Menschen von dem Materiellen erhebt und in das Geistige hineinführt.»

Goethe hat in seiner Farbenlehre das Problem der an die Materie gebundenen Farbe zwar berührt, konnte aber noch nicht «auf die inneren Gründe des Farbigen» kommen. Er hatte auch noch nicht die Unterscheidung der Farben als Bilder und Glanze. Ansätze dazu finden sich bei Ph. O. Runge*, der von durchsichtigen und undurchsichtigen Farben sprach, und die undurchsichtige Farbe als das «Bildnis» der wirklichen, der durchsichtigen, bezeichnete.

Das «farbige Erscheinen des materiellen Wesens»

ist für die Kunst der Malerei besonders bedeutsam, weil der Maler diesen Prozeß des Farbigwerdens der Materie gewissermaßen selbst vollzieht. Er muß ja stoffliche Farben verwenden für die Wiedergabe auch der unstofflichen reinen Farben, wie sie ihm in den Spektralfarben des Regenbogens entgegentreten. «Denn indem wir malen, führen wir ja sozusagen selbst, wenigstens für die Beschauung, dieses Phänomen aus. Wir fixieren die Farbe, und suchen durch die fixierte Farbe den Eindruck des Malerischen hervorzurufen.»

Farbe im Pflanzenreich

«Der Bildcharakter tritt uns in der objektiven Welt am anschaulichsten entgegen im Grün. Das Schwarze und Weiße sind gewissermaßen die Grenzfarben, die ja aus diesem Grunde von vielen überhaupt nicht mehr als Farben angesehen werden. Beim Pfirsichblüt haben wir gesehen, daß es eigentlich nur in der Bewegung zu erfassen ist. So daß wir im Grün zunächst das haben, was den eigentlichen Bildcharakter abgibt. Und wir hätten damit die in der Außenwelt fixierte eigentliche Farbe, aber fixiert, wie wir gesehen haben, im Pflanzenreich. Wir haben im Pflanzenreich also eigentlich den Urcharakter des fixierten Farbigen als Bild zum Ausdrucke gebracht.»

Ursprünglich ist die Pflanze im flutend Farbigen vorzustellen, erst in später Phase der Evolution hat sie sich das Mineralische eingegliedert und ist damit zu dem begrenzten Wesen geworden, das wir heute als Pflanze bezeichnen.

Außer dem Grün finden wir in der Pflanzenwelt die bunten Farben der Blüten und Früchte — sie glänzen uns entgegen. Die Blüten öffnen sich dem Sonnenlicht und bringen dadurch ihre Lichtnatur zum Ausdruck. Die Sonne metamorphosiert das Pflanzengrün und zaubert aus ihm die leuchtenden Farben hervor. «Sie ist es also, die in das Grün eingreift, die das Grün in einen anderen Zustand bringt.» Wie das Mondenlicht zum Sonnenlicht, so verhält sich das fixierte Grün der Pflanze zu den strahlenden Blütenfarben. «Das Mondenlicht ist das Bild des Sonnenlichtes. So finden Sie das Lichtbild, das Bild, die Farbe als Bild wiederum in dem Grün der Pflanze.» Will nun der Künstler beim

Malen von Pflanzen und Landschaften

den Eindruck des Lebendigen hervorrufen, so muß er zunächst den Bildcharakter des Pflanzlichen verstärken und das Grün, aber auch alle anderen Farben dunkler, schattenhafter machen als sie draußen sind. Aber dann muß er eine gelblich-weißliche Lichtstimmung darüber malen, die den Glanz des Sonnenlichtes — den Glanz des Geistes versinnlicht. Dadurch entsteht der Schein des Lebendigen, daß man über die verdunkelte Bildfarbe den Glanz malt. Hier macht Rudolf Steiner die Bemerkung, daß die alten Maler eigentlich keine Pflanzenlandschaften malen konnten, weil sie die Unterscheidung zwischen Bildfarben und Glanzfarben nicht kannten. Sie haben allen Farben — auch den Glanzfarben — Bildcharakter gegeben.

Farbe im Mineralreich

Das gefärbte Mineralische tritt uns in den farbigen Kristallen und Edelsteinen leuchtend entgegen. «In dem Augenblick wo Sie grün, rot, blau, gelb an Edelsteinen sehen, schauen Sie zurück in unendlich ferne Vergangenheiten. Wir sehen nämlich gar nicht, wenn wir Farben sehen, bloß das Gleichzeitige, wir sehen, wenn wir Farben sehen, in weite Zeitperspektiven zurück ... Und indem wir, veranlaßt durch den Edelstein, in die Zeitperspektive hineinsehen, sehen wir auf den Urgrund des Erdenschaffens ...»* Im Gegensatz zur Pflanze, die von außen, vom Sonnenlicht beleuchtet ist, erscheinen sie wie von innen her strahlend. Das muß man auf alles Unorganische, Mineralische übertragen. Beim

Malen von Mineralischem

müssen daher die Farben Glanzcharakter bekommen, sie müssen zum Leuchten gebracht werden — auch die Bildfarben. Malt man Mineralisches nur rein mit Bildfarben, so erhält man nur das Bild, nicht die Vorstellung des Wesens einer Sache. «Man muß versuchen, dem Bilde, wenn man Lebloses malt, den Charakter des Glanzes zu geben ... Man muß demjenigen, was Bildcharakter hat in der Farbe, dem Schwarzen, dem Weißen, dem Grünen und dem Pfirsichblütenen ... inneren Leuchtcharakter, das heißt den Glanzcharakter geben. Dann aber kann man das, was man in dieser

Weise zum Glanze belebt hat, nun auch kombinieren mit den anderen Glanzen, mit Blau, Gelb und Rot. Sie müssen also diejenigen Farben, die Bildcharakter haben, ihres Bildcharakters entkleiden, müssen ihnen Glanzcharakter geben. Das heißt, der Maler muß eigentlich immer, wenn er Unorganisches malt, im Sinne haben, daß eine gewisse Leuchtquelle, eine matte Leuchtquelle in den Dingen selber drinnenliegt. Er muß sich seine Leinwand oder sein Papier in einem gewissen Sinne als solches Leuchtendes denken. Hier braucht er in der Fläche den Schein des Lichtes, den er darauf zu malen hat . . .» Wir müssen also «der Farbe den Charakter des Zurückleuchtens geben, . . . des Zurückglänzens, sonst zeichnen wir, sonst malen wir nicht . . . Eine Wand, die nicht dazu gebracht ist, so bestrichen zu werden mit der Farbe, daß sie innerlich leuchtet, eine solche Wand ist im Malerischen keine Wand, sondern nur das Bild der Wand. Wir müssen die Farben zum innerlichen Leuchten bringen. Dadurch werden sie in einem gewissen Sinne mineralisiert . . .» «Erinnern Sie sich an das Schema . . ., wo ich gesagt habe: Es ist dasjenige, was schwarz ist, schließlich das Bild des Toten im Geistigen. Wir schaffen dem Scheine nach das Geistige und bilden darinnen ab das Tote. Und indem wir es färben, indem wir es durch und durch zum Glanze machen, rufen wir das Wesenhafte hervor. Das ist tatsächlich der Vorgang, der für das Unlebendige . . . im Malen eingehalten werden muß.»
Der wesentliche Unterschied in der Darstellung des Organischen und des Unorganischen besteht also in der Behandlung des Lichtes. Beim Organischen: Lichtwirkung von außen, über die Bildfarben muß ein weißlich-gelber Glanz gemalt werden; beim Unorganischen: Lichtwirkung von innen, die Bildfarben müssen Glanzcharakter bekommen.
Der nächste Schritt führt uns zum

Malen von Tierischem.

Das Tierwesen ist bestimmt durch sein Innensein, durch das Seelische; das Wesen der Pflanze ist das Lebendige. Suchen wir in der Farbenwelt einen Ausdruck für das Beseelte, so kommen wir zum Blau als dem «Glanz der Seele». Es wird daher beim Malen des Tierischen zur Anwendung kommen müssen. Für die Empfindung hellt sich das Tierwesen durch das Seelische von innen her auf. «. . . Wollen Sie tierisches Wesen in die Landschaft hineinbringen, dann müssen Sie die Farbe, die die Tiere sonst haben, etwas heller malen, als sie wirklich ist, und Sie müssen darüber ein leises bläuliches Licht verbreiten. Sie müssen also, wenn Sie eventuell irgendwelche, sagen wir, rote Tiere . . . malen wollen, . . . dann einen leise bläulichen Schimmer darüber haben, und Sie müßten überall da, wo Sie an das Tier herankommen aus der Vegetation heraus, den gelblichen Schimmer in den bläulichen herüberführen. Sie müßten das im Übergang motivieren; dann werden Sie die Möglichkeit gewinnen, das Tierische zu malen, sonst nicht, sonst wird es immer den Eindruck des unlebendigen Bildhaften machen.»

Durch das Aufhellen wird die *Bildfarbe zur Glanzfarbe* gemacht, ebenso wie durch das Abdunkeln die *Glanzfarbe in die Bildfarbe* verwandelt wird. Für diese differenzierten Farbbehandlungen hat Rudolf Steiner die Begriffe *«Glanzbild» und «Bildglanz»* eingeführt. «Wenn wir das Unlebendige malen, so muß es ganz *Glanz* sein, es muß von innen heraus leuchten. Wenn wir das Lebendige, das Pflanzliche malen, dann muß es erscheinen als *Glanzbild.* Wir malen zuerst das Bild, malen sogar so stark, daß wir, sagen wir, abweichen von der natürlichen Farbe. Wir geben also den Bildcharakter, indem wir etwas dunkler malen, bringen dann den Glanz darüber: Glanzbild. Malen wir das Beseelte oder auch das Tierische, dann müssen wir den *Bildglanz* malen ... Wir erreichen das dadurch, daß wir heller malen, also das Bild in den Glanz herüberführen, aber darüber geben wir dasjenige, was in gewissem Sinne die reine Durchsichtigkeit trübt (den bläulichen Schimmer). Dadurch erreichen wir den Bildglanz»*.

Über die Eigenfärbung der Tiere, ihre tieferen Ursachen, hat Rudolf Steiner in anderen Zusammenhängen ausführlich gesprochen*. Darauf kann jedoch hier nicht näher eingegangen werden.

Malen des Menschen

Steigen wir vom Beseelten zum Durchgeistigten auf, so kommen wir zum Menschen. Wollen wir ihn malerisch erfassen, so müssen wir die Farbe als *reine Bildfarbe* behandeln. Der Mensch erscheint als Bild seines eigenen Wesens; das Inkarnat haben wir als reine Bildfarbe kennengelernt. Es wurde darauf hingewiesen, wie sie als ein Zusammenfluß der ganzen Weltenfarbigkeit zu betrachten ist. Insofern ist der Mensch zugleich ein Abbild des ganzen Universums, worauf schon die Genesis deutet.

Aber nicht nur die Inkarnatfarbe, auch alle anderen Farben müssen, soweit sie bei der Darstellung des Menschen in Betracht kommen — man denke an die Bekleidung — Bildcharakter bekommen. Den Farben Gelb, Blau, Rot muß man ihren Glanzcharakter, «ihren Willen», nehmen und sie ins Bild zwingen. Wenn man das Gelb nicht nach außen heller werden läßt und das Blau außen nicht dunkler macht als innen, dann bannt man die Farbe in die gleichmäßige Fläche und macht so die *Glanzfarbe zur Bildfarbe.* Dämpft man außerdem die Leuchtkraft der Farben etwas schattenhaft ab, wie beim Malen des Pflanzlichen, oder gibt dem Gelb eine gewisse Schwere wie beim Gold, so wird der Bildcharakter weiter verstärkt. Weil, wie er-

wähnt, die alten Maler allen Farben mehr oder weniger Bildcharakter gegeben haben, waren sie besonders dazu befähigt, den Menschen zu malen. «Allerdings muß man da erst recht das Gefühl entwickeln für das, was nun aus der Farbe wird, wenn sie in den Bildcharakter übergeht ... Das Bildhafte nähert sich eigentlich mehr dem Gedanklichen, und je mehr wir im Bildhaften weiterschreiten, desto mehr nähern wir uns dem Gedanklichen. Wenn wir einen Menschen malen, können wir eigentlich nur unsere Gedanken von ihm malen. Aber dieser Gedanke von ihm, der muß eben wirklich anschaulicher Gedanke sein. Der muß sich in der Farbe ausleben. Und man lebt in der Farbe, wenn man zum Beispiel in der Lage ist, irgendwo eine gelbe Fläche anzubringen und sich zu sagen: die müßte eigentlich ausgefranst sein; ich verwandle sie ins Bild, ich muß sie also durch die angrenzenden Farben modifizieren. Ich muß es also gewissermaßen auf meinem Bilde entschuldigen, daß ich der gelben Farbe nicht ihren Willen lasse.»
Wie das Farbigwerden bei Mineral, Pflanze, Tier und Mensch mit der ganzen Erdenentwicklung zusammenhängt, erläutert Rudolf Steiner im einzelnen noch ausführlicher. Im Nachschaffen der Farbprozesse verbindet sich der Malende mit diesem Werden. Jede Stufe verlangt, wie wir gesehen haben, ein anderes malerisches Vorgehen. Das Unorganisch-Feste will zum inneren Leuchten gebracht werden: *Glanz*. Das Organisch-Lebendige will sich zum *Glanzbild* gestalten; das Tierisch-Beseelte zum *Bildglanz* und das Durchgeistigte des Menschen zum *reinen Bild*.

Mineralisches	— Totes	= *Glanz*
Pflanzliches	— Lebendiges	= *Glanzbild*
Tierisches	— Beseeltes	= *Bildglanz*
Mensch	— Durchgeistigtes	= *Bild*

Es muß die Malerei immer ein Leben in der Farbe sein. «Es ist ein Leben in der Farbe, wenn ich die Farbe im Wasser aufgelöst im Tiegel habe, wenn ich erst, indem ich den Pinsel eintauche und an die Fläche herangehe, sie erst da in die Fixation, in das Feste überführe ... Da entsteht wiederum ein Verhältnis zur Farbe. Ich muß mit der Farbe seelisch leben, ich muß mich mit dem Gelben freuen können, an dem Roten seine Würde oder seinen Ernst empfinden, ich muß mit dem Blauen seine sanfte ... Stimmung mitmachen können. Ich muß die Farbe durchgeistigen können, wenn ich sie zu innerlichen Fähigkeiten bringen will. Ich darf nicht ohne dieses geistige Verständnis für die Farbe malen, insbesondere dann nicht, wenn ich Unorganisches malen will.»
Ausgehend von der reinen Beobachtung weitet sich bei Rudolf Steiner

die Farbenlehre zur Kosmologie und mündet ein in das künstlerische Schaffen. Farbenlehre und Malerei gehen eins aus dem anderen hervor; Wissenschaft und Kunst vereinigen sich wieder. Dies seien, so bemerkt er am Schluß seiner Darstellungen, nur einige Andeutungen, sie könnten «ins Unermeßliche noch erweitert werden». «Goethe hat . . . noch nicht auf die inneren Gründe des Farbigen kommen können, aber die Elemente dazu hat er geliefert . . . Im Goetheanismus sehen wir die geistigen Elemente, die seelischen Elemente. Dieser Goetheanismus muß weiter ausgebildet werden. Er hat zum Beispiel noch nicht die Unterscheidung der Farben als Bilder und Glanze. Wir müssen den Goetheanismus lebendig denken, um immer weiter und weiter zu kommen. Das können wir nur durch Geisteswissenschaft.»

Weil hier die Frage nach entsprechenden Bildbeispielen auftreten muß, sollen die Malereien Rudolf Steiners anschließend besprochen werden.

Die malerischen Beispiele Rudolf Steiners

Die Kuppelmalereien des ersten Goetheanum

Als Rudolf Steiner 1907 für einen Kongreß in München die Ausgestaltung des Versammlungssaales leitete, war für ihn zum ersten Mal die Möglichkeit gegeben, die äußere Umgebung nach den Notwendigkeiten des inneren Lebens künstlerisch auszuprägen*. Von diesem Zeitpunkt an trat in seinem Leben das bildnerisch-künstlerische Element sichtbar in Erscheinung und begleitete fortan sein Wirken. Dieses setzte sich gleichsam auf der künstlerischen Ebene fort. Goethes Märchen von der grünen Schlange und der schöne Lilie wurde für ihn der Ansatzpunkt für die dichterische und bühnenmäßige Ausgestaltung von vier Mysteriendramen, die von 1910 bis 1913 in München aufgeführt wurden*. Der Wunsch einer Gruppe von Menschen, für diese Aufführungen einen den Mysterienspielen würdigen Rahmen zu geben, führte noch 1913 zur Grundsteinlegung des ersten Goetheanum in Dornach bei Basel. Diesen Bau konzipierte Rudolf Steiner als einen Doppelkuppelbau, wozu er nicht nur die künstlerischen Entwürfe, sondern auch die technischen Konstruktionspläne anfertigte. Mit diesem Bau wurde ein Zusammenklang aller Künste erstrebt*.

Das von der Bühne her erklingende Wort, der musikalische Ton sollten mit den plastischen Formen der Architektur, dem farbigen Licht der gravierten Fenster und den Malereien der Kuppeln ein einheitliches Ganzes bilden. Das in dem Bau zur Offenbarung kommende Geistige sollte zu den bildnerischen Formen sich verhalten wie der Nußkern zur Schale — ein Bild, mit dem Rudolf Steiner des öfteren die Bauformen interpretierte*. Mit dem Entstehen des Baues entfaltete sich ein intensiv künstlerisches Leben. Bildhauer, Maler, Glasschleifer übten an Modellen und Probestücken, um sich in den Stil des neuen Baugedankens einzuarbeiten, der alle Beteiligten vor ungewohnt neue Aufgaben stellte. Unter den Schülern Rudolf Steiners gab es eine Reihe von Architekten, Malern und Bildhauern, denen er bestimmte Aufgaben übertrug. Außer ihnen waren viele Helfer am Werk, die in freiwilliger Mitarbeit zur Verwirklichung des großen Planes beitrugen. Menschen der verschiedensten Nationen und

Stände, vor allem Studenten sah man, wie berichtet wird, mit Bildhauereisen und Klöpfel die riesigen Flächen des Holzbaues plastisch bearbeiten. Die Schilderungen rufen den Vergleich mit dem Entstehen mittelalterlicher Kirchenbauten wach, wo die ganze Bürgerschaft begeistert mitbaute*.
Im Jahr 1914 entstanden die

Entwürfe für die Malereien der großen und kleinen Kuppel,

deren Motive Rudolf Steiner an verschiedene Maler verteilte*. Sie versuchten sich zunächst übend an ihnen, um sie dann in die riesigen Flächendimensionen zu übersetzen. Die Deckenmalereien gingen mit dem Brande zugrunde, aber die farbigen und zeichnerischen Entwürfe Rudolf Steiners sind erhalten geblieben. Sie sind heute ein wichtiges Studienmaterial für Maler. Vorhandene Fotografien und Berichte beteiligter Künstler vermitteln uns einen Eindruck von der Art und Wirkung dieser Malereien. Mächtige Farbströme durchzogen den großen Kuppelraum und bildeten ein flutendes Farbenmeer. Diese Ströme waren als bildschaffende Kräfte zu erleben, welche die einzelnen Motive aus sich gestalteten. Man konnte verfolgen, wie sie in diese eintraten, sich aufhielten und weiterfluteten. Dem durch den Westeingang Eintretenden kamen vom Osten her Wogen verdichteten Lichtes in roten und gelbroten Farbtönen entgegen, die, übergehend in Gelb, sich mit dem Blau der westlichen Kuppelhälfte zum Grün in der Mitte vereinigten. Schaffende Geistwesen sah man im westlichen Blau weltgestaltend. Weiter konnte man sehen, wie die Farbströme rechts und links sich zu Farbimaginationen verdichteten, *frühe Erdzustände und Menschheitskulturen* darstellend: zunächst Lemurien und Atlantis. Es folgten Bilder der urindischen und urpersischen Kultur — ganz in das Zinnober und Orange der östlichen Wölbung getaucht. Gegen die Mitte, beim Übergang vom gelbroten zum blauvioletten Farbraum waren in der Grünzone imaginative Gestaltungen von Alt-Ägypten und Griechenland. Die Mittelstellung Griechenlands war zwischen Gelb und Blau durch grüngoldene Farbtöne zum Ausdruck gebracht. Weitere Bildmotive füllten die Zwischenräume.
Die Motive des kleinen Kuppelraums wiesen auf die *inneren Aspekte des geschichtlichen Werdens*. Die großen ineinandergreifenden und ineinanderflutenden Bilder zeigten Eingeweihte der verschiedenen Kulturen, über ihnen inspirierende Geistwesen. Neben den vorchristlichen Eingeweihten waren Gestalten dargestellt, welche die gegenwärtige und die folgende, im slawischen Raum sich entwickelnde Kulturepoche repräsentierten. Unsere Kulturzeit war durch eine Faustgestalt mit ihrem Inspirator dargestellt, unter ihr der Tod und über ihr ein Kind. Diese Bildimaginationen gipfelten

in der Darstellung des Menschheitsrepräsentanten inmitten der Widersacher — ein Motiv, das Rudolf Steiner auch plastisch gestaltet hat*. Die Skulptur sollte im Osten unter dem gemalten Bild aufgestellt werden. Wichtiger als die Motive waren die Farbsituationen, die genauer zu beschreiben wären, um der Malerei gerecht zu werden. Rudolf Steiner selbst legte den größten Wert darauf, daß das Motivlich-Bildhafte aus dem Innerlichen der Farbe heraus verstanden werde. Aus diesem Grund zeigte er nur ungern farblose Lichtbilder. Zwar gibt es auch farbige, aus der Anfangszeit der Farbfotografie stammende Bilder, die lange Zeit unbekannt geblieben waren. Sie geben die Farbverhältnisse nur grob und undifferenziert wieder, machen aber, groß auf die Wand geworfen, noch immer einen starken Eindruck*.

Rudolf Steiner sagte mit Bezug auf die Kuppelbilder, daß man aus dem Farbigen heraus alles schaffen könne, was man «wesenhaft als Malerei» auf die Wand bringen wolle. «Man täusche sich nicht, weil da Motive, weil da allerlei Figuren darauf sind, sogar kulturhistorische Figuren. Mir kam es beim Ausmalen dieser kleinen Kuppel nicht darauf an, diese oder jene Motive zu zeichnen, an die Wand zu bringen, mir kam es darauf an, daß zum Beispiel hier ein Orangefleck in verschiedenen Nuancen des Orange ist: aus diesen Farbnuancen ergab sich die Gestalt des Kindes. Und hier kam es mir darauf an, daß sich das Blau angrenzte: da ergab sich mir die (Faust-)Gestalt ... Es ist durchaus die Gestalt, das Wesenhafte, ganz aus der Farbe herausgeholt.»*

Obwohl bei der Ausmalung der beiden Kuppeln auch Künstler mitgewirkt hatten, deren Können allgemein anerkannt war, zeigte sich Rudolf Steiner von dem Ergebnis der Arbeit noch wenig befriedigt. Das ungewohnt Neue dieser Malerei forderte eine völlige Umstellung in der malerischen Auffassung und das Aneignen neuer Fähigkeiten, was so schnell nicht zu erreichen war.

Bei der Ausmalung der kleinen Kuppel waren die Maler schon stärker in ihre Aufgaben hineingewachsen. Dennoch, ja gerade deshalb erkannten sie das Unzulängliche ihrer Arbeit und baten Rudolf Steiner um Korrektur. Das führte nach und nach zu einer völligen Um- und Neugestaltung der Bilder. Auf diese Weise entstand ein eigenes malerisches Werk von ihm. Es füllte die Fläche des halben Kuppelraumes aus; die andere Hälfte sollte in spiegelbildlicher Anordnung, jedoch in Gegenfarben* gemalt werden. Weil aber durch die Andersfarbigkeit Formverwandlungen notwendig geworden wären, fühlten sich die Maler von dieser Aufgabe überfordert und übertrugen die Malerei getreu auf die zweite Kuppelhälfte.

Die Kuppelmalerei — von Rudolf Steiner selbst als anfänglich und unvoll-

kommen bezeichnet — ist doch als richtungweisend für eine unserer Zeit entprechende Malerei anzusehen. Selbst in den farblosen Wiedergaben kommt das dynamische Element noch mächtig zum Ausdruck.
Die Maltechnik mit der *Verwendung von Pflanzenfarben* wurde im Kapitel «Aquarellfarbe als Malmittel» behandelt.

Die Schulskizzen

In der 1919 in Stuttgart gegründeten Waldorfschule und der 1921 in Dornach entstandenen Fortbildungsschule wurde der Malunterricht aus den gleichen künstlerischen Prinzipien entwickelt, wie im Hauptteil dargestellt wurde. Für die oberen Klassen schuf Rudolf Steiner jene Serie von Pastellskizzen als Unterrichtsbeispiele, die im Zusammenhang mit dem Malunterricht der 11. Klasse schon erwähnt wurden*. Hier soll nun ausführlich auf sie eingegangen werden.
Die ersten beiden Skizzen *«Sonnenaufgang»* und *«Sonnenuntergang»* sind gleichzeitig entstanden. Beide Motive sind sich äußerlich ähnlich; sie zeigen über dem flachen Horizont die auf- und die untergehende Sonne. Durch die kompositionelle Ähnlichkeit ist der Betrachter genötigt, das Unterscheidende in der malerischen Stimmung zu suchen. Das ist der pädagogisch fruchtbare Punkt. Bei gleichzeitiger Betrachtung der beiden Bilder ist der Stimmungsunterschied evident. Dennoch fällt die Deutung nicht jedem leicht, weil das Charakteristische in malerischen Qualitäten und nicht in grober Übertreibung liegt.
Bei der Morgenstimmung tritt die Sonne zinnoberrot durch das Tor des Tages. Bläulich-grünliche Farbtöne lassen die Kühle und Frische des Morgens empfinden. Andeutungen von Wolken in gelblich-rötlichen Tönungen unterstützen in Form und Geste die aufsteigende Bewegung der Sonne. Die Abendstimmung hingegen zeigt wärmere, aber auch gedämpftere Farben. Auch das Orange der Sonne ist matter, sie hat ihre Strahlkraft verloren und scheint unter den herabsinkenden Wolkenformen in sich selbst zu verglühen. Das Auf- und Untergehen der Sonne eröffnet und beschließt den Tag, umgrenzt die Nacht. Im Wechsel von Tag und Nacht erlebt sich der Mensch einbezogen in den großen *Atemrhythmus der Erde*. Er empfindet seinen Zusammenhang mit dem Kosmos. Dieses Sonnen-Erden-Verhältnis spricht auch aus den Bildern. Die vertikale, auf- oder abwärts-

29. Rudolf Steiner, «Mondaufgang», Pastell, 29,5 x 21 cm (25. 9. 1922)
30. Rudolf Steiner, «Der Mensch im Geiste», Pastell, 49 x 74 cm (2. 7. 1923)
31. Rudolf Steiner, «Neues Leben» (Mutter und Kind), Aquarell, 66,5 x 100 cm (15. bis 29. 2. 1924)
32. Rudolf Steiner, «Urpflanze», Aquarell, 66,5 x 100 cm (Programmbild 21. 5. bis 5. 6. 1924)

Der Mensch im Geiste

gehende Sonnenbewegung kann mit der horizontalen Bewegung des Erdhorizonts für den Betrachter zur unsichtbaren Hieroglyphe werden, einem Kreuz, das dem Geschehen eingeschrieben ist.
Die nächstfolgenden Skizzen *«Bäume in sonniger Luft»* und *«Bäume im Sturm»* sind ebenfalls gleichzeitig entstanden. Beide zeigen auch eine übereinstimmende Bildkomposition. Ihr Stimmungsgehalt ist jedoch völlig verschieden. Sie sind ein Schritt zu stärkerer *Bildverdichtung*. Diese Entwicklung steigert sich von der ersten zur zweiten Skizze erheblich. Die kosmisch-irdischen Beziehungen haben sich nach der irdischen Seite hin verstärkt; das ungewohnt breite Bildformat betont den Erdhorizont. Auch die zu Sturmwolken sich ballende atmosphärische Bewegung ist in die Horizontalrichtung gezwungen. Das kosmisch-Lichthafte wird durch das stürmische Geschehen überdeckt.
Auf der ersten Skizze sieht man auf hügeligem, fast silhouettenhaft wirkendem Gelände in rhythmischer Verteilung eine Gruppe von Bäumen. Helle Grünflächen der Laubkronen, verschiedene Richtungen der rötlichen Stämme, die Formen der sattgrünen Hügel und das Blau des Himmels bilden eine Komposition von Bewegung und Spannung. Das zarte Grün der «Bäume in sonniger Luft» erscheint wie schwebend in einem hellen Himmelblau, rötliches Braun der Stämme gibt einen belebenden heiteren Klang hinein.
Die Skizze «Bäume im Sturm» ist eine Abwandlung der ersten. Mit der Verdichtung der Atmosphäre zu Sturm-Wolken verdichtet sich alles übrige: das Grün der Bäume, die Farbe der Stämme und des Wiesengrundes. Dieser Prozeß der Verstofflichung hat eine stärkere Durchformung des Gegenständlichen zur Folge. Die Bäume sind von der Sturmbewegung ergriffen, die dunkelrötlichen Stämme in eine Richtung gebogen. Das Stahlblau der Wolken bildet mit dem abgeschatteten irdischen Grün den dominierenden Farbklang. Es ist eine dramatische, dunkel-bedrohliche Stimmung entstanden.
Der kosmische Atemrhythmus der Erde wird durch das atmosphärische Geschehen, durch Sturm- und Gewitterbildungen gestört. Liegt beim ersten Skizzenpaar die malerische Aufgabe im Herausarbeiten der farbigen Verschiedenheit, so beim zweiten in der Komposition und der Farbsteigerung. Das Gesetz von *Polarität und Steigerung* wird deutlich.
Ein drittes Skizzenpaar bilden *«Besonnter Baum am Wasserfall»* und *«Kopfstudie»*. Die verschiedenartigen Bildinhalte lassen zunächst wenig gemeinsames erkennen. Und doch verbindet auch sie ein einheitliches Motiv: *die Beleuchtung*. Zum ersten Mal tritt in dieser Folge das von außen Beleuchtete thematisch in den Vordergrund. Bisher hatte sich die farbige

Bildstimmung bis zum Inhaltlich-Gegenständlichen verdichtet. Nunmehr ist der Realisierungsprozeß soweit vorangeschritten, daß die Bildgegenstände von außen beleuchtet erscheinen, daß Licht und Schatten sich an ihnen auswirken können. Dennoch bleibt alles im rein Malerischen.

Auf der Farbskizze «Besonnter Baum am Wasserfall» sieht man, wie ein strömendes Licht in gelblichen Tönungen schräg von oben auf einen Baum auftrifft und an ihm ein Licht-Schattenspiel in grün-gelb-schwärzlichen Farbnuancen hervorruft. Ein Wassersturz gegenüber in dichtem Blau bildet im Kontrast zu dem gelben Lichtstrom die farbige Komposition. Dazwischen befindet sich ein von Wasserdunst und Licht erfüllter Luftraum, in bläulich-gelblichen Farbtönen spielend. Der Erdgrund von kräftigem Braun trägt das Ganze.

Wer die zauberhafte Bildstimmung auf sich wirken läßt, mag sie sich in seiner Phantasie ergänzen durch flatternde Falter, Insektenschwirren und Vogelgesang. Er kann an das Wirken der Elementarwesen in der Natur denken, wie sie in Mythen und Märchen vorkommen und für das schauende Bewußtsein besonders dort ihre Tätigkeit entfalten, wo die verschiedenen Elemente, das Wärmehafte und das Wässerige, oder das Wässerige und das Feste aneinandergrenzen und ineinanderwirken*.

Beim Vormalen dieser Skizze begann Rudolf Steiner mit dem einfallenden Sonnenlicht. Er verdichtete es zu einem Lichtflammenbaum, dem dann das Irdisch-Grüne einverwoben wurde. Der Stamm als das Materiell-Dichteste entstand zuletzt, im Gegensatz zu den zuvor besprochenen Baum-Motiven, wo mit dem zeichenhaften Andeuten der Stämme begonnen worden war.

Diese Bildskizze ist exemplarisch für Rudolf Steiners Forderung, das an den Dingen zu beobachtende Farbenspiel in eine *«Beziehung zu einem Geistigen»* zu bringen. Das schräg einfallende und den Baum umflutende Licht auf der Farbskizze ist in Wirklichkeit nicht wahrnehmbar, aber es kann gefühlt und innerlich erlebt werden. Nur dort, wo es auf den Gegenstand auftrifft, wird es sichtbar. Das innerlich Erlebte ist aber nicht weniger wirklich als das äußerlich Anschaubare. Sichtbares und Unsichtbares zusammen ergeben erst ein Bild der vollen Wirklichkeit. Setzen wir das innerlich erlebte Unsichtbare auf die expressionistische Seite, das Sichtbare auf die impressionistische, so hätten wir — der Tendenz nach — beide Stilrichtungen auf dem Bilde vereinigt. Rudolf Steiner sprach einmal davon, daß eine zukünftige Malerei zwischen Expressionismus und Impressionismus liegen werde*.

Die «Kopfstudie» ist ähnlich behandelt wie das Baum-Motiv: als Objekt der Beleuchtung. Ein einfaches Profil tritt in gelblich-rötlichen Nuancen aus blauem Hintergrund hervor. Die zarten Schattenpartien machen deutlich, wie das Gesicht zum Lichte steht. Der Malvorgang war jedoch anders als beim «Besonnten Baum am Wasserfall». Während der Baum durch Verdichtung des Lichts allmählich entstand, wurde der Kopf durch Aussparung gebildet. Der blaue Hintergrund wurde zuerst angelegt, dabei blieb das Profil als Negativ stehen. Dann erfolgte die malerische Ausarbeitung des beleuchteten Kopfes in gelblich-orangen Tönen. Der Werdeprozeß begann hier vom Umkreis her — beim Baum ging er von innen aus.

Rudolf Steiner demonstrierte einmal in einem Vortrag, wie man aus einem Farbklang Blau-Gelb einen Kopf malen könne. «Derjenige, der das Farbige wirklich empfindet als Lebendiges, der kann gar nicht anders, als, indem er so etwas empfindet, einen gelben Farbenfleck mit einer blauen Umrandung, ein Haupt im Profil sehen... Bloß zwei Farbenflecke sind für den, der das Schöpferische der Farbe hat, dasjenige, was zu gleicher Zeit zum Erleben des Wesenhaften führt.»* Bei einer anderen Gelegenheit sagte er, daß sich das Gelbe «ausfransen» und zu Nase, Augen, Mund und Kinn gestalten will, das Blau dagegen sich zurückzieht; er nannte die Farbanlage das *«erste Element eines Gesichts im Profil»**.

Die Farbstudie *«Mutter und Kind»* bildet den Abschluß und Höhepunkt dieser Reihe. Sie ist für uns dadurch besonders bedeutungsvoll, daß Rudolf Steiner die einzelnen Phasen ihrer Entstehung während des Malens selbst erläuterte. Die Stufen der Bildentstehung bezeichnen zugleich den malerischen Entwicklungsgang, den der Schüler während seiner zwölfjährigen Schulzeit durchwandert: Zuerst das seelische Erleben im rein Farbigen, das, immer reicher sich ausgestaltend, das Kind durch die ersten Schuljahre begleitet; dann das langsame Sichformen und Verdichten der Farben zu einem Bildmäßigen in den folgenden Jahren, zuletzt das bewußtere malerische Gestalten und Herausarbeiten malerischer Werte in den obersten Klassen. Die Malerin *L. v. Blommestein*, die dem Unterricht beiwohnte, hat das Erlebnis aufgeschrieben*. Wir entnehmen ihrer Schilderung charakteristische Einzelheiten.

Rudolf Steiner hatte den Schülern gesagt, daß er ihnen ganz aus der Farbe heraus etwas vormalen wolle und setzte ein zartes, in die Höhe gezogenes und gebogenes Blau und einen gelben Fleck daneben auf das aufgespannte weiße Papier. Er erklärte dazu: «Seht ihr, das sind nun zwei ganz verschiedene Farben, das Blau und das Gelb, aber sie stehen sehr schön zusammen, sie sind sehr angenehm anzusehen. Was würde nun daneben passen?» Er mischte mit verschiedenen Pastellkreiden eine zarte Fliederfarbe und malte einen kleinen Fleck neben das Gelb. Zu den Schülern gewandt sagte er: «So, seht ihr, das steht sehr schön zusammen. Diese drei Farben bilden einen Dreiklang, genau wie in der Musik. Das ist ein Akkord.

Das ist schon eine Einheit für sich ... Jetzt wollen wir aber das Blatt noch weiter bemalen. Da müssen wir eine Farbe wählen, die gar nicht zu diesem Dreiklang gehört.» Er legte ein zartes, frisches Grün um die anderen Farben herum. Das Ganze wurde gesteigert durch ein Violett, das sich links unten an das Blau anschloß. Dazu Rudolf Steiner: «Nun seht einmal, hier (unten rechts) ist eine kleine Stelle weiß geblieben. Jetzt müssen wir diese Stelle einfüllen mit einer der Farben aus dem Dreiklang heraus, damit die Sache zusammenhält. Fühlt ihr, wie das für die Komposition notwendig ist?» Dies geschah mit einem zarten Blau, dann sprach er weiter: «So, jetzt ist das fertig, jetzt ist das Blatt schön ausgefüllt, das ist eine Farbensymphonie. Das ist an sich schön. — Jetzt wollen wir aber einmal versuchen, was wir daraus machen können. Da wollen wir in das Gelb etwas hineinmalen. Aber Gelb in Gelb, das sieht man nicht. Da müssen wir schon etwas Rötliches dazu nehmen.» Es wird dann beschrieben, wie Rudolf Steiner mit großer Sorgfalt weiterarbeitete, bis allmählich ein Gesicht entstand, wobei er bemerkte: «Die Augen, die können Sie schon richtig zeichnen.» Dann gestaltete er die Fliederfarbe zu einem kleinen Köpfchen. «Was können wir nun weiter daraus machen? — sagen wir: Mutter und Kind, aber dann muß eine Verbindung da sein zwischen der Mutter und dem Kinde». Diese wurde durch ein goldenes Orange für Arme und Hände von Mutter und Kind geschaffen. Nach weiterer Bearbeitung und Harmonisierung des Ganzen führte er mit breiten Strichen ein leuchtendes Gelb von oben nach unten über den Hintergrund, wodurch das Grün in eine Goldstimmung wechselte: «Das ist das Licht, das kommt von oben, das soll strahlen ...»
Der Aufbau vollzog sich in einem deutlichen Dreischritt. Der erste führte zum Klangerlebnis der Farben: Dreiklang; der zweite zu einem Farbenreichtum in der Komposition: Farbensymphonie; der dritte zur Bildwerdung der Farbe, zum Motiv. Aus dem Farbenerleben der Seelenstimmung «Mutterliebe» gestaltete sich das Bild der Mutter mit dem Kind. Rudolf Steiner hatte die Absicht, die Pastellstudie als Aquarellmalerei auszuführen — leider kam es nicht dazu. Ein großes Aquarell zu diesem Thema entstand aus anderer Farbstimmung und in einem anderen Zusammenhang.

Schulungsskizzen für Maler

Als eine Ergänzung zu den Schulskizzen ist eine Serie von Naturstimmungen zu betrachten, die Rudolf Steiner etwa zur selben Zeit der Malerin *Henny Geck* auf ihre Bitte hin gegeben hat. Sie sind als die «*Neun Schulungsskizzen für Maler*» bekannt*.

Die Motive «*Sonnenaufgang*» und «*Sonnenuntergang*» sind zweimal vertreten. Im ersten Skizzenpaar ist das dynamische Geschehen betont; zarte Kreidestriche zeichnen die lichtätherischen Bewegungen des Ausstrahlens und des Einstrahlens nach. Auf den beiden anderen Skizzen ist die Polarität rein im Farbigen ausgedrückt.

Bei «*Scheinender Mond*», «*Mondaufgang*», «*Monduntergang*» fällt gegenüber den Sonnenmotiven auf, daß das mondhafte Scheinen hier durch ein rhythmisches Element zum Ausdruck gebracht ist. Wie Wasserwellen in einem See verbreitet sich das Mondenlicht in abklingenden Wiederholungen der Lichtsichelform. Das äußerlich geschaute Bild wird zur innerlich erlebten Imagination. Auf die unterschiedliche Stimmung von Mondaufgang und -untergang wurde schon bei der Besprechung von Malübungen der 11. Klasse eingegangen.

Die Skizze «*Blühende und fruchtende Bäume*» ist durch einen Lichtverdichtungsprozeß bestimmt, der sich in geblich-rötlichen Tönen an der Baumperipherie abspielt und mit dem Schwarz der Erde kontrastiert. Zwischen dem toten Unteren und dem lichthaften Oberen erscheint ausgleichend das Grün als «totes Bild des Lebens». Die «*Sommerbäume*» stehen mit sattem Grün in sommerlich-luftigem Blau, das mit einem warmen Gelb der Erde harmonisch zusammenklingt. Lichtkräfte haben die Erde aufgehellt.

Große Pastellskizzen und Aquarelle

Außer diesen 1922 entstandenen Naturstimmungen hat Rudolf Steiner in den folgenden zwei Jahren weitere *vierzehn Pastellskizzen in größerem Format* entworfen, die sich vor allem auf das Wesen des Menschen beziehen. «*Licht und Finsternis*», «*Der dreigliedrige Mensch*», «*Druidenstein*», «*Ele-*

mentarwesen» sind durch Reproduktionen bekannt*. Alle diese Bildmotive waren als weiterführende Studienobjekte für Maler gedacht und sollten in freier Weise in Aquarell umgesetzt und erarbeitet werden. Pastell fand Rudolf Steiner als Maltechnik unzureichend — wirkliche Malerei konnte für ihn nur aus einer flüssigen Malweise hervorgehen. Auf der Grundlage dieser Schulungsskizzen baute die Malerin Henny Geck eine Malschule auf und leitete sie bis zu ihrem Tode.

Die vier großen Aquarelle *«Neues Leben»* (Mutter und Kind), *«Ostern»*, *«Urpflanze»* und *«Urmensch»* sind die letzten malerischen Werke Rudolf Steiners. Die beiden letzten dienten als Programme für Eurythmie-Aufführungen. Das ist typisch für sein Grundprinzip, alles Künstlerische mit dem unmittelbaren Leben zu verbinden. Das Programmbild *«Mondenreiter»* entstand als eine Gemeinschaftsarbeit mit Henny Geck. Diese Bilder sind nicht nur wegen der beispielgebenden Aquarelltechnik und ihrer starken Wirkung von besonderer Bedeutung, sondern weil sie auch etwas von der vernichteten Kuppelmalerei ahnen lassen.

Der Betrachter der Bilder ist zunächst über ihre Größe überrascht — kennt man doch das Aquarell im allgemeinen nur in kleinen Formaten. Die Intensität und Kraft der Farben, wie man sie sonst nur bei der Ölfarbe findet, rufen Erstaunen hervor. Durch die Lasurtechnik ist eine bisher unbekannte Leuchtkraft und Tiefe der Farbwirkung erreicht. Die Farbbehandlung zeigt eine naive Unbefangenheit und Ursprünglichkeit; der Farbauftrag ist spontan und ausdrucksstark. Diese Bilder enthalten malerische Elemente, die ganz sicher einer noch ungeahnten Entwicklung fähig sind. Selbstkritisch sprach Rudolf Steiner einmal aus, daß er dreißig Jahre malen müßte, um das voll realisieren zu können, was ihm in der Malerei vorschwebte. Mit diesen Beispielen wollte er den Malern Anregungen dazu geben, die Farbe von der Schwere frei zu bekommen, sie als ein sich selbst tragendes Element zu erleben und aus der Farbe heraus die Form entstehen zu lassen.

Die Laien, meinte er, würden vielleicht doch nur etwas unnötig Futuristisches in seinen Bildern sehen, mit ihnen sollten sich die Maler verständigen, mit denen er sich über künstlerische Fragen ausgesprochen habe.

Der Hinweis auf den Futurismus weckt die Frage nach der Beziehung zur zeitgenössischen Kunst. *Kubismus* und *Futurismus* waren als neue Kunstformen entstanden. Suchte der Kubismus durch Abstraktion die Dreidimensionalität zu überwinden, so war es das Anliegen des futuristischen Malers, mittelbar oder unmittelbar zu erlebende Bewegung im Bilde auszudrücken. Im gleichen Jahr, in dem Rudolf Steiner in München den ersten Schritt in der farbigen Gestaltung tat, malte Picasso sein erstes kubistisches Bild. *Picasso, Braque,* in anderer Weise auch *Gris* — bekannt als die bedeutendsten Vertreter dieser Richtung — schufen durch Abstraktion und gleichzeitige Wiedergabe verschiedener Ansichten neue malerische Bildinhalte. Um die Phänomene etwas deutlicher zu fassen, soll der Versuch der Gegenüberstellung eines Bildes von Rudolf Steiner mit einem kubistischen, etwa Picassos, gewagt werden, ohne dabei in irgendeiner Weise den künstlerischen Rang werten zu wollen.

Versuchen wir zunächst uns ein solches kubistisches Bild vorzustellen. Wir sehen Flächen, Linien, Formen, die wir als Teile bekannter Gegenstände, etwa einer Gitarre, in verschlüsselter Flächenkomposition wiedererkennen. Die Teile zeigen gleichzeitig verschiedene Ansichten — oder deuten sie an. Die stumpfen Farben sind in einer Art Lokalton der harten Form angepaßt. Der unmittelbare, naive Eindruck ist der eines aus Splittern der Wirklichkeit zusammengesetzten Bildes — ein kompositionelles Gefüge aus Linien, Formen und Farben. Mit dem Bild ist keine Abbildung gewollt, sondern ein neuer Malereigegenstand. Trotz schöner Komposition macht es einen zwiespältigen Eindruck, weil Gegenstandsformen für das gewöhnliche Bewußtsein willkürlich angeordnet erscheinen. Man kann die Absicht, die einem solchen Bilde zugrunde liegt, darin sehen, den dreidimensionalen Raum in den bildnerischen Flächenraum überzuführen, um durch das Verlassen der perspektivischen Teilansicht zur Darstellung eines umfassenderen Wahrnehmungsinhaltes zu kommen. Durch ein die Dinge übergreifendes Bewußtsein möchte man mit der neuen Bildschöpfung einen «Malerei-Gegenstand» schaffen. So befreiend dieser Schritt erscheint, die zur Erreichung eines solchen Zieles angewandten Mittel befriedigen noch nicht. Das tief in der Menschennatur verhaftete Gegenstandsbewußtsein kann sich mit den im Bild verstreuten Teilformen nicht zurechtfinden. In der reinen Abstraktion, im Verzicht auf jede Gegenstandsbezogenheit wurde diese Schwierigkeit überwunden. Sie bot die Möglichkeit, eine höhere Bewußtseinsform im Bilde zu realisieren durch Verlassen der lebensvollen Bilderwelt.

Ein Bild von Rudolf Steiner, die «Urpflanze» zeigt, wie ähnliche Bestrebungen durch andere Mittel zu völlig anderen Ergebnissen führen können. Wir sehen auf farbigem Grund eine Komposition aus kräftig leuchtenden transparenten Farben. Sie überlagern sich vielschichtig, wie sich beim kubistischen Bild Formen und Farben übergreifen. Dort sind die Farben körperhaft schwer, bei der «Urpflanze» erscheinen sie trotz ihrer intensiven Leuchtkraft wie schwebend. Es ist eine reine Farborganisation, aber wir erkennen ein pflanzliches Motiv. Keimhaft-Wurzelhaftes, Blattartiges und Blütenhaftes lassen sich deutlich unterscheiden. Ein solches Gebilde würden wir jedoch vergebens in der Natur suchen. Die Einzelheiten sind nicht unmittelbar der Erscheinungswelt entnommen, sie sind Organe der «Bildpflanze», die sich aus Farbformen zum Bilde eines Ur-Pflanzlichen gestaltet. Auch hier haben wir im Sinne des kubistischen Malers kein Naturbild. Die über allen Erscheinungen stehende Wirklichkeit der Urpflanze Goethes gestaltete Rudolf Steiner zu einem «Malerei-Gegenstand», einer zur Bildwirklichkeit gewordenen Farbimagination eines Urpflanzenhaften. Der kubistische Maler vermittelt gleichzeitig Aspekte, die nur nacheinander durch Wechsel des Standortes zu gewinnen sind, wobei gegenständliche Formelemente, wenn auch frei verwendet, auf der Stufe der äußeren Erscheinungsform bleiben. In der «Urpflanze» ist ein im zeitlichen Ablauf sich vollziehender Prozeß in einer umfassenden Bildform sichtbar gemacht. Auf der Grundlage der reinen Farbgestaltung ist hier eine höhere Stufe der Bildwirklichkeit erreicht. Würde man «die Pflanze» kubistisch malen wollen, dann müßte man sie aus pflanzlichen Formelementen, wie sie in der Natur erscheinen und zeitlich auseinanderliegen, entstehen lassen und das Bild nach flächenrhythmischen Gesichtspunkten komponieren. Das könnte zwar ästhetisch sein, könnte aber nicht den Eindruck des Lebendigen vermitteln.

Das Auseinandergliedern oder Zusammensetzen von Formen, die der Sinneswelt entnommen sind, ist nur mit toten Dingen möglich. Das Malen aus der Farbe heraus aber vermag Lebensprozesse nachzuvollziehen. Eine solche Malweise ist daher dem werdenden Menschen besonders angemessen.

Goetheanum und Bauhaus

Wenn wir nach mehr als einem halben Jahrhundert auf den künstlerischen Impuls Rudolf Steiners zurückschauen, aus dem der Bau des ersten Goetheanum in Dornach entstanden ist, so zeigt sich, daß er bis heute überaus fruchtbar geblieben ist. Je deutlicher sich der Abbau einer überkommenen Kultur um uns herum abzeichnet, um so notwendiger erscheint die Wirksamkeit dieses schöpferischen Impulses, — auch wenn sein Hervortreten nicht mit einem raschen äußeren Erfolg verbunden war. Sein Inaugurator nannte 1914 das Jahr 2000 als möglichen Zeitpunkt für ein wirkliches Verständnis des neuen Kunstimpulses*. Bis zum gleichen Zeitabschnitt erhoffte sich gegen Ende des 19. Jahrhunderts auch *Herman Grimm,* der heute vor allem durch seine Goethe-Vorlesungen und sein Werk über Michelangelo bekannt ist, eine allgemeine Einsicht in das, was das Wichtigste im Lebenswerk Goethes sei. Die Tatsache, daß der Goetheanum-Impuls in der zurückliegenden Zeit nicht untergegangen, sondern keimfähig und wirksam geblieben ist, läßt die Hoffnungen, die sich an ihn knüpfen, begründet erscheinen.

In diese Zeit der Entfaltung neuer Kunstkräfte aus neuer Kunsterkenntnis am Goetheanum fiel die Gründung des *Bauhauses* in Weimar durch *Walter Gropius.* Sein Gründungsjahr 1919 war interessanterweise auch das der Freien Waldorfschule in Stuttgart. Die Bauhausgründung führte in der Folgezeit zu weitreichenden Wirkungen in der Stilentwicklung und Formgestaltung unserer Umwelt. Bauhaus und Goetheanum als zeitliche Parallelerscheinungen entwickelten sich zu polaren Pflanzstätten verschiedener kultureller Impulse. Beide Stätten strebten im *Gesamtkunstwerk* eine Integration aller Künste an. War beim Bauhaus der *konstruktive Baugedanke* die leitende Idee und das Handwerk der Boden für die allseitige Entfaltung des Künstlerischen, so war beim Goetheanumbau der *Metamorphosengedanke* das richtungsweisende und gestaltende Prinzip. Nicht die konstruktive, sondern eine den Lebensgesetzen entsprechende durchseelte und durchgeistigte Kunstform wurde gesucht. Die *Idee der Metamorphose,* von Goethe als naturwissenschaftliche Erkenntnismethode für das Organische entwickelt, wurde durch Rudolf Steiner zum künstlerischen Prinzip erhoben. Das ist ein entscheidender Entwicklungsschritt im europäischen Kunstschaffen, wenn er auch bisher nur wenigen bekannt ist. Erstmals wurde ein Bauwerk als ein lebendiger Organismus geschaffen: «Alles was an diesem Bau ist, geht so wie ein Pflanzenblatt aus dem andern ... hervor: es ist durchaus in künstlerischem Sinne das Wirken der Metamorphose.»*

Dieses Wort Rudolf Steiners ist ein Schlüssel zum Verständnis der bis dahin ungewohnten künstlerischen Formen. Der Bau sollte sich zum *«Haus des Menschen»* gestalten. Im umfassenden Sinne sollte der Mensch hier eine Heimat haben, sollte sich hier selbst begegnen. Die Konzeption des Baues beruhte nicht auf äußeren rationellen Gesichtspunkten, sondern wollte den Notwendigkeiten des Menschen in unserer Kulturzeit entsprechen. Ähnlich den Tempelbauten der Vergangenheit, des ägyptischen, des griechischen Tempels oder des mittelalterlichen Doms, sollte die in unserer Zeit zu entwickelnde Geisteskultur einen Ausdruck finden. In Goethes Märchen von der grünen Schlange und der schönen Lilie wird ein solcher Tempel bildhaft beschrieben. Dieses Märchen und die Mysteriendramen Rudolf Steiners, die im Goetheanum zur Aufführung kommen, stehen in einem inneren Zusammenhang. Darauf soll hier nur hingedeutet werden.

Das Bauhaus mit seiner *konstruktiven Tendenz* hatte zunächst noch eine starke Rückbezogenheit zur mittelalterlichen Bauhütte, was schon in der Wortverwandtschaft von «Bauhütte» und «Bauhaus» zum Ausdruck kommt. Das Meisterprinzip — Baumeister, Handwerksmeister — bekam eine neue Bedeutung. Die Lehrer des Bauhauses wurden als Meister berufen. Eine «neue Zunft der Handwerker» sollte gebildet werden: Architekten, Bildhauer, Maler — sie alle sollten zum Handwerk zurückkehren als dem Mutterboden, auf dem allein Kunst erstehen kann. Der Künstler wurde verstanden als eine Steigerung des Handwerkers. Ziel aller bildnerischen Tätigkeiten sollte *«der Bau»* sein. Der neue Bau der Zukunft sollte alles in einer Gestalt sein: Architektur, Plastik und Malerei; er sollte «einst gen Himmel steigen als kristallenes Sinnbild eines neuen kommenden Glaubens»*.

Dieses Zukunftsbild aus dem Bauhaus-Manifest, versinnbildlicht durch einen Holzschnitt Lyonel Feiningers «Die Kathedrale des Sozialismus», erweckt Erinnerungen an den hochstrebenden gotischen Kathedralbau. Aber welcher neue Glaube sollte diesen Wunderbau der Zukunft erschaffen? Ist hier letzten Endes nicht doch ein Vergangenheitsbild in die Zukunft projiziert? Dieser Idealbau ist in der Tat ein Wunschbild geblieben. Im Grunde genommen ist, was sein konstruktiv-abstraktes Element betrifft, der Bauhausimpuls als ein letzter Ausläufer einer Vergangenheitskultur zu betrachten. Ähnlich den Schaffensperioden des einzelnen Künstlers, wo die abstrakte Form in der Regel nicht am Anfang, sondern am Ende einer Entwicklung steht, wie viele Künstlerbiographien zeigen, vollzieht sich der Ablauf im kulturellen Geschehen. Der junge Künstler sucht zunächst das Lebensvolle der Erscheinungen zu erfassen und dringt erst nach und nach zu ihren Gesetzmäßigkeiten vor, die sich ihm abstrakt oder auch bildhaft offenbaren. So sehr sich die beiden kulturellen Strömungen, die vom Bauhaus und Goetheanum ausgehen, in ihren Zielsetzungen ähneln, so verschieden sind sie in ihren Wegrichtungen und konkreten Ergebnissen. Ist die eine trotz ihrer modernen Orientierung noch vergangenheitsbezogen, so ist die andere ganz von der Zukunft her konzipiert. Während sich der Bauhausimpuls, bildlich gesprochen, im Schatten der Kathedrale entfaltete, erschien der Goetheanumbau in seiner Metamorphosen-Gestalt für die kurze Dauer seiner Existenz wie ein aus der Zukunft in die Gegenwart hereingeworfenes Licht-Bild, Ziel und Wegweisung gebend. Weimar, die Stadt Goethes, des Begründers der Metamorphosenlehre und Gründungsort des Bauhauses, kann als bedeutsamer Schnittpunkt dieser Strömungen gelten.

Der Bauhausimpuls hat sich auf allen Gebieten, nicht zuletzt in der Malerei, in starkem Maße durchgesetzt. Dazu hat der Umstand beigetragen, daß die hervorragendsten Vertreter des Bauhauses Maler waren, die als «Meister» von Gropius berufen wurden. Man könnte daher auch sagen, daß es Maler waren, die dem Bauhaus seine Zielsetzung gaben. Gropius ging von der Überzeugung aus, daß seit der Jahrhundertwende die Malerei führend in der Kunst geworden sei. Die Wahl der Berufungen wurde schicksalhaft nicht nur für das Bauhaus, sondern für die kulturelle Entwicklung der folgenden Jahrzehnte. Interessant ist, daß diese Wahl auf die bedeutendsten Vertreter der abstrakten und kubistischen Richtung fiel, Kandinsky, Klee, Feininger, Schlemmer, Itten u. a., indessen die damals anerkannteren expressionistischen Maler wie Nolde, Chagall, Kokoschka und die Maler der «Brücke» unberücksichtigt blieben. Die Maler des Bauhauses wurden, jeder in seiner individuellen Prägung, zu Wegbereitern der modernen Kunst.

Wir müssen uns heute fragen, was aus dem Bauhausimpuls und was aus dem Goetheanumimpuls geworden ist. Die Welt, in der wir heute leben, mit ihren nüchternen, rationellen Zweckbauten: Warenhäusern, Bank- und Versicherungsgebäuden, Fabrikanlagen, Wohnblöcken ist weitgehend aus dem Bauhaus hervorgegangen. Diese Welt zeigt kein kristallenes Sinnbild eines neuen Glaubens; sie ist vielmehr der Ausdruck einer funktionellen, damit im Grunde seelenlosen, ja menschenfeindlichen Welt. Hat auch diese einseitige Entwicklung nicht in der Absicht des Bauhausgründers und seiner Mitarbeiter gelegen, so lag in dem konstruktiv-funktionellen Element eine eigengesetzliche, zwingende Kraft. Der «Meister» des Bauhauses, dessen Idealgestalt uns in das Mittelalter zurückführt, konnte seine Stellung in der Welt von heute nicht halten; er wurde durch den Konstrukteur, den Ingenieur, den Statiker ersetzt. Das rückbezogene Meisterprinzip mit seiner Romantik fand in der modernen Welt keinen Platz. Das Handwerk, dem als Mutterboden der Kunst eine neue Blütezeit zugedacht war, wurde durch die fortschreitende Technisierung und Industrialisierung weitgehend verdrängt. Ökonomische und rationelle Gesichtspunkte wurden allein bestimmend.

Ohne Zweifel war die Achtung der Menschenwürde ein besonderes Anliegen der Bauhaus-Mitarbeiter. Aber um gestalterische Formen zu finden, die dieser Würde entsprechen, bedarf es heute tieferer Quellen der menschlichen Erkenntnis. Nicht mehr der Glaube an den Geist, sondern eine Wissenschaft vom Geist muß zu diesen Quellen vordringen. Deutlich zeigt sich, daß der Bauhaus-Impuls in seinen gegenwärtigen Auswirkungen sich zwangsläufig erschöpft hat.

Und wie verhält es sich mit dem Goetheanumimpuls? Fast unbeachtet vor der Weltöffentlichkeit, scheinbar abseits vom modernen Kunstgeschehen, doch zugänglich für jedermann und weithin sichtbar, entstand auf dem Dornacher Hügel in der Schweiz eine Neuschöpfung, für die die Zeitgenossenschaft noch wenig vorbereitet war. Vom Opfersinn vieler Menschen getragen, entfaltete sich in der Zeit, in der sich die Völker der Welt kriegerisch bekämpften, ein intensives künstlerisches Leben. Angehörige der befeindeten Nationen bauten gemeinsam an einem Friedenswerk. Hier wurde «der Bau» nicht als ein imaginäres Ziel vor Augen gestellt, sondern hier trat er zugleich mit der Idee in die volle Wirklichkeit ein, und das mit erstaunlicher Vollkommenheit. Freilich muß man dieses Werk heute als einen Vorgriff auf die Zukunft bezeichnen, denn es konnte nicht ohne weiteres nachvollzogen werden — zu groß war der Vorsprung seines Schöpfers gegenüber den Mitarbeitern und Schülern. Aber mit dem Bau waren zugleich die Wege vorgezeichnet, die durch Schulung zu den notwendigen neuen Fähigkeiten führen. Handwerk ist relativ schnell erlernbar, aber die inneren Fähigkeiten, auf die letztlich alles ankommt, entwickeln sich nur langsam. Darin liegt der Grund für die zwar stetige, aber nur langsame Ausbreitung des neuen künstlerischen Impulses.

Der Dornacher Bau verlangte vom Betrachter Vorurteilslosigkeit — bestand doch keinerlei Rückbezogenheit auf Repräsentativbauten der Vergangenheit. Nur allzu gern stellt man sich das Neue im Gewande eines Bekannten oder Gewohnten vor. Hier war alles ungewohnt. Wenn man, wie es heute vielfach geschieht, den ersten Goetheanumbau als gelungenen Ausdruck des von den Künstlern des sogenannten Jugendstils erstrebten idealen Gesamtkunstwerks hinstellt, so ist das verständlich, weil im Jugendstil eine Empfindungsrichtung zum Ausdruck kam, die ein geistiges Element in der Kunst suchte. In seiner Bemühung um das Organische orientierte er sich an äußeren Formen; seine linearen Elemente scheinen den Flächenbewegungen der Goetheanumformen verwandt zu sein. Aber man übersieht das Wesentliche. Erst seine geisteswissenschaftlichen Erkenntnisse führten Rudolf Steiner zum vollen Verständnis des Goetheschen Metamorphosengedankens, so daß er in dessen Sinne künstlerisch wie die Natur schaffen konnte. In den Ausführungen über die Plastik (Seite 101 ff) und über das Aquarell «Urpflanze» (Seite 205) ist darauf näher eingegangen.

Der Bau wurde kurz nach seiner Vollendung in der Neujahrsnacht 1922/23 durch Brandstiftung zerstört. Rudolf Steiner schuf noch vor seinem Tod 1925 das Außenmodell für einen zweiten Bau, jedoch nicht mehr als Doppelkuppelbau aus Holz, sondern als ein Monument aus modernem Material, dem Sichtbeton*. Er ist deshalb mit dem ersten Bau nicht zu vergleichen. Aber er ist aus demselben Geist geschaffen, eine Neuschöpfung im gleichen Sinne. Beispielhaft ist der Versuch, die Möglichkeiten des Betongusses materialgerecht für lebendig-organische Formen zu nutzen.

Gerade dadurch ist das zweite Goetheanum ein Wahrzeichen unserer modernen Kultur im besten Sinne geworden, als Gegenbild zum Beton-Rasterbau. Das Unglück des Brandes wurde von Rudolf Steiner ins Positive gewendet, indem er im zweiten Goetheanum aus demselben schöpferischen Bauimpuls ein «lebendiges Denkmal» des zugrunde gegangenen Baues schuf.

Der in Holz auf einem Betonsockel aufgeführte und geschnitzte erste Bau mit seinen Kuppeln, Säulen und geschliffenen Farbfenstern ist den Menschen, die ihn gesehen haben, zu einem unauslöschlichen Erlebnis geworden. Ihre Schilderungen leben fort in einer jüngeren Generation, die sich allenthalben bemüht, sich durch eigene praktisch-künstlerische Tätigkeit in diese Formen- und Farbenwelt einzuarbeiten. Neben dem Goetheanum-Betonbau entstand in Dornach eine Wohnsiedlung, in der einige Häuser noch nach Plänen Rudolf Steiners gebaut wurden. Auch sonst sind überall in der Welt Bauwerke zu finden, die diesen organischen Baustil zum Ausdruck bringen wollen. Viele Waldorf- und Rudolf Steiner-Schulen, deren es zur Zeit weit über zweihundert gibt, Kindergärten, Heilpädagogische und andere Institute, Kirchen, Produktionsstätten und Wohnbauten geben Beispiele für die Fruchtbarkeit der goetheanistischen Bau-Idee. Außerdem kann man vielerorts Bauformen sehen, die in die gleiche Entwicklungsrichtung zu gehen scheinen. Der Sinn für organische Formen ist heute im Vergleich zu den zwanziger Jahren allgemeiner geworden.

An freien Kunstschulen für Plastiker und Maler und in Architekturbüros werden die Kunstimpulse Rudolf Steiners gepflegt. Ebenso haben sich viele freischaffende Künstler mit ihnen verbunden. Die Ergebnisse ihres Schaffens sind vielfältig und vielversprechend, wenn auch die künstlerischen Prozesse noch einen weiten Zeitraum benötigen, um als vollgültiger Ausdruck einer neuen Geisteskultur zu gelten. Eine neue spirituelle Kunst setzt neue Fähigkeiten voraus.

«Eine neue Kunst wird aufgehen, wenn die Menschenseele lernen wird, sich in das Elementare, das lebendig ist, zu versenken und zu vertiefen. Man kann gegen das polemisieren, man kann meinen, daß man das nicht solle; da polemisiert aber nur die menschliche Trägheit dagegen. Denn entweder wird der Mensch sich mit seinem vollen Menschentum einleben in das Elementarische, die Elementargewalten, wird Geist und Seele des Äußeren aufnehmen, oder es wird die Kunst immer mehr und mehr zu der Eremiten-Arbeit der einzelnen Seele werden, wodurch ja recht Interessantes für die Psychologie dieser oder jener Seele zum Vorschein kommen kann, wodurch aber niemals das erreicht werden wird, was die Kunst einzig und allein erreichen kann. Man redet noch sehr, sehr von Zukunft, wenn man diese Dinge ausspricht, aber dieser Zukunft müssen wir gleichsam entgegengehen mit dem durch die Geisteswissenschaft befruchteten Auge, sonst sehen wir nur in das Tote, Absterbende der Menschenzukunft hinein.»*

Und über die Wirkung solcher Kunst sagte Rudolf Steiner: «Wahre Heilung vom Bösen zum Guten wird in der Zukunft für die Menschenseelen darin liegen, daß die wahre Kunst jenes geistige Fluidum in die menschlichen Seelen und ... Herzen senden wird, so daß diese Menschenseelen und -herzen, wenn sie verständnisvoll umrahmt sind von dem, was geworden ist in architektonischer Skulptur und anderen Formen, dann, wenn sie lügnerisch veranlagt sind, aufhören zu lügen; daß, wenn sie friedensstörerisch veranlagt sind, sie aufhören, den Frieden ihrer Mitmenschen zu stören. Baulichkeiten werden zu sprechen beginnen. Eine Sprache werden sie sprechen, die heute die Menschen noch nicht einmal ahnen.»*

Kunst als Volkspädagogik

Zum Abschluß möchten wir die Frage der Kunsterziehung nach der Frage der Kunst als solcher wenden. Stimmen werden laut, die erklären, durch die Verwissenschaftlichung unseres ganzen Lebens sei die Kunst überholt, sie sei durch die Wissenschaft ersetzt. Somit würden Rudolf Steiners Bestrebungen als Anachronismus im Strome des Fortschritts stehen.

Im täglichen Leben begegnen wir aber überall einer ganz selbstverständlichen Benutzung künstlerischer Mittel, vor allem zu kommerziellen Zwecken. Nun kann man zwar mit wissenschaftlichen Methoden psychologische Wirkungen untersuchen; wenn man aber aufgrund solcher Untersuchungen wirksam sein will, muß man sich des Bildes, muß man sich angewandter Kunst bedienen. Und die angewandte Kunst speiste sich zu allen Zeiten aus der sogenannten absoluten Kunst. Dieses grobe Beispiel soll nur die paradoxe Situation verdeutlichen. Sie weist auf ein Mißverständnis hin, das durch die Kunsttheorie der letzten beiden Jahrhunderte mit heraufbeschworen wurde. Die Folgen dieses Mißverständnisses, die sich auch in einer uns unfruchtbar erscheinenden Form der Theoretisierung des Kunstunterrichts äußern, sind nur zu überwinden, wenn man die Frage nach dem Wesen der Kunst klärt.

Diese Frage behandelte Rudolf Steiner in seiner frühen Schrift «Goethe als Vater einer neuen Ästhetik», die er nach einem am 9. November 1888 im Wiener Goethe-Verein gehaltenen Vortrag veröffentlichte*. Schon seit Mitte des 18. Jahrhunderts beschäftigte sich die Philosophie damit, «die würdigste wissenschaftliche Form für die eigentümliche Art zu finden, wie im Kunstwerke Geistiges und Natürliches, Ideales und Reales miteinander verschmelzen».* Solange im Griechentum Natur und Geist noch als untrennbare Einheit erlebt wurden, konnte Aristoteles die bloße Naturnachahmung zum Kunstprinzip erklären. Das christliche Mittelalter stand der als gottlos empfundenen Natur fremd gegenüber. Zwar wurden mit den Mitteln der Natur herrliche Werke zu Ehren des Göttlichen geschaffen, doch konnte die gelehrte Wissenschaft den Gegensatz von Geist und Natur nicht überbrücken. Aus dieser Trennung leitet sich auch die Interpretation der Kunst ab, zu der die Philosophen des deutschen Idealismus von Kant bis Schelling

auf verschiedenen Wegen gelangten: «Das Kunstwerk ist nicht um seiner selbst willen und durch das, was es ist, schön, sondern weil es die Idee der Schönheit abbildet. Es ist dann nur eine Konsequenz dieser Ansicht, daß der Inhalt der Kunst derselbe ist wie jener der Wissenschaft, weil sie ja beide die ewige Wahrheit, die zugleich Schönheit ist, zugrunde legen.»*
Diese Interpretation konnte nicht befriedigen. Keiner der um das Problem der Kunst bemühten Wissenschaftler hatte sich indes um Goethes vielfältige Äußerungen zu diesem Thema gekümmert. Goethe lag die Trennung von Geist und Natur fern. Sein Bestreben war es vielmehr, das Gegensätzliche, Getrennte auf der Höhe des erreichten geistigen Fortschritts wieder zu vereinigen. Er suchte das allen Erscheinungen zugrunde liegende Urbildliche, er suchte «die höhere Natur in der Natur». Darin liegt Goethes besondere Stellung zur Kunst begründet.

Zwischen der Idee auf der einen Seite und der Wirklichkeit auf der anderen «bedarf der Mensch eines neuen Reiches ..., in dem das Einzelne schon und nicht erst das Ganze die Idee darstellt, eines Reiches, in dem das Individuum schon so auftritt, daß ihm der Charakter der Allgemeinheit und Notwendigkeit innewohnt. Eine solche Welt ist aber in der Wirklichkeit nicht vorhanden, eine solche Welt muß sich der Mensch erst selbst erschaffen und diese Welt ist die Welt der Kunst: ein notwendiges drittes Reich neben dem der Sinne und dem der Vernunft ...»* «Der Künstler muß aber auf das zurückgehen, was ihm als die Tendenz der Natur erscheint. Und das meint Goethe, wenn er sein Schaffen mit den Worten ausspricht: ‹Ich raste nicht, bis ich einen prägnanten Punkt finde, von dem sich vieles ableiten läßt.› Beim Künstler muß das ganze Äußere seines Werkes das ganze Innere zum Ausdruck bringen; beim Naturprodukt bleibt jenes hinter diesem zurück, und der forschende Menschengeist muß es erst erkennen. So sind die Gesetze, nach denen der Künstler verfährt, nichts anderes als die ewigen Gesetze der Natur, aber rein, unbeeinflußt von jeder Hemmung. Nicht was *ist*, liegt also den Schöpfungen der Kunst zugrunde, sondern was *sein könnte*, nicht das Wirkliche, sondern das Mögliche ... Der *Inhalt* eines Kunstwerkes ist irgendein sinnenfällig wirklicher – dies ist das *Was;* in der Gestalt, die ihm der Künstler gibt, geht sein Bestreben dahin, die Natur in ihren eigenen Tendenzen zu übertreffen ... Der Gegenstand, den der Künstler vor uns stellt, ist vollkommener als er in seinem Naturdasein ist; aber er trägt doch keine andere Vollkommenheit als seine eigene an sich ...»*
«Die Natur wird zum Geiste erhoben, der Geist versenkt sich in die Natur ...»
«Die Werke, die dadurch entstehen, sind ... deshalb nicht völlig naturwahr, weil in der Wirklichkeit sich nirgends Geist und Natur decken; wenn

wir daher die Werke der Kunst mit jenen der Natur zusammenstellen, so erscheinen sie uns als *bloßer Schein*. Aber sie müssen Schein sein, weil sie sonst nicht wahrhafte Kunstwerke wären. Mit dem Begriffe des Scheines in diesem Zusammenhang steht *Schiller* als Ästhetiker einzig da, unübertroffen, unerreicht. Hier hätte man weiter bauen sollen ... Statt dessen tritt *Schelling* mit einer vollständig verfehlten Grundansicht auf den Plan und unauguriert einen Irrtum, aus dem die deutsche Ästhetik nicht wieder herausgekommen ist. Wie die ganze moderne Philosophie findet auch Schelling die Aufgabe des höchsten menschlichen Strebens in dem Erfassen der ewigen Urbilder der Dinge ... Für Schelling ist Kunst nur die objektiv gewordene Wissenschaft ... Das sinnliche Bild ist nur Ausdrucksmittel, die Form, in der sich ein übersinnlicher Inhalt ausspricht.»* Die Kunst hat demnach keine selbständige Bedeutung.

Anders ist dies bei Goethe. In «Wahrheit und Dichtung» zitiert er einen Ausspruch *Mercks*, den er selbst bedeutend fand und der den Sachverhalt besonders verständlich macht: « ‹Dein Bestreben›, sagte er, ‹deine unablenkbare Richtung ist, dem Wirklichen eine poetische Gestalt zu geben; die andern suchen das sogenannte Poetische, das Imaginative zu verwirklichen, und das gibt nichts wie dummes Zeug›.» Goethe dazu: «Faßt man die ungeheure Differenz dieser beiden Handlungsweisen, hält man sie fest und wendet sie an, so erlangt man viel Aufschluß über tausend andere Dinge.»*

«Es ist deutlich gesagt, worauf es in der Kunst ankommt. Nicht auf ein Verkörpern eines Übersinnlichen, sondern um ein Umgestalten des Sinnlich-Tatsächlichen. Das Wirkliche soll nicht zum Ausdrucksmittel herabsinken: nein, es soll in seiner vollen Selbständigkeit bestehen bleiben; nur soll es eine neue Gestalt bekommen, eine Gestalt, in der es uns befriedigt ... Und dies ist etwas ganz anderes, als was die deutschen idealisierenden Ästhetiker wollen. Das ist nicht die ‹Idee in Form der sinnlichen Erscheinung›, das ist das gerade Umgekehrte, das ist eine ‹sinnliche Erscheinung in der Form der Idee› ... Die deutsche Ästhetik ... hat die Dinge einfach auf den Kopf gestellt. Das Schöne ist nicht das Göttliche in einem sinnlich-wirklichen Gewande; nein, es ist das Sinnlich-Wirkliche in einem göttlichen Gewande. Der Künstler bringt das Göttliche nicht dadurch auf die Erde, daß er es in die Welt einfließen läßt, sondern dadurch, daß er die Welt in die Sphäre der Göttlichkeit erhebt. Das Schöne ist Schein, weil es eine Wirklichkeit vor unsere Sinne zaubert, die sich als solche wie eine Idealwelt darstellt ...»

«Die Ästhetik nun, die von der Definition ausgeht: ‹das Schöne ist ein sinnliches Wirkliche, das so erscheint, als wäre es Idee›, diese besteht noch nicht. Sie muß geschaffen werden. Sie kann schlechterdings bezeichnet werden als die ‹*Ästhetik der Goetheschen Weltanschauung*›. Und das ist die *Ästhetik der Zukunft*.»*

Die Geschichte der Kunst beweist das elementare Bedürfnis des Menschen nach künstlerischer Betätigung. Die Eiszeithöhlen zeigen es ebenso wie die Formen und Ornamente der ältesten Gebrauchsgegenstände. Wie dieser Kunsttrieb genauso wie der religiöse und der wissenschaftliche in der Menschennatur begründet ist, konnte erst durch ein geisteswissenschaftliches Verständnis des Menschen ganz deutlich gemacht werden.

1918 sprach Rudolf Steiner von zwei Ursprüngen der Kunst, die tief in der Menschenseele wurzeln und sich auf verschiedene Weise äußern*. Darüber soll hier kurz referiert werden.

Will man erfassen, was das künstlerische Bedürfnis hervorruft, so muß man in jene unterbewußten Tiefen der Seele steigen, wo der Mensch eine Summe von Erlebnissen hat, die nur von wenigen geahnt werden. Das Seelenleben wechselt zwischen zwei Zuständen. Der eine wird wie folgt beschrieben:

In den Tiefen der Seele ist etwas, was frei heraufsteigen will, die Seele quält — wenn auch meist unbewußt — und sich fortwährend zum Bewußtsein herauf entladen will, aber sich nicht entladen kann und auch nicht soll — als Vision. Im gesunden Seelenleben dürfen die verhaltenen Gefühls- und Willensimpulse nicht bis zur Vision kommen. Dieses Wollen der Vision wird durch die äußeren Eindrücke zum gesunden Gedanken abgeschwächt. Das in jeder Menschenseele vorhandene Streben nach der Vision kann befriedigt werden, wenn ihr in einer äußeren Gestaltung, einem äußeren Bildwerk gleichsam der Inhalt der Vision entgegengehalten wird. Und wir bieten der Seele nur dann etwas wirklich Künstlerisches, wenn wir imstande sind zu erraten, welche Bildgestalt das Werk haben muß, um ihre Sehnsucht nach dem Visionären zu erfüllen. «Ich kann mir denken, daß jemand sich mit irgendwelchen künstlerischen Mitteln einfach darauf beschränken würde, Seelenstimmungen, Gefühle dadurch auszudrücken, daß er Farben zusammenstellt, die vielleicht gar nicht irgendeinem äußeren Gegenstand entsprechen — vielleicht, je weniger sie ihm entsprechen, desto besser —, aber die gewissermaßen das Gegenbild dessen sind, was in seinem Seelenleben zur Vision kommen will.»*

Eine solche Gestaltung wird in der Richtung der expressionistischen Kunst liegen, wenn auch der Expressionismus in der Form, in der er historisch hervorgetreten ist, nicht bis zu solcher Klärung kam.

Der andere Ursprung des künstlerischen liegt in dem inneren Verhältnis des Menschen zu der ihn umgebenden Natur. Sie birgt Geheimnisse in sich, die durch die Kunst entzaubert werden können. Die Natur ist nicht nur von unendlichem Leben erfüllt, in ihr wirken auch Tod und Zerstörung. In ihr ist etwas wirksam, wodurch fortwährend ein Leben durch das andere überwunden, zerstört wird. Das kann am Beispiel der menschlichen Gestalt, die in ihren Formen etwas Geheimnisvolles hat, verdeutlicht werden. Diese äußere Gestalt würde ganz anders aussehen, wenn sie nicht in jedem Augenblick durch die menschliche Seele und das menschliche Leben getötet würde. Könnte die Gestalt ihren eigenen Formtendenzen, ihrem eigenen Leben folgen, so würde etwas ganz anderes aus ihr. Dieses in ihr verzauberte Eigenleben kann sich nicht naturgemäß entwickeln, weil das höhere Leben der Seele und der Lebenskräfte es verhindern. Dem Künstler ist es vorbehalten, dieses verborgene Leben zu entzaubern und sichtbar zu machen. Weiter ins Konkrete gehend, macht Rudolf Steiner darauf aufmerksam, daß bei der menschlichen Gestalt Kopf und übriger Organismus sich so auseinandergliedern, daß jeder dieser Teile wie ein Ganzes erscheint und jeder Teil als eine Metamorphose des andern betrachtet werden kann.

Ein Bildhauer könnte sich nun die Aufgabe stellen, mit künstlerischer Phantasie beide Teile einzeln zu ergänzen. In jedem Fall käme etwas völlig anderes heraus. Ausgehend von der Knochenform des Hauptes würde er zu einer Gestaltung kommen, die ganz sklerotisiert wäre. Dagegen würden ihn die Formtendenzen des übrigen Organismus mit all dem Trieb- und Begierdenhaften, das in ihm lebt, zu einer recht menschenunähnlichen plastischen Bildung führen.

Ähnlich verhält es sich mit dem Farbigen. In der Natur erscheint es an Objekte gebunden. Die Farbe hat aber ein eigenes Leben, das nichts zu tun hat mit der Farbe am Objekt. Dieses Leben kann durch das künstlerische Gestalten befreit werden. Diesen Weg der Befreiung der Farbe gingen die revolutionären impressionistischen Maler des 19. Jahrhunderts. Ihr großes Verdienst war die Neuentdeckung der Farbe in der Malerei und ihre Befreiung vom Zwang naturalistischer Formen. Sie wurde als ein schöpferisches Wesen mit eigener und ursprünglicher Aussagekraft erkannt. «Für den Maler sind nur die Farben wahr. Ein Bild ... soll zunächst nichts darstellen als Farben», sagte Cézanne*.

Daran schließt Rudolf Steiner an. «Ich glaube, daß in all den verschiedenen Tendenzen und Bestrebungen, die man begonnen hat, aber bei denen man sehr im Anfang stecken geblieben ist und die sich die Bezeichnung ‹Impressionismus› zulegen, die Sehnsucht unserer Zeit empfunden werden kann, die so gearteten Geheimnisse der Natur, das so geartete Sinnlich-Übersinnliche wirklich aufzufinden und es zu gestalten.» Und weiter: «Welche unendliche Bedeutung gewinnt alles dasjenige, was die Maler der neueren Zeit versucht haben, um die verschiedenen Farben, um das Licht in seinen verschiedenen Tönungen wirklich zu studieren, um darauf zu kommen, daß im Grunde jeder Lichteffekt, jeder Farbenton mehr sein will, als er sein kann, wenn er hineingezwungen ist in ein Ganzes, wo er ertötet wird durch ein höheres Leben.»*

Und auf die beiden «Ursprünge der Kunst» zurückkommend: «Diese beiden Bedürfnisse der menschlichen Seele sind immer die Quelle der Kunst gewesen, nur daß durch die allgemeine Menschheitsentwicklung in der unmittelbaren Vergangenheit ... das erste expressionistisch, das zweite impressionistisch verfolgt wird. Es wird sich wahrscheinlich, der Zukunft zueilend, in ganz besonderem Maße ausgestalten ... Diese zwei Richtungen — das muß gegenüber gewissen Mißverständnissen immer wieder betont werden — entsprechen durchaus nicht irgend etwas Krankhaftem. Das Krankhafte würde gerade dann über die Menschheit kommen, wenn der innerhalb gewisser Grenzen elementarisch naturgesunde Zug nach dem Visionären nicht befriedigt würde durch Kunstexpressionen, oder wenn das, was ja doch unser Unterbewußtes fortwährend tut, dieses die Natur in ihr Sinnlich-Übersinnliches zerlegen, wenn das nicht immer wieder und wiederum durch den wahrhaft künstlerischen Humor mit einem höheren Leben durchsetzt würde, damit wir in die Lage kommen, das was die Natur schöpferisch vollbringt, ihr nachzuschaffen in dem Kunstwerk.»*

Auf das Zeitgenössische gewendet, äußerte Rudolf Steiner in anderem Zusammenhang: «Die Impressionisten haben in der Kunstgeschichte schon ihr Wort gesprochen. In der Farbgebung, in Plein-air-Farben haben sie etwas Neues geschaffen, nur reichte es nicht: den Menschen selbst haben sie ausgeschlossen, und so konnte sich diese Kunstrichtung nicht entwikkeln und mußte ins Nichts zerfallen.

Die Expressionisten bauen nur auf sich selbst; sie schaffen die Welt ab und werden dadurch am Ende völlig phantasielos, völlig abstrakt. Zum Schluß können sie nur Linien und geometrische Figuren zeichnen. Sie kommen in sich in ein Gebiet, wo das Mathematisierende sitzt ... Die Expressionisten haben schon manchmal Einblicke ins Geistige; aber es sind nur Bruchstücke, Momente. In einem Moment aber ist nichts Künstlerisches ...»* An dieser Stelle wies Rudolf Steiner darauf hin, daß ein neuer Stil gerade *zwischen* diesen beiden Richtungen zu suchen wäre.

Für die Kunstpädagogik bedeutet die Erkenntnis dieser beiden Quellen der Kunst in der menschlichen Seele eine ernste Verantwortung. Der Mensch bringt aus seinem vorgeburtlichen Dasein in seinem geistig-seelischen Wesen innere Bilder mit, die er sich nun in seinem Leben lebendig machen muß. Alle Mythen, Sagen und Märchen sind Ausprägungen dieser Bilderwelt. Wenn der menschlichen Seele das Leben in solcher Bilderwelt versagt wird, hat das nicht wieder gut zu machende Folgen. Rudolf Steiner spricht darüber in einem 1920 gehaltenen Vortrag*.

«Nun müssen wir uns klar darüber sein . . ., daß wir herunterbringen aus der geistigen Welt, in den Wirkungen wenigstens, dasjenige, was wir in dieser geistigen Welt erlebt haben. Geradeso wie man sonst, wenn man einen Ort verläßt und vielleicht zu dem anderen hingeht, außer seinen Kleidern noch sein Geistig-Seelisches aus dem alten Ort in den neuen hineinträgt, so bringt man auch aus der geistig-seelischen Welt durch Empfängnis und Geburt in diese Welt mit die Folgen, die Wirkungen dessen, was man in der geistigen Welt durchgemacht hat . . .

Nun ist es ja zunächst meistens so bei der Menschheit, daß sie widerstrebt diesem Hineinleben der vor der Empfängnis erlebten Bilder . . . Die Menschen stoßen gewissermaßen das zurück . . . Die Nüchternheit, das Prosaische der neueren Zeit ist ja ein Grundcharakterzug, und es gibt heute sogar breite Strömungen, die sich dagegen wehren, daß man durch die Erziehung schon dafür sorgt, daß dasjenige, was aus der Seele aufsteigen . . . will, auch wirklich zur Geltung komme. Es gibt trockene Nüchterlinge, welche die Erziehung durch Märchen, Legenden, durch das, was von der Phantasie durchstrahlt ist, eigentlich ausschließen möchten. In unserem Waldorfschulsystem haben wir gerade in den Vordergrund gestellt, daß der Unterricht und die Erziehung bei den die Volksschule betretenden Kindern ausgehen von bildhafter Darstellung, von einem lebendigen Hinstellen der Bilder, von Legendarischem, von Märchenhaftem. Und auch dasjenige, was die Kinder zunächst erfahren sollen über die Wesen und Vorgänge im Tierreich, im Pflanzenreich, im Mineralreich, soll nicht in trockener, nüchterner Weise gesagt werden, sondern das soll gekleidet werden in das Bildhafte, in das Legendarische, in das Märchenhafte. Denn was da tief drinnen sitzt in der Kinderseele, das sind die in der geistigen Welt empfangenen Imaginationen. Die wollen herauf. Und wenn der Lehrer oder der Erzieher sich richtig zum Kinde verhält, bringt er ihm Bilder entgegen. Und indem der Lehrer Bilder vor das kindliche Gemüt hinstellt, zucken herauf aus dem kindlichen Gemüte diejenigen Bilder, oder besser gesagt, die Kräfte der verbildlichenden Darstellung, die empfangen worden sind vor der Geburt, oder sagen wir, vor der Empfängnis.

Wenn nun das unterdrückt wird, wenn der trockene Nüchterling heute erzieht und unterrichtet, dann bringt er schon von früher Jugend etwas, was schon eigentlich gar nicht dem Kinde verwandt ist, an das Kind heran: die Buchstaben. Denn die Buchstaben, wie wir sie heute haben,

die haben nichts mehr mit alten Bilderbuchstaben zu tun, sind etwas dem Kinde im Grunde genommen Fremdes, das erst aus dem Bilde herausgeholt werden sollte, so wie wir in der Waldorfschule versuchen, es zu machen. Man bringt das Unbildliche an das Kind heran; das Kind aber hat da in seinem Leibe Kräfte — ich meine natürlich die Seele, wenn ich jetzt vom Leibe spreche, wir sagen ja auch der ‹Astralleib› —, das Kind hat in seinem Leibe Kräfte sitzen, welche es zersprengen, wenn sie nicht heraufgeholt werden in bildhafter Darstellung. Und was ist die Folge? Verloren gehen diese Kräfte nicht; sie breiten sich aus, sie gewinnen Dasein, sie treten doch in die Gedanken, in die Gefühle, in die Willensimpulse hinein. Und was entstehen daraus für Menschen? Rebellen, Revolutionäre, unzufriedene Menschen, Menschen, die nicht wissen, was sie wollen, weil sie etwas wollen, was man nicht wissen kann, weil sie etwas wollen, was mit keinem möglichen sozialen Organismus vereinbar ist, was sie sich nur vorstellen, was in ihre Phantasie hätte gehen sollen, da nicht hineingegangen ist, sondern in ihre sozialen Treibereien hineingegangen ist . . .
Wenn heute die Welt revoltiert, da ist es der Himmel, der revoltiert, das heißt der Himmel, der zurückgehalten wird in den Seelen der Menschen, und der dann nicht in seiner eigenen Gestalt, sondern in seinem Gegenteile zum Vorschein kommt, der in Kampf und Blut zum Vorschein kommt, statt in Imaginationen. Es ist daher gar kein Wunder, wenn jene Menschen, die sich an solchem Zerstörungswerk der sozialen Ordnung beteiligen, eigentlich das Gefühl haben, sie tun etwas Gutes. Denn was spüren sie in sich? Den Himmel spüren sie in sich; er nimmt aber nur karikaturhafte Gestalt an in ihrer Seele. So ernst sind die Wahrheiten, die wir heute einsehen sollen. Zu den Wahrheiten sich zu bekennen, um die es sich heute handelt, das sollte kein Kinderspiel sein, es sollte durchaus von dem allergrößten Ernst durchzogen sein.»*
Der hier entwickelte Zusammenhang von Kunst und Sozialgestaltung macht das Problem des Künstlerischen zu einer Existenzfrage des Menschen in der Gesellschaft. Das führt Rudolf Steiner an anderer Stelle weiter aus*. Das alttestamentliche Erbe der Bildlosigkeit — ‹Du sollst dir kein Bild machen› — hat sich bis in unsere Tage fortgesetzt. Aber aus der Abstraktion der reinen Gesetzlichkeit «muß der Mensch zurückkehren zu jener Fähigkeit der Seele, die sich wiederum, und zwar jetzt bewußt, Bilder machen kann. Denn nur in Bildern, in Imaginationen, wird in Zukunft in richtiger Weise auch das soziale Leben aufgestellt werden. In Abstraktionen konnte das soziale Leben nur völkisch geregelt werden, und das eminenteste völkische Regeln in sozialer Beziehung war das alttestamentliche. Das nächste Regeln des sozialen Lebens wird abhängen von der

Fähigkeit, in bewußter Weise dieselbe Kraft auszuüben, die in der mythenbildenden Eigenschaft des Menschen unbewußt oder halbbewußt, atavistisch lag. Die Menschen würden sich ganz mit antisozialen Trieben anfüllen, wenn sie dabei stehen bleiben wollten, bloße abstrakte Gesetze zu verbreiten. Die Menschen müssen durch ihre Weltanschauung zur Bildlichkeit kommen, dann wird aus dieser bewußten Mythusbildung auch die Möglichkeit erstehen, daß im Verkehr von Mensch zu Mensch das Soziale sich ausbildet . . . Was aus dem Innersten des Menschen herausstrahlt, was sich verwirklichen will, ist, daß, wenn ein Mensch dem andern gegenübertritt, gewissermaßen aus dem andern Menschen ein Bild herausquillt, ein Bild jener besonderen Art des Gleichgewichtszustandes, den individuell jeder Mensch ausdrückt. Dazu gehört allerdings jenes erhöhte Interesse, welches ich Ihnen als die Grundlage des sozialen Lebens öfter geschildert habe, jenes erhöhte Interesse, das der Mensch am andern Menschen nehmen soll.»*

Anmerkungen

Alle Zitate, bei denen kein Verfasser genannt ist, stammen von *Rudolf Steiner.* Es sind vorwiegend mündliche Äußerungen, die mitgeschrieben bzw. im Fall der Konferenzen nachträglich niedergeschrieben worden sind. Die Zitate folgen den zur Zeit vorliegenden Bänden der Rudolf Steiner Gesamtausgabe (GA), die Nummern der bibliographischen Übersicht »Rudolf Steiner — Das literarische und künstlerische Werk«, Dornach 1984, und dem Gesamtkatalog des Rudolf Steiner-Verlages 1983/84. Der Titel des jeweiligen Bandes ist im allgemeinen nur bei der ersten Nennung angegeben, später steht dafür allein die Bibl.-Nr. (GA . . .).
Die Ziffern vor den Anmerkungen geben die Seitenzahl bzw. die Reihenfolge innerhalb der Seite an.

11

«Menschenkunde und Erziehungskunst». Drei Kurse, gehalten in Stuttgart bei der Begründung der Freien Waldorfschule, vom 21. August bis 6. September 1919: «Allgemeine Menschenkunde als Grundlage der Pädagogik» (GA 293).
«Erziehungskunst. Methodisch-Didaktisches» (GA 294).
«Erziehungskunst. Seminarbesprechungen und Lehrplanvorträge» (GA 295).
Konferenzen mit den Lehrern der Freien Waldorfschule 1919—1924 (GA 300/1—300/3). Band 1: Erstes und zweites Schuljahr; Band 2: Drittes und viertes Schuljahr; Band 3: Fünftes und sechstes Schuljahr, Register.

12

1 Hedwig Hauck «Handarbeit und Kunstgewerbe». Angaben von Rudolf Steiner. 5. Auflage, Stuttgart 1983 (Menschenkunde und Erziehung, Band 14).

2 «Vom Lehrplan der Freien Waldorfschule». Bearbeitet von Caroline von Heydebrand. Herausgeber: Freie Waldorfschule Stuttgart. Neuauflage Stuttgart 1983.

3 E. A. Karl Stockmeyer, «Rudolf Steiners Lehrplan für die Waldorfschulen. Versuch einer Zusammenschau seiner Angaben. Eine Quellensammlung für die Arbeit der Lehrerkollegien». Als Manuskript vervielfältigt für die Lehrer an Freien Waldorfschulen. Herausgegeben von der Pädagogischen Forschungsstelle beim Bund der Freien Waldorfschulen, 3. Auflage, Stuttgart 1976.

13

«Welt, Farbe und Mensch», eine Studienreihe von Julius Hebing. Erschienen im Selbstverlag.

A. Elemente der Farbenlehre. Mit 6 handkolorierten Tafeln und 21 farbigen Blättern (1950).

B. Verwandlungen des Farbenkreises. Kreisel-Experimente. Neuer Aufbau des Farbenkreises. Mit 15 Tafeln, davon 8 handkoloriert (1951).

C. Physiologische Farben. Das Nachbild. Farbige Schatten. Pathologische Farben. Mit 4 Tafeln, 11 handgestrichenen Blättern und 8 farbigen Pliaphan-Folien (1952).

D, 1. Physische Farben, 1. Abt. Das Urphänomen. Die subjektiven prismatischen Farben. Mit 43 Tafeln in achtfarbigem Offsetdruck (1952).

D, 2. Physische Farben, 2. Abt. Die objektiven prismatischen Farben. Ableitung und Zusammenfassung. Mit einer Achtfarben-Tafel und 9 Schwarz-Weiß-Tafeln (1953).

E. Chemische Farben. Die Farben in den Naturreichen, in Tages- und Jahreslauf. Mit 2 Schwarz-Weiß-Tafeln und 2 Tabellen (1954).

F. Entwicklung des Farbensinnes. Der Weg der Menschheit unter dem Signum des Farbenkreises. Mit 17 Tafeln, darunter 7 im Original-Vierfarbendruck (1956).

L. Praktische Anweisungen zum Malen (1951).

Die Reihe ist 1983 in Buchform erschienen: Julius Hebing «Welt, Farbe und Mensch». Studien und Übungen zur Farbenlehre und Einführung in das Malen. Mit einem Beitrag von Fritz Weitmann. Hrsg. v. Hildegard Berthold-Andrae. Stuttgart («Menschenkunde und Erziehung» Band 44). Außerordentlich lesenswert in bezug auf Hebings Umgang mit der Farbe ist seine Autobiographie «Lebenskreise — Farbenkreise». Aus den Tagebüchern des Malers Julius Hebing. Stuttgart 1969.

Zu F. Weitmann: «Aquarellfarbe als Malmittel»

Anregungen, im Unterricht möglichst mit Aquarellfarben zu malen, gab Rudolf Steiner bei verschiedenen Gelegenheiten. Entsprechende Stellen sind jeweils in den Anmerkungen zum Text angegeben. Grundsätzliche Ausführungen: in den Konferenzen mit den Lehrern (GA 300/1) vom 22. 12. 1919 und vom 15. 11. 1920; außerdem Dornach, 3. 1. 1922 (GA 303); Dornach, 20. 4. 1923 (GA 306); Ilkley, 17. 8. 1923 (GA 307).
Die pädagogischen Hinweise sind auf dem Hintergrund der sehr zahlreichen Ausführungen Rudolf Steiners zu sehen, auf die im Kapitel «Grundlagen für das künstlerische Schaffen aus der Farbenlehre Rudolf Steiners» eingegangen wird. Ein wesentlicher Teil ist in dem Band «Das Wesen der Farben» (GA 291) zusammengefaßt. Außer 3 Vorträgen vom Mai 1921, die eine Art zukünftiger Farbenlehre im Keim darstellen, enthält der Band 9 weitere Vorträge aus den Jahren 1914 bis 1924, die bereits in anderen Bänden der Rudolf Steiner Gesamtausgabe enthalten sind. Die im Rahmen der GA einmalige Ausnahme, sie in diesen Band nochmals aufzunehmen, ist durch die Bedeutung des Themas, welches das gesamte Lebenswerk Rudolf Steiners durchzieht, gerechtfertigt und den Herausgebern der GA sehr zu danken.

17

1 Im 3. Schuljahr wird im Rahmen des Hauptunterrichts je eine Epoche von mehreren Wochen über den Landbau und über den Hausbau gegeben. Siehe dazu Stockmeyer Anmerk. 3 zu S. 12: Sachunterricht.

2 S. Anm. zu S. 13.

21

Werner Haftmann: Meisteraquarelle des 20. Jahrhunderts. 2. Auflage Köln 1973, Seite 9.

22

1 «Tagebücher von Paul Klee 1898—1918». Hrsg. von Felix Klee. Köln 1957, S. 308.

2 Vgl. dazu Lothar Brieger: Das Aquarell, seine Geschichte und seine Meister. Berlin 1923; — Walter Koschatsky: Das Aquarell. Entwicklung, Technik, Eigenart. Wien und München 1969.

3 Bei Du Mont Schauberg, Köln, sind hervorragende Aquarellbände erschienen: August Macke: Die Tunisreise; Franz Marc: Unteilbares Sein; Paul Klee: Im Zwischenreich; Wassily Kandinsky: Gegenklänge; Ernst Wilhelm Nay: Aquarelle und Zeichnungen; Emil Nolde: Aus dem Zyklus «Ungemalte Bilder»; Blumen und Tiere; Landschaften.
Sehr gute Reproduktionen haben auch entsprechende Bände der Piper-Reihe.

4 Hierzu «Die malerischen Beispiele Rudolf Steiners» im 3. Teil des Buches.

23

Entnommen aus Heinrich Kluibenschädl: Praktische Anleitung zum Freskomalen. München 1925 (Sammlg. maltechnischer Schriften, Bd. 7).

24

1 Haftmann s. Anm. zu S. 21, Seite 8.

2 Das erste Goetheanum brannte, bevor die Innenräume ganz fertiggestellt waren und bevor es eingeweiht werden konnte, infolge Brandstiftung am Silvesterabend 1922 vollständig ab. Weiteres im 3. Teil.

3 Pflanzenfarbenlabor am Goetheanum, Abt. der Sektion für Bildende Künste, CH-4143 Dornach. Auf die in unregelmäßiger Folge erscheinenden Berichtsblätter sei hingewiesen.

25

1 Dornach, 8. 5. 1921 (GA 291), Seite 65.

2 Kurt Hentschel: Wir färben mit Pflanzen. Frankfurt a. M. 1949.

3 Semper: Textilkunst, München 1878, zitiert in «Färben mit Pflanzen», hrsg. von Renate Jörke, Stuttgart 1975. erschienen in der Reihe «Arbeitsmaterial aus den Waldorfkindergärten», Heft 3, S. 15.

26

1 Berichtsblatt des Pflanzenfarbenlabors Nr. 7/1977. Siehe Anm. zu S. 24/3.

2 Mitteilungen darüber finden sich in den Berichtsblättern Nr. 6/1974 und 7/1977.

Zu M. Jünemann: Die Grundprinzipien des Malens von der ersten bis zur achten Klasse.

Zur menschenkundlichen Begründung dieser Ausführungen: «Die Erziehung des Kindes» 1907 (in GA 34 und Einzelausgaben). «Allgemeine Menschenkunde als Grundlage der Pädagogik», Stuttgart 1919, (GA 293).

29

Hierzu: Stockmeyer (s. Anm. zu S. 12/3), Seite 301 ff.: «Malen, Zeichnen, Plastizieren».

30

1 «Entwurf einer Farbenlehre». Der für den Lehrer vor allem wichtige erste, didaktische Teil des I. Bandes ist in allen einigermaßen vollständigen Ausgaben von Goethes Werken enthalten. Mit allen naturwissenschaftlichen Schriften wurde er von Rudolf Steiner 1883—1897 in Kürschners «Deutsche Nationalliteratur» mit Einleitungen und Kommentaren herausgegeben. Diese Einleitungen allein ergeben einen starken Band, der als erster der Rudolf Steiner Gesamtausgabe (GA 1) erschienen ist. Steiner stellt in ihnen die Goethesche Erkenntnismethode dar, nach der man von einer «Goetheanistischen Optik» sprechen kann im Unterschied zu der bis heute weitgehend noch geltenden physikalischen Optik.

Der «Entwurf einer Farbenlehre» ist in 6 Abteilungen durchlaufend numeriert. Wir zitieren im Text und hier nur die Ziffern der jeweiligen Abteilung.

2 6. Abteilung, 758—920.

3 Siehe Hermann von Baravalle: Physik als reine Phänomenologie. Bern 1951, III. Band: Akustik und Optik, Seite 179.

4 Siehe dazu im 2. Teil dieses Buches: «Der Mensch als Motiv».

31

«Charakteristische Zusammenstellungen» u. a., 816—832.

32
Der Maler Philipp Otto Runge (1777—1810) hatte Goethe seine unabhängig von ihm gewonnenen Anschauungen mitgeteilt. Sein Brief wurde als «Zugabe» in den Farbenlehre-Entwurf aufgenommen (nach 920).
Siehe auch: Ph. O. Runge: «Die Farbenkugel und andere Schriften zur Farbenlehre». Nachwort von Julius Hebing. (Denken Schauen Sinnen, Nr. 7/8 Stgt. 1959).

33
«Die Farbtöpfe und die Pinsel sind da, und die Kinder nehmen die Pinsel in die Hand. Jetzt kann man die Erfahrung machen: der Lehrer begreift lange nicht, was eine leuchtende und eine nicht leuchtende Farbe ist! Er ist schon zu alt geworden dazu. Das Kind aber kommt ungeheuer leicht dahinter; es hat eine wunderbare Beweglichkeit, diesen Unterschied zwischen einer leuchtenden und nicht leuchtenden Farbe zu verstehen» (Arnheim, 24. 6. 1924, GA 310, Seite 113).

34
«Nach und nach wird für das Kind ... das Blau etwas, was weg geht, nach der Ferne geht; das Gelb etwas, was herankommt. Das ist etwas, was bei dem Kinde auch schon im siebenten, achten Jahr stark hervortritt, wenn man es nur nicht in diesem Alter quält mit irgendwie dressiertem Zeichnerischem und Malerischem. Wenn man das Kind freilich Häuser und Bäume malen läßt, wie sie in Wirklichkeit sind, so geht das nicht. Aber wenn man das Kind folgen läßt, so daß es das Gefühl hat: wohin ich die Hand bewege, da geht die Farbe auf unter den Fingern, da will sie sich fortsetzen irgendwo — wenn man das erreicht, so bekommt man etwas sehr Sinnvolles in der Seele des Kindes: Farbenperspektive. ... Das Kind bekommt geschmeidige Vorstellungen, geschmeidige Empfindungen und geschmeidige Willensaktionen aus diesen Farbempfindungen heraus. Alles Seelische wird geschmeidiger ... (Dornach, 19. 4. 1923, «Die pädagogische Praxis vom Gesichtspunkte geisteswissenschaftlicher Menschenerkenntnis», in GA 306).

36
Hierzu W. Aeppli: Sinnesorganismus, Sinnesverlust, Sinnespflege. Abschnitt über die Pflege der Gefühlssinne, 3. Aufl. Stuttgart 1979, S. 96 ff.

37
1 «Allgemeine Menschenkunde» (GA 293), 3., 4., 8. Vortrag und viele andere Ausführungen Rudolf Steiners.
2 Wir verwenden als Unterlage für das Papier 6 mm starke Hartfaserplatten, etwa 36x52 cm; man muß sie nach den Blattgrößen einrichten. Es ist ratsam, sie mit einem matten grauen Lackfarbenüberzug oder magerem Ölanstrich zu schützen.
Als Papier ist zu empfehlen: 1. holzfreies, ziemlich starkes Zeichenpapier, 2. ein preisgünstiges Aquarellpapier, 3. Saugpost. Es ist wichtig, Papier und Farben aufeinander abzustimmen. Verwendet man Zeichenpapier, so muß es für das Naß-in-Naß-Malen auch aufgespannt werden, da es starke Falten bildet. Bei Saugpost erübrigt sich das Aufspannen. Aquarellpapier wird im doppelten Format geliefert, man kann es sich aber vorher zuschneiden lassen.
Als Malnäpfchen kann man gut Salbentöpfe aus Porzellan oder Glas verwenden, die über den Großhandel zu beziehen sind. Kunststoffnäpfchen haben schlechten Stand, kippen leicht.
Zum Anfeuchten und Glattstreichen der Malblätter werden kleine Schwämme aus Kunststoff verwendet, Naturschwämme sind noch besser, aber teurer.
Die Malblätter werden mit gummierten Klebestreifen aus starkem Papier auf

den Brettern befestigt, vor allem beim Schichten. Für das Naß-in-Naß-Malen genügt bei manchen Papiersorten das Anfeuchten. Die 5 Grundfarben werden für den Schulgebrauch heute nur noch von der Firma Stockmar in Kaltenkirchen geliefert. Früher gab es verschiedene Bezugsmöglichkeiten.
Zum Abtupfen des Pinsels (Gussow-Pinsel) kann man in den unteren Klassen noch kleine Lümpchen austeilen. Zum Aufbewahren der Malblätter gibt es heute einfache Pappmappen, die sich jedes Kind anschaffen sollte.
Zum Anrühren der Farben vor dem Unterricht sind z. B. verschließbare Kunststoff-Milchgießer gut geeignet; die nicht verbrauchte Farbe hält sich darin bis zum nächsten Maltag.

3 «Rudolf Steiner in der Waldorfschule». Hrsg. C. v. Heydebrand, Stuttgart 1927, Seite 89: Wilhelm Ruhtenberg, «Etwas vom Malen und Zeichnen».

39

1 Stuttgart, 25. 8. 1924 (GA 294), Seite 57/58.

2 Über Bildung des Geschmacks, s. z. B. Konferenzen vom 15. 11. 1920, in GA 300/I, und 16. 11. 1921, in GA 300/II.

41

«Man fange möglichst früh damit an, das Kind mit Farben zusammenzubringen, wobei es gut wäre, auf der farbigen Fläche andere Farben aufzutragen als auf der bloß weißen Fläche, und man versuche, solche Empfindungen im Kinde hervorzurufen, wie sie erst aus einer geisteswissenschaftlichen Auffassung der Farbenwelt entstehen können», Stuttgart, 23. 8. 1919 (GA 294, Seite 40).

42

Konferenz vom 16. 11. 1921 über das Malen mit Schülern der Friedwardschule in Dornach (GA 300 II, Seite 51); «Die gesunde Entwicklung des Leiblich-Physischen als Grundlage der freien Entfaltung des Seelisch-Geistigen», Dornach, 3. 1. 1922 (GA 303, Seite 222 ff.).

43

«Die Kunst des Erziehens aus dem Erfassen der Menschenwesenheit», Torquay, 15. 8. 1924 (GA 311, Seite 76/77): «Nicht nur, daß das Kind dabei den ästhetischen Sinn pflegt, sondern vor allen Dingen, weil gerade auf diesem Umwege die innere harmonische Ausgestaltung des Willenselementes herbeigeführt wird. Und auch dazu bringt uns das Kind Anlagen mit.»

44

Konferenz vom 15. 11. 1920 (GA 300 I, Seite 240). Dazu: Sonderheft der «Erziehungskunst» 1966, Heft 5, M. Jünemann, «Fragen aus der Öffentlichkeit. Zum Methodischen des Malunterrichts.»

46

1 Goethe: «Wenn nun diese Farbe in ihrer Reinheit und hellem Zustande angenehm und erfreulich, in ihrer ganzen Kraft aber etwas Heiteres und Edles hat, so ist sie dagegen äußerst empfindlich und macht eine sehr unangenehme Wirkung, wenn sie beschmutzt oder einigermaßen ins Minus gezogen wird. So hat die Farbe des Schwefels, die ins Grüne fällt, etwas Unangenehmes» (770).

2 Max Lüthi: Es war einmal. Vom Wesen des Volksmärchens. Göttingen 1968, u. a. Schriften des Verfassers.

47

M. Jünemann, s. Anm. zu S. 44.

48

Stuttgart, 25. 3. 1923, «Pädagogik und Kunst» (GA 304).

50

Konferenz vom 28. 4. 1922 (GA 300 II), Seite 80.

51

E. Dühnfort und E. M. Kranich: Der Anfangsunterricht im Schreiben und Lesen. 3. Aufl. Stuttgart 1984. «Menschenkunde und Erziehung» Band 27.
Siehe auch «Die Drei» 1971/4: M. Jünemann, «Das Künstlerische im Prinzip».

52

1 Siehe dazu: Stuttgart, 23. 8. 1919 (GA 294), Seite 43 ff.
2 Dornach, 2. 6. 1923, in «Rhythmen im Kosmos und im Menschenwesen. Wie kommt man zum Schauen der geistigen Welt», Vorträge vor den Arbeitern am Goetheanumbau (GA 350, S. 35 ff.).

53

Oxford, 22. 8. 1922, «Die geistig-seelischen Grundkräfte der Erziehungskunst» (GA 305).

55

Aus Grimms Märchen, in den vollständigen Ausgaben enthalten.

57

1 Den Haag, 27. 2. 1921 (GA 304). Siehe dazu auch: C. v. Heydebrand «Vom Spielen des Kindes. Das Kind beim Malen», 4. Auflage, Stuttgart 1966; und Herbert Hahn «Vom Ernst des Spielens», Neuauflage 1966.
2 Michaela Strauss «Von der Zeichensprache des kleinen Kindes». Mit 25 farbigen und 60 einfarbigen Abbildungen. 3. Auflage, Stuttgart 1983. «Menschenkunde und Erziehung», Band 34.

60

Hierzu insbesondere: Stuttgart, 21. 8. 1919 und 4. 9. 1919 (GA 294);
Ilkley, 14. 8. 1923, in «Gegenwärtiges Geistesleben und Erziehung» (GA 307) und Torquay, 15. 8. 1924, in «Die Kunst des Erziehens aus dem Erfassen der Menschenwesenheit» (GA 311).

61

1 Vielseitige Anregungen und menschenkundliche Begründung gibt H. R. Niederhäuser: «Formenzeichnen». Sonderheft der Zs. «Menschenschule», Basel, 6. Auflage 1975, und H. R. Niederhäuser und Margaret Fröhlich: «Form Drawing», New York, Rudolf Steiner School 1974. — Vom heilpädagogischen Gesichtspunkt aus hat Hermann Kirchner Übungsreihen entwickelt, die in «Heilende Erziehung. Vom Wesen seelen-pflegebedürftiger Kinder und deren heilpädagogische Förderung» (2. Aufl., Stuttgart 1962, VI. «Über dynamisches Zeichnen») erschienen sind.
2 H. v. Baravalle: «Das Hervorgehen des Wissenschaftlichen aus dem Künstlerischen». Einführung der Physik im 6. Schuljahr der Waldorfschule. Stuttgart 1961.
3 Ausführliche Angaben bei Stockmeyer, s. Anm. S. 12/3, S. 327 ff.; und H. Hauck, Anm. S. 12/1.

62

1 Bern, 17. 4. 1924 «Anthroposophische Pädagogik und ihre Voraussetzungen» (GA 309); Arnheim, 22. 7. 1924 «Der pädagogische Wert der Menschenerkenntnis und der Kulturwert der Pädagogik» (GA 310); Oxford, 22. 8. 1922 (GA 305).
Eine eingehende Darstellung dieses Alters gibt auch Hans Müller-Wiedemann: «Mitte der Kindheit — Das neunte bis zwölfte Lebensjahr. Eine biographische

Phänomenologie der kindlichen Entwicklung» Stuttgart 1973. — Dort auch ausführliche Hinweise auf Darstellungen Rudolf Steiners.

2 Dornach, 20. 1. 1923, «Lebendiges Naturerkennen, intellektueller Sündenfall und spirituelle Sündenerhebung» (GA 220): «Ich lerne erkennen, wie der Vogelkopf ein Geschöpf der Luft ist, aber der Luft eben, die durch die Sonne innerlich erglüht, erleuchtet wird. Ich lerne erkennen, was für ein gewaltiger Unterschied ist zwischen dem durchwärmten und durchleuchteten Wasser, das fischschöpferisch ist, und der durchwärmten und durchleuchteten Luft, die vogelschaffend ist. Ich lerne verstehen, wie durch diesen Unterschied das ganze Element, in dem der Vogel lebt, ein anderes wird, wie die Fischflosse durch das Wasserelement ihre einfache Strahlung bekommt, wie die Vogelfedern ihre Ansätze bekommen dadurch, daß da in einer bestimmten Weise hineinwirkt die Luft, in der Sonnenlicht und Sonnenwärme wirken ... Es muß eine neue Art, sich zu der Natur zu verhalten, das menschliche Bewußtsein ergreifen.»

63

«Aber ja nicht das Kind lehren, durch Striche ein Pferd zu zeichnen oder einen Hund, sondern das Kind soll den Pinsel nehmen und soll den Hund hinmalen. Also jedenfalls nicht zeichnen. Diese Grenze vom Hund ist ja gar nicht vorhanden ... Sie ergibt sich ja von selber, wenn man das zu Papier bringt, was da ist!» In der Fragenbeantwortung am 20. 8. 1924 in Torquay (GA 311, S. 135).

70

Vgl. speziell hierzu: Oxford 22. 8. 1922 (GA 305).

72

Für die Zeichenübungen mit Kohle empfiehlt es sich, Holzkohle in mittlerer Stärke zu verwenden. Man teilt kleine Stücke an die Schüler aus, die beim Zeichnen quer gehalten werden. — Ein anderes Material sind die schwarzen Kreiden, die viereckigen Pitt-Stifte. Zum Radieren eignet sich weiches Fensterleder, auch Knetgummi kann man benützen.
Zum Abschluß müssen die Blätter mit Fixativ behandelt werden. Die Zeichenblätter werden auf dem Malbrett befestigt, besser verwendet man extra angefertigte Hartfaserplatten.

73

1 «Lassen Sie im 6. Schuljahr einfache Projektions- und Schattenlehre auftreten, die Sie sowohl mit freier Hand behandeln als auch mit dem Lineal und Zirkel. Sie sehen darauf, daß das Kind einen guten Begriff bekommt und nachzeichnen, nachbilden kann, wie, wenn hier ein Zylinder ist, hier eine Kugel, und die Kugel vom Lichte beschienen wird, wie der Schatten von der Kugel auf dem Zylinder ausschaut. Wie Schatten geworfen werden!» Stuttgart, 6. 9. 1919, (GA 295, S. 175).

2 «Dann muß das Kind in diesem Jahr eine gute Vorstellung beigebracht erhalten vom Perspektivischen. Also einfaches perspektivisches Zeichnen, Verkürzung in der Entfernung, Verlängerung in der Nähe, Überdeckungen und so weiter. Und dann wiederum die Verbindung des Technischen mit dem Schönen, so daß man in dem Kind eine Vorstellung davon hervorruft, ob es schön oder unschön ist, wenn irgendeine, sagen wir teilweise Überdeckung einer Wand eines Hauses durch einen Vorsprung hervorgerufen wird. Ein solcher Vorsprung kann schön oder unschön eine solche Wand überdecken. Solche Dinge wirken ungeheuer, wenn sie einem Kinde gerade im 7. Schuljahr, also, wenn es dreizehn, vierzehn Jahre alt ist, beigebracht werden.» Stuttgart, 6. 9. 1919 (GA 295, S. 176).

74

S. Anm. zu S. 72/2.

77

Stuttgart, 2. 9. 1919 (GA 294). Der Vortrag behandelt eingehend den geographischen Unterricht, der «eine Art Zusammenfassung alles dessen, was man sonst betreibt», werden soll. «Zum Schluß wird sich sogar ein wunderbares Ineinandergestalten zwischen Geographie und Geschichte ermöglichen lassen. Dann werden Sie, wenn Sie so in den Geographie-Unterricht manches hineingetragen haben, auch manches wiederum aus ihm herausholen können. Da wird natürlich an Ihre Phantasie, an Ihre Erfindungsgabe einige Anforderung gestellt.»

78

Siehe dazu Hauck, Anm. zu S. 12/1, Seite 267.

80

1 Stuttgart, 2. 9. 1919 (GA 294); Stuttgart, 14. 6. 1921 (GA 302), Seite 51/52; Oxford, 23. 8. 1922 (GA 305), Taschenbuch 604, «Die geistig-seelischen Grundkräfte der Erziehungskunst».

2 Siehe S. 59 ff. Siehe dazu auch: «Erziehungskunst» 1972, Heft 10, M. Jünemann: «Über das Zeichnen und Malen von Landkarten».

81

Drei Vorträge über Volkspädagogik in «Geisteswissenschaftliche Behandlung sozialer und pädagogischer Fragen» (GA 192).

82

Karl Helbig: «Zu Mahamerus Füßen. Wanderungen auf Java». Leipzig 1924.

84 Siehe dazu: «Pädagogik heute» 1969, Sonderheft «Waldorfpädagogik», Seite 68: M. Jünemann «Malen und Zeichnen». — «Weleda Nachrichten», Sonderdruck Weihnachten 1975, Heft 120, Seite 10: M. Jünemann «Künstlerische und handwerkliche Tätigkeit im Schulalter».

86

Weiteres siehe im 2. Teil: «Plastisches Gestalten im 9. Schuljahr».

Zu F. Weitmann: «Der praktisch-künstlerische Unterricht von der neunten bis zur zwölften Klasse»

Es handelt sich hier um den bearbeiteten Auszug aus einer umfangreichen Arbeit.

89

«Die künstlerischen Mittel in der Anwendung im Fachunterricht». Solche Ausstellungen werden immer wieder bei der «Öffentlichen Pädagogischen Arbeitswoche des Bundes der Freien Waldorfschulen» in Stuttgart mit Schülerarbeiten verschiedener Schulen aufgebaut; ferner im Rahmen der einzelnen Schulen bei Tagen der offenen Tür oder ähnlichen Anlässen, und umfangreicher bei Jubiläumsfeiern und sonstigen festlichen Veranstaltungen. Ein umfangreicher Informationsstand der Waldorf- und Rudolf Steiner-Schulen ist auch seit einigen Jahren innerhalb der *Didacta* eingerichtet worden (Basel, Hannover, Nürnberg), der

von vielen Lehrern als günstige Gelegenheit zur Orientierung begrüßt wurde.
Eine anschauliche Information bietet auch das große Buch «Erziehung zur Freiheit. Die Pädagogik Rudolf Steiners. Bilder und Berichte aus der internationalen Schulbewegung», von Frans Carlgren und Arne Klingborg. 4. Auflage, Stuttgart 1981, («Menschenkunde und Erziehung», Band 25).
Als Band 30 der gleichen Reihe erschien: Stefan Leber «Die Sozialgestalt der Freien Waldorfschule. Ein Beitrag zu den sozialwissenschaftlichen Anschauungen Rudolf Steiners». 2. Auflage, Stuttgart 1978.
In der Reihe «Erziehung vor dem Forum der Zeit», Stuttgart, Band 7: Johannes Kiersch «Die Waldorfpädagogik», 6. Auflage 1983; Band 9: Johannes Tautz «Die Freie Waldorfschule. Ursprung und Zielsetzung», 1972.
Christoph Lindenberg «Waldorfschulen — angstfrei lernen, selbstbewußt handeln. Praxis eines verkannten Schulmodells». rororo Sachbuch 6904, 1975.
«Waldorfpädagogik an öffentlichen Schulen. Versuche und Erfahrungen mit der Pädagogik Rudolf Steiners. Mit vielen Beispielen für eine kindgemäße Unterrichtsgestaltung». Herausgegeben von der Freien Pädagogischen Vereinigung Bern. Herderbücherei 9036, 1976.
Im Kanton Bern/Schweiz konnte infolge der dort geltenden Freizügigkeit in der Lehrplangestaltung seit mehr als 30 Jahren Waldorfpädagogik an staatlichen Schulen erprobt werden.

90

Gunter Otto: «Kunst als Prozeß im Unterricht». Braunschweig 1969.

91

Gert Weber: «Kunsterziehung gestern, heute, morgen auch». Ravensburg 1964.

92

Siehe dazu Niederhäuser: «Formenzeichnen». (Siehe Anm. zu S. 61/1).

93

1 «... Man wird zum Beispiel finden, daß, wenn man eine Fläche biegt, und dann doppelt biegt, so daß die Biegung wieder gebogen ist, man das einfachste Urphänomen des inneren Lebens hat. Eine Fläche, die in dieser Weise gebogen ist, daß die Biegung wieder gebogen ist, kann in der mannigfaltigsten Weise verwendet werden, und es wird — selbstverständlich muß das weiter ausgebildet werden — aus der Flächenhaftigkeit selber das innere Leben des Flächenhaften hervorgehen». München, 17. 2. 1918, in «Kunst und Kunsterkenntnis» (GA 271, Seite 85); siehe auch Den Haag, 9. 4. 1922, in «Die Bedeutung der Anthroposophie im Geistesleben der Gegenwart», Dornach 1957 (vorgesehen in GA 82).

2 Wassily Kandinsky: Rückblick. Baden-Baden, 1955.

95

1 Eine besonders eingehende Schilderung dieses Alters wurde innerhalb eines Weihnachtskurses für Lehrer, Dornach, 4. 1. 1922 (GA 303), gegeben.

2 Hierzu Kristiania, 20. 5. 1923, in «Das Künstlerische in seiner Weltmission» (GA 276), Seite 142 ff.

96

Stuttgart, 16. 6. 1921 (GA 302). Die Vortragsreihe wurde vor den Lehrern der Freien Waldorfschule in Stuttgart gehalten in Fortsetzung der «Erziehungskunst» — Vorträge von 1919, daher vielfach «Ergänzungskurs» genannt. Er ist grundlegend für den Unterricht im Übergang vom zweiten zum dritten Jahrsiebt. Ferner Stuttgart, 21. 6. 1922 «Erziehungsfragen im Reifealter» (in GA 302a).

99

1 Dazu folgende Aufsätze in der «Erziehungskunst», Monatschrift zur Pädagogik Rudolf Steiners, hrsg. vom Bund der Freien Waldorfschulen Stuttgart:
F. Weitmann «Handwerk als Erziehungsfaktor». Heft 9/1957.

K. J. Fintelmann «Waldorfpädagogik und Berufserziehung». Heft 10 und 11/1957.
B. Galsterer «Erweiterung des praktischen Unterrichts für die Oberstufe». Heft 3/1958.
M. Tittmann «Die Schmiede in der Schule». Heft 9/1961.

2 Dazu: Erich Schwebsch: Erziehungskunst aus Gegenwart des Geistes», 1953, und «Zur ästhetischen Erziehung», 1954, beide Stuttgart (Menschenkunde und Erziehung, Band 4 und 5).
Hildegard Gerbert: «Menschenbildung aus Kunstverständnis». Beiträge zur ästhetischen Erziehung. 2. Auflage, Stuttgart 1983 (Band 21).
Ernst Uehli: «Bildgestalten und Gestaltenbilder. Zur Begründung des Kunstunterrichts in den Freien Waldorfschulen», Stuttgart 1975 (Band 32).

100

Ilkley, 16. 8. 1923 (GA 307), Seite 223.

101

1 Stuttgart, 6. 9. 1919, in: «Erziehungskunst. Seminarbesprechungen und Lehrplanvorträge» (GA 295), Seite 182 (1977).

2 Ilkley, 16. 8. 1923 (GA 307), Seite 222 (1973).

102

1 Siehe Vorträge: Ilkley, 16. 8. 1923 (GA 307), und Torquay, 18. 8. 1924 (GA 311).

2 Stuttgart, 22. 9. 1920, in: «Erziehung und Unterricht aus Menschenerkenntnis» (GA 302 a), Seite 68 (1977).

3 Siehe unter Anmerkung S. 102/1.

103

1 Arnheim, 19. 7. 1924, in: «Der pädagogische Wert der Menschenerkenntnis und der Kulturwert der Pädagogik» (GA 310), Seite 60/61 (1965). Siehe auch Goethes Naturwiss. Schriften Band 1, Bildung und Umbildung organischer Naturen. Hrsg. von Rudolf Steiner (GA 1a), Dornach 1975, S. 277–346.

2 Siehe unter Anmerkung S. 102/2.

3 Siehe unter Anmerkung S. 102/3.

105

München, 15. und 17. 2. 1918 (GA 271).

106

«Die Pflanze ist von Natur als plastisches Kunstwerk hingestellt, man kann sie nicht ändern. Jede (plastische) Bildung der Pflanze wäre eine Stümperei gegen das, was die Natur selbst im physischen Leib und Bildekräfteleib bei der Pflanze hervorbringt. Die Pflanze muß man einfach stehen lassen, wie sie ist, oder mit bildhauerischem Geist sie betrachten, wie Goethe sie in seiner Morphologie der Pflanzen betrachtete ... Man kann nicht die Pflanzen gestalten, sondern man kann nur die Bewegung der Pflanzen irgendwie spurhaft nachahmen.» Den Haag, 9. 4. 1922 in: «Die Bedeutung der Anthroposophie im Geistesleben der Gegenwart», Seite 65, (Dornach, 1957, vorgesehen in GA 82).

107

1 Aus dem gleichen Vortrag, Den Haag, 9. 4. 1922: «Das Tier kann man schon plastisch gestalten. Zwar ist das künstlerische Schaffen in der Tierplastik etwas anderes als dem Menschen gegenüber. Man braucht bloß ein Verständnis zu haben dafür, wie das Tier im Grunde genommen entweder ist ein Geschöpf des Atmungsprozesses; das ist der Fall, wenn man, sagen wir, die Raubtiere bildet ... Man muß das Wesen ansehen als Atmungswesen und gewissermaßen alles andere herumschaffen. Will man aber künstlerisch ein Kamel oder eine Kuh gestalten, dann muß man ausgehen vom Verdauungsprozeß und dem das ganze Tier anpassen. Kurz, man muß innerlich schauen mit künstlerischem Blick, was die Hauptsache ist. Dann findet man schon, wenn man das ... weiter differenziert, die Möglichkeit, alle verschiedenen Tiergestalten plastisch zu bilden.»

2 Über das Bilden der menschlichen Gestalt sprach Rudolf Steiner ebenfalls in diesem Vortrag (s. Anm. 1).

3 Hier sei auf das 1991 erschienene umfangreiche Werk «Der künstlerisch-handwerkliche Unterricht in der Waldorfschule», herausgegeben von Michael Martin mit zahlreichen Beiträgen verschiedener Autoren, hingewiesen. Stuttgart 1991. («Menschenkunde und Erziehung» Bd. 54)

108

1 Konferenz vom 15. 11. 1920, in GA 300/I.

2 Vgl. 1. Teil: «Hell-Dunkel-Zeichnen und Perspektive in der 6. bis 8. Klasse».

3 Konferenzen vom 12. 7. 1923 und vom 5. 2. 1924, in GA 300/III.
«. . . Was das Licht sagt, man hat es überall, indem man jede einzelne Schattierung vergleichen kann mit dem Entsprechenden des polyedrischen Körpers und des Rundkörpers. Damit hat Dürer zu gleicher Zeit mit diesem Bilde etwas geschaffen, was ganz besonders pädagogisch ist. Es gibt nichts Pädagogischeres, wenn man jemanden schattieren lernen lassen will, als dieses Bild zu verwenden . . . » Dornach, 8. 11. 1916, in: «Kunstgeschichte als Abbild innerer geistiger Impulse» (GA 292, S. 114).
Hedwig Hauck «Handarbeit und Kunstgewerbe», s. Anm. zu S. 12/1, Seite 96.
Aus der ersten Zeit der Stuttgarter Waldorfschule berichtete Max Wolffhügel in der Zeitschrift «Erziehungskunst» Jg. XVI, Heft 5/6 1952: «Rudolf Steiner und der künstlerische Handfertigkeitsunterricht in der Waldorfschule», Rudolf Steiner habe empfohlen, die Dürer-Bilder «Melancholia» und «Hieronymus» in eine Schwarz-Weiß-Schraffiertechnik und in Farbenphantasie umsetzen zu lassen als Aufgabe für die vierzehn- bis sechzehnjährigen Schüler. —
Die hier gemeinte Schrägschraffierung, die bei einem freien Gestalten aus dem Licht-Finsternis-Erlebnis heraus besonders wirksam ist, wird jedoch im allgemeinen nicht vor der 10. oder 11. Klasse im Unterricht angewendet. Für das Erarbeiten der an das Gegenständliche gebundenen Licht- und Schattenverhältnisse in der 9. Klasse wurde in der Folgezeit das flächige Arbeiten mit breiter Kohle bevorzugt.

122

1 Max Wolffhügel: «Rudolf Steiner und der künstlerische Handfertigkeitsunterricht in der Waldorfschule». Zeitschrift «Erziehungskunst», Jahrgang XVI, Heft 5/6 Juni 1952. Herausgegeben vom Bund der Freien Waldorfschulen Stuttgart. (Siehe Anm. 108, 3).

2 «Rudolf Steiners Entwürfe für die Glasfenster des Goetheanum». Mit einer Einführung von Assia Turgenieff, Erinnerungen an die Arbeit mit den Glasfenstern und Hinweise Rudolf Steiners auf dem Gebiete des Hell-Dunkel. 30 Tafeln und 14 Abbildungen im Text. Dornach 1961.

3 A. a. O., Seite 42.

123

A. a. O., Seite 42.

124

Åke Fant, Arne Klingborg, A. John Wilkes: «Die Holzplastik Rudolf Steiners in Dornach». Mit einer Einleitung von Hagen Biesantz. Dornach 1969.

125

1 Rudolf Steiner bezeichnete in seinen Farbvorträgen das Schwarz als das *geistige Bild des Toten,* Weiß als das *seelische Bild des Geistes.* Hierzu: Dornach 6. und 7. Mai 1921 (GA 291). Siehe auch Abschnitt «Grundlagen für das künstlerische Schaffen aus der Farbenlehre Rudolf Steiners».

2 Heinrich Wölfflin «Die Kunst Albrecht Dürers». München 1920. Seite 43.

127

Ausführungen darüber finden sich in einem Vortrag Rudolf Steiners: «Das Akanthusblatt». Dornach, 7. 6. 1914 in «Wege zu einem neuen Baustil», Stuttgart 1957 (GA 286).

131

Stuttgart, 21. 6. 1922, «Erziehungsfragen im Reifealter», (GA 302a).

134

Über das Malen von Mineralischem, siehe: Dornach, 8. 5. 1921 (GA 291).

135

1 Vgl. Hinweis zu Seite 108/3. Siehe auch 3. Teil: «Grundlagen für das künstlerische Schaffen aus der Farbenlehre Rudolf Steiners».

2 Hierzu K. E. Maison: Bild und Abbild. Meisterwerke von Meistern kopiert und umgeschaffen. München 1960.

3 Goethes Farbenlehre. Erste Abteilung «Physiologische Farben» (69).

4 «Dann muß man sich selber sehr stark damit durchdringen, daß das bloße Zeichnen schon etwas Unwahres hat. Das Wahrste ist das Empfinden aus der Farbe heraus, etwas unwahrer ist schon das Empfinden aus dem Hell-Dunkel heraus, und das Unwahrste ist das Zeichnen. Das Zeichnen nähert sich als solches schon durchaus jenem abstrakten Element, das als Ersterbendes in der Natur vorhanden ist. Zeichnen sollten wir eigentlich nur so, daß wir uns dabei bewußt werden: wir zeichnen im wesentlichen das Tote. Mit Farben malen sollten wir so, daß wir uns dabei bewußt sind: wir rufen aus dem Toten das Lebendige hervor.» Stuttgart, 23. 8. 1919 (GA 294), Seite 41.

136

Über das Bildmotiv der «Melancholia» und seine farbige Gestaltung findet sich ein Bericht in Marie Strakosch-Giesler: «Die erlöste Sphinx», Freiburg i. Br., 1955, Seite 14/15. Der dort referierte Vortrag Rudolf Steiners ist nicht nachgeschrieben worden.

138

Siehe Anmerkung zu Seite 136.

139

1 Siehe dazu Clemens Weiler: Alexej Jawlensky. Köln 1959.

2 Über das Baum-Motiv: Konferenz vom 5. 2. 1924 (GA 300/III).

140

1 Goethe: Sprüche in Prosa. In «Kürschners Deutsche National-Literatur», Band 117,2 (Goethes Werke, Band 36,2), 11. Abteilung. Wiedergedruckt mit Einleitung und Kommentaren in Rudolf Steiner Taschenbuch-Ausgaben, Band 14, Stuttgart 1967.

2 «Goethe als Vater einer neuen Ästhetik». Nach einem am 9. 11. 1888 in Wien gehaltenen Vortrag erstmals erschienen in Wien 1889, seither viele Einzelausgaben. In der Gesamtausgabe in «Methodische Grundlagen der Anthroposophie. Gesammelte Aufsätze zur Philosophie, Naturwissenschaft, Ästhetik und Seelenkunde», 1961 (GA 30), und in «Kunst und Kunsterkenntnis. Das Sinnlich-Übersinnliche in seiner Verwirklichung durch die Kunst», 3. Auflage 1985 (GA 271).

3 «Vom Lehrplan der Freien Waldorfschule», s. Anm. zu S. 12/2.

141

1 München, 15. und 17. 2. 1918: «Das Sinnlich-Übersinnliche in seiner Verwirklichung durch die Kunst». München, 5. und 6. 5. 1918: «Die Quellen der künstlerischen Phantasie und die Quellen der übersinnlichen Erkenntnis» (sämtl. in GA 271).

2 Konferenz vom 5. 2. 1924 (GA 300/III).

3 Torquay 1924 «Die Kunst des Erziehens aus dem Erfassen der Menschenwesenheit» (Fragenbeantwortung) (GA 311).

4 Dornach, 9. 6. 1923, in: «Das Künstlerische in seiner Weltmission», 3. Aufl. 1982 (GA 276, S. 95).

5 Sieben Schulskizzen (Friedwartskizzen), gegeben für den Malunterricht an der Friedwartschule: Sonnenaufgang, Sonnenuntergang, Bäume in sonniger Luft, Bäume im Sturm, Besonnter Baum am Wasserfall, Kopf-Studie, Madonna. Dazu Beiheft von Marie Groddeck: «Die Schulskizzen von Rudolf Steiner.» Mit Ausführungen von Rudolf Steiner zum Malunterricht in den oberen Klassen (Dornach 1959).

In einem späteren pädagogischen Vortrag sagt Rudolf Steiner darüber: «So wird gemalt in der Waldorfschule und auch in Dornach wird so gemalt, daß die Kinder zunächst das Farbenerleben malen ... So lebt sich das Kind in die Farbe ein, und dann kommt es schon nach und nach von selbst dazu, aus der Farbe die Form zu holen ...» Er zeigte mitgebrachte Bilder: «Da wird nicht ‹etwas› gemalt, sondern da wird aus der Farbe heraus gelebt. Das Etwas-Malen kann erst viel später kommen. Wenn man zu früh anfängt, ‹etwas› zu malen, dann verliert sich der Sinn für das Lebendige, dann kommt der Sinn für das Tote herauf. Wenn man dann in dieser Weise vorgeht, so ist der Übergang zu irgend etwas Gegenständlichem in der Welt ein viel lebendigerer, als wenn man nicht diese Grundlage schafft. Sehen Sie, Kinder, die erst aus der Farbe heraus haben leben lernen, ... malen dann die Insel Sizilien im Zusammenhang mit dem Geographieunterricht zum Beispiel, und es kommt dann eine Landkarte zustande. (Das Bild hatte eine siebzehnjährige Italienerin in Dornach gemacht.) So gliedert sich zusammen künstlerisches Arbeiten und sogar geographischer Unterricht», Oxford, 23. 8. 1922, in: «Die geistig-seelischen Grundkräfte in der Erziehungskunst» (GA 305, S. 143).

143

Über das Malen von Pflanzen siehe auch Dornach, 8. 5. 1921, «Farbe und Materie — Malen aus der Farbe» in: «Das Wesen der Farben» (GA 291).

145

1 Schulskizzen Rudolf Steiners, siehe Anmerkung zu S. 141/5.

2 Siehe Anm. zu S. 141/5.

147

Hierzu fand sich eine Bemerkung in einem von Rudolf Steiners Notizbüchern: «Morgenröte malen: gelbrot (zinnober): es wird hell, Abendröte malen: rotgelb (orange): es wird finster.» (Abgedruckt im Anhang zu der von Julius Hebing besorgten Ausgabe «Über das Wesen der Farben». Stuttgart, 1959, und «Rudolf Steiner-Farbenerkenntnis» (GA 291 a), Seite 316. Dornach 1990. Vgl. dazu Goethe: «Das Rotgelbe (orange) gibt eigentlich dem Auge das Gefühl von Wärme und Wonne, indem es die Farbe der höhern Glut sowie den mildern Abglanz der untergehenden Sonne repräsentiert» und vom Gelbrot (Zinnober) sagt er: «Das angenehme Gefühl, das uns das Rotgelbe noch gewährt, steigert sich bis zum unerträglich Gewaltsamen im hohen Gelbrot. Die aktive Seite ist hier in ihrer höchsten Energie ...» (Farbenlehre, 773—775).

148

Hierzu «Neun Schulungsskizzen für Maler. Naturstimmungen.» Mit einer Einführung von Hilde Boos-Hamburger. Dornach 1962. — Neun farbige Einzelblätter im Originalformat nach den Pastellskizzen, die Rudolf Steiner der Malerin Henny Geck, auf ihre Bitte hin, als Anfang eines malerischen Schulungsweges gab.

150

1 Dornach, 7. 5. 1921 (GA 291).
2 Dornach, 6. 5. 1921 (GA 291).

152

Dornach, 8. 5. 1921 (GA 291).

154

24. 9. 1921 «Anthroposophie als Kosmosophie» I. Teil: Wesenszüge des Menschen im irdischen und kosmischen Bereich». (GA 207, Seite 42).
Zum Thema: «Der Mensch als Motiv» auch insbesondere: München, 15. und 17. 2. 1918 «Das Sinnlich-Übersinnliche in seiner Verwirklichung durch die Kunst» (GA 271); Wien, 1. 6. 1918 «Das Sinnlich-Übersinnliche. Geistige Erkenntnis und künstlerisches Schaffen» (GA 271).

155

Berlin, 13. 2. 1913 «Lionardos geistige Größe am Wendepunkt zur neueren Zeit». In «Ergebnisse der Geistesforschung» (GA 62).
Dornach, 8. 11. 1916 «Kunstgeschichte als Abbild innerer geistiger Impulse», (GA 292).

156

Diderots Versuch über die Malerei. Bei Kürschner Band 110, (Goethes Werke Band 29), Hrsg. von Düntzer, S. 255 ff.

165

Diese Ausführungen beziehen sich auch im folgenden auf einen der drei Farbenvorträge, Dornach, 8. 5. 1921 (in GA 291). Im anschließenden Kapitel über die Farbenlehre werden diese Begriffe eingehend behandelt.

167

1 «Das Höchste». Gedichte der dritten Periode.
2 Siehe Anmerkung zu Seite 152.

171

1 «Mein Lebensgang» (GA 28), Kapitel V, 7. Auflage 1962, Seite 69.
2 «Goethes Naturwissenschaftliche Schriften» (GA 1), Ausgabe 1975, Band 1, Seite LXXIII.

172

1 Rudolf Steiner schreibt darüber in «Mein Lebensgang», Kapitel IX, Ausgabe 1962, Seite 151 ff.: «Ich glaubte bald zu erkennen, daß das noch Unveröffentlichte einen wichtigen Beitrag lieferte, um namentlich Goethes Erkenntnisart genauer zu durchschauen.
Ich hatte in meinen bis dahin veröffentlichten Schriften diese Erkenntnisart so aufgefaßt, daß Goethe in der Anschauung lebte, der Mensch stehe zunächst mit seinem gewöhnlichen Bewußtsein dem wahren Wesen der ihn umgebenden Welt ferne. Und aus diesem Ferne-Stehen sproßt der Trieb auf, *vor* dem Erkennen der Welt erst Erkenntniskräfte in der Seele zu entwickeln, die im gewöhnlichen Bewußtsein nicht vorhanden sind.
Von diesem Gesichtspunkte aus war es bedeutungsvoll für mich, wenn aus Goethes Papieren mir Ausführungen wie die folgenden entgegentraten:
‹Um uns in diesen verschiedenen Arten einigermaßen zu orientieren (Goethe meint die verschiedenen Arten des Wissens im Menschen und seines Verhältnisses zur Außenwelt), wollen wir sie einteilen in: Nutzende, Wissende, Anschauende und Umfassende.

1. Die Nutzenden, Nutzensuchenden, Fordernden sind die ersten, die das Feld der Wissenschaft gleichsam umreißen, das Praktische ergreifen. Das Bewußtsein durch Erfahrung gibt ihnen Sicherheit, das Bedürfnis eine gewisse Breite.
2. Die Wißbegierigen bedürfen eines ruhigen, uneigennützigen Blickes, einer neugierigen Unruhe, eines klaren Verstandes und stehen immer im Verhältnis mit jenen; sie verarbeiten auch nur im wissenschaftlichen Sinne dasjenige, was sie vorfinden.
3. Die Anschauenden verhalten sich schon produktiv, und das Wissen, indem es sich selbst steigert, fordert, ohne es zu bemerken, das Anschauen und geht dahin über, und so sehr sich auch die Wissenden vor der Imagination kreuzigen und segnen, so müssen sie doch, ehe sie sich versehen, die produktive Einbildungskraft zu Hilfe rufen.
4. Die Umfassenden, die man in einem stolzen Sinne die Erschaffenden nennen könnte, verhalten sich im höchsten Sinne produktiv, indem sie nämlich von Ideen ausgehen, sprechen sie die Einheit des Ganzen schon aus, und es ist gewissermaßen nachher die Sache der Natur, sich in diese Idee zu fügen.›
Klar wird aus solchen Bemerkungen: Goethe ist der Ansicht, der Mensch steht mit der gewöhnlichen Bewußtseinsform *außerhalb* des Wesens der Außenwelt. Er muß zu einer anderen Bewußtseinsform übergehen, wenn er mit diesem Wesen sich erkennend vereinigen will. Mir war während meines Weimarer Aufenthaltes die Frage immer entschiedener aufgetaucht: wie soll man auf den Erkenntnisgrundlagen, die Goethe gelegt hat, weiterbauen, um von *seiner* Anschauungsart aus denkend zu derjenigen hinüberzuleiten, die *geistige Erfahrung*, wie sie sich mir ergeben hatte, in sich aufnehmen kann?»
«Das erkennende Erleben im Geiste ist damit allerdings noch nicht gegeben; aber der Weg dazu ist von der *einen* Seite her vorgezeichnet, von derjenigen, die sich aus dem Verhältnis des Menschen zur Außenwelt ergibt. Vor meiner Seele stand, daß erst im Erfassen der anderen Seite, die sich aus dem Verhältnis des Menschen zu sich selbst ergibt, Befriedigendes kommen könne.»
«... Eine Verständigung des menschlichen Bewußtseins mit sich selbst müsse zuerst bewirkt werden; dann könne man die Rechtfertigung des rein geistig Erlebten finden. Solche Wege nahmen meine Gedanken, ihre früheren Formen deutlicher wiederholend, als ich über Goethes Papieren in Weimar saß.»

2 «Grundlinien einer Erkenntnistheorie der Goetheschen Weltanschauung» (GA 2).

3 «Die Philosophie der Freiheit» (GA 4).

4 Brief vom 18. 7. 1891 an Richard Specht. Briefe Band I: Aus den Jahren 1881—1891. Dornach 1955, Seite 196 (jetzt in GA 38).

5 Gespräch mit Eckermann am 19. 2. 1829. Eckermann «Gespräche mit Goethe».

6 Gespräch mit Eckermann am 18. 3. 1831.

173

1 Eine Zusammenstellung entsprechender Vorträge Rudolf Steiners findet sich auf Seite 244.

2 «Geisteswissenschaftliche Impulse zur Entwicklung der Physik. Erster naturwissenschaftlicher Kurs. Licht, Farbe, Ton — Masse, Elektrizität, Magnetismus». (GA 320), 2. Auflage 1964.
«Zweiter naturwissenschaftlicher Kurs. Die Wärme auf der Grenze positiver und negativer Materialität». (GA 321), 3. Auflage 1982.

3 Dornach, 13. 5. 1921, Einzelausgabe: «Perspektiven der Menschheitsentwicklung», (GA 204, S. 247).

4 Dornach, 7. 5. 1921 «Das Wesen der Farben» (GA 291), Seite 52.

174

1 Goethes Farbenlehre, 6. Abt. «Sinnlich-sittliche Wirkung der Farbe» (919/920).

2 Dornach, 1. 1. 1915 (GA 291), Seite 99 ff.

176

1 Dornach, 26. 7. 1914 (GA 291), Seite 87 ff.

2 Dornach, 9. 6. 1923 «Das Künstlerische in seiner Weltmission» (GA 276), 3. Auflage 1982, Seite 98 ff.

177

1 Kristiania, 20. 5. 1923 (GA 276), 1982, Seite 136/37. Siehe auch M. Jünemann «Leben mit der Farbe», oben Seite 33 ff.

2 Dornach, 29. 7. 1923 (GA 291).

180

1 Hermann Diels «Die Fragmente der Vorsokratiker». Band 1, Seite 136, 6. Auflage. Berlin 1951.
Friedrich Hiebel «Die Botschaft von Hellas», Seite 27 ff., Bern 1953. (Bei Hiebel finden sich weitere Literaturhinweise zu diesem Thema. Der erste, der auf die andersartige Farbwahrnehmung der Griechen aufmerksam machte, war demnach schon 1858 Gladstone).

2 Edm. Veckenstedt «Geschichte der griechischen Farbenlehre». Gerstenberg, Hildesheim 1973. Nachdruck der Ausgabe Paderborn 1888, Seite 15. (Veckenstedt möchte mit seinem Buch die Auffassung über eine vermutete Blaublindheit der Griechen, wie sie in der Gelehrtenwelt seiner Zeit auftrat, widerlegen. Das zutage geförderte Material ist jedoch eher geeignet, die Gegenansicht zu stützen.)

3 Dornach, 20. 3. 1920 «Heilfaktoren für den sozialen Organismus» (GA 198), Ausg. 1969, S. 16 ff.

4 Dornach, 5. 12. 1920 (GA 291).

182

1 A. a. O., Seite 121 ff.

2 Dornach, 6., 7. und 8. Mai 1921 (GA 291).

188

«Über das Wesen der Farben», hrsg. v. Julius Hebing, Stuttgart 1959, Seite 68.

191

Ph. O. Runge «Die Farbenkugel und andere Schriften zur Farbenlehre», mit einem Nachwort von J. Hebing. Stuttgart 1959. Siehe auch Hinweis zu Seite 32.

192

Dornach, 2. 6. 1923 (GA 276), Seite 48.

194

1 Nähere Ausführungen über das Malen von Mineralischem, Pflanzlichem, Tierischem und des Menschen in: «Bild- und Glanzwesen der Farben – ein Ausblick». Beitrag des Verfassers mit 8 Farbtafeln in dem Buch «Welt, Farbe und Mensch» von Julius Hebing. Hrsg. von H. Berthold-Andrae, Stuttgart 1983. Siehe auch Anmerkung zu Seite 13.

2 Dornach, 5. und 26. 7. 1914, in: «Wege zu einem neuen Baustil» (GA 286).

197

1 «Bilder okkulter Siegel und Säulen. Der Münchner Kongreß Pfingsten 1907 und seine Auswirkungen» (Mappe mit Text, Abbildungen und Tafeln). 1977 (GA 284/285).

2 «Vier Mysteriendramen», 4. Auflage 1981 (GA 14).

3 Bern, 29. 6. 1921 «Der Baugedanke des Goetheanum», mit über 100 Abbildungen. 2. Auflage Stuttgart 1958 (GA 290).

4 A. a. O. Auch Den Haag, 9. 4. 1922 in: «Die Bedeutung der Anthroposophie im Geistesleben der Gegenwart» (Dornach 1957, vorges. in GA 82).

198

1 Erinnerungen an diese Zeit finden sich in vielen biographischen Aufzeichnungen. Besonders zuständig erscheinen die Schilderungen von zwei bedeutenden Künstlerinnen:
Margarita Woloschin «Die Grüne Schlange», Lebenserinnerungen. 6. Auflage, Stuttgart 1982.
Assia Turgenieff: «Erinnerungen an Rudolf Steiner und die Arbeit am ersten Goetheanum», 3. Aufl., Stuttgart 1982. Assia Bugajeff geb. Turgenieff war mit dem Dichter Andrej Belyj (Boris Bugajeff) verheiratet, dessen Erinnerungen an Rudolf Steiner 1929 geschrieben, aber jetzt zum erstenmal veröffentlicht wurden. Sie enthalten auch sehr lebendige Schilderungen aus der Zeit des ersten Goetheanums. Andrej Belyj: «Verwandeln des Lebens — Erinnerungen an Rudolf Steiner». Basel 1975.

2 Rudolf Steiner: «Zwölf Entwürfe für die Malerei der großen Kuppel des ersten Goetheanum», hrsg. von Marie Steiner, Dornach 1930.
«Rudolf Steiners Entwürfe für die Malerei der kleinen Kuppel des ersten Goetheanum», hrsg. und eingeleitet von Assia Turgenieff. Dornach 1962.

199

1 Åke Fant, Arne Klingborg, A. John Wilkes: «Die Holzplastik Rudolf Steiners in Dornach». Dornach 1969.

2 Siehe Anmerkung zu Seite **198/2.** Hierzu auch: Bern, 29. 6. 1921 (GA 290). Dornach, 25. 1. 1920 «Architektur, Plastik und Malerei des ersten Goetheanum» — drei Vorträge, Dornach, 23., 24. und 25. 1. 1920. Einzelausgabe Dornach 1982 (Vorabdruck aus GA 289).

3 Bern, 29. 6. 1921 (GA 290), Seite 93 ff.

4 D. van Bemmelen: «Rudolf Steiners farbige Gestaltung des Goetheanum». Stuttgart 1973.

200

Siehe Anmerkung zu Seite **141/5**

202

1 In anderem Zusammenhang entstand eine Pastellskizze «Elementarwesen», reproduziert in Originalgröße als Einzelblatt. Dornach 1961.

2 «Rudolf Steiners Entwürfe für die Glasfenster des Goetheanum». Mit einer Einführung von Assia Turgenieff. Dornach 1961, Seite 46. Dazu München 15. und 17. 2. 1918 (GA 271).

203

1 Dornach, 25. 1. 1920, Dornach 1982, Seite 53.

2 Aus Strakosch-Giesler: «Die erlöste Sphinx». Freiburg i. Br. 1955.

3 Nach Louise v. Blommestein: «Wie Rudolf Steiner uns vormalte», in Hauck: «Handarbeit und Kunstgewerbe», siehe Anm. zu Seite 12/1. Seite 268 ff.

205

Siehe Anmerkung zu Seite **148.**

206

Siehe dazu «Rudolf Steiners malerischer Impuls. Ein Werkverzeichnis». Dornach 1971.

209

Dornach, 26. 7. 1914 in: «Wege zu einem neuen Baustil» (GA 286).

210

1 Bern, 29. 6. 1921 (GA 290), Seite 42.

2 Wiedergegeben im Katalog «50 Jahre Bauhaus». Stuttgart, Württembergischer Kunstverein 1968.

213

Rex Raab: «Sprechender Beton. Wie Rudolf Steiner den Stahlbeton verwendete». Dornach 1972.

214

1 Dornach, 26. 7. 1914 (GA 286), 1957, Seite 72.

2 Dornach, 17. 6. 1914 (GA 286), 1957, Seite 31.

215

1 «Goethe als Vater einer neuen Ästhetik» (GA 271). Siehe Anm. zu S. 140/2.

2 A. a. O. (GA 271), S. 23.

216

1 A. a. O. (GA 271), S. 27.

2 A. a. O. (GA 271), S. 22.

3 A. a. O. (GA 271), S. 30.

217

1 A. a. O. (GA 271), S. 26 ff.

2 Goethe «Wahrheit und Dichtung» IV, 18. Buch, Band 20, Seite 95 in Kürschners «Deutsche Nationalliteratur».

218

1 «Goethe als Vater ...» (GA 271), Seite 29/32 ff.

2 München, 15. und 17. 2. 1918 (GA 271).

3 München, 17. 2. 1918 (GA 271), Seite 111.

219

Walter Hess «Dokumente zum Verständnis der modernen Malerei». Hamburg 1956, Seite 17.

220

1 München, 15. 2. 1918. (GA 271), Seite 93/94.

2 A. a. O. Seite 100/101.

3 Siehe Anm. zu Seite 202/2.

221

Dornach, 11. 9. 1920 in: «Geisteswissenschaft als Erkenntnis der Grundimpulse sozialer Gestaltung», 1967 (GA 199).

222

1 A. a. O., S. 257 ff.

2 Dornach, 7. 12. 1918 in: «Die soziale Grundforderung unserer Zeit. In geänderter Zeitlage», 2. Auflage 1979 (GA 186).

223

A. a. O., S. 124/25.

Bibliographische Hinweise

Ausführungen Rudolf Steiners über den Mal- und Zeichenunterricht in pädagogischen Vorträgen und in den Konferenzen mit den Lehrern der Freien Waldorfschule in Stuttgart 1919—1924.

1. Erziehungskunst. Methodisch-Didaktisches (GA 294).
   3. Vortrag (Die beiden künstlerischen Strömungen: die plastisch-bildnerische und die musikalisch-dichterische. Hinweis auf die Kuppelmalerei. Farbe, Hell-Dunkel, Linie).
   4. Vortrag (Die erste Schulstunde. Handgeschicklichkeit, Zeichnen und Malen. Unterscheidung von Schönem und weniger Schönem beim Malen).

2. Erziehungskunst, Seminarbesprechungen und Lehrplanvorträge (GA 295) 2., 3. und 4. Seminarbesprechung (Zeichenmotive).
   2. Lehrplanvortrag (Formenzeichnen, Plastizieren, Schattenlehre).

3. Meditativ erarbeitete Menschenkunde (GA 302 a).
   2. und 3. Vortrag (Die plastisch-bildnerische und die musikalisch-sprachliche Strömung).

4. Die gesunde Entwickelung des Leiblich-Physischen als Grundlage der freien Entfaltung des Seelisch-Geistigen (GA 303).
   12. Vortrag (Das Kind vom 10. bis 14. Lebensjahr — Pädagogik und Didaktik. Malen aus dem Tiegel mit aufgelöster Farbe. Farbaustausch- und Farbveränderungsübungen)
   14. Vortrag (Die ästhetische Erziehung im Besonderen).

5. Die geistig-seelischen Grundkräfte der Erziehungskunst (GA 305).
   6. Vortrag (Gedächtnisarme und gedächtnisreiche Kinder und ihre Behandlung im Malunterricht).
   7. Vortrag (Über Farberleben und Malunterricht, Malen von Landkarten).

6. Die pädagogische Praxis vom Gesichtspunkte geisteswissenschaftlicher Menschenerkenntnis (GA 306).
   4. Vortrag (Schreibenlernen aus dem malenden Zeichnen heraus).
   5. Vortrag (Farbenperspektive — geschmeidige Vorstellungen, Empfindungen und Willensaktionen aus dem Farbenempfinden heraus).

7. Gegenwärtiges Geistesleben und Erziehung (GA 307).
   12. Vortrag (Malerisch-zeichnerischer Unterricht. Belebung des Sehvermögens durch Plastizieren. Kunstunterricht).
   13. Vortrag (Handfertigkeitsunterricht und freies Schaffen. Hinweis auf lebendige Malkunst.)

8. Die Kunst des Erziehens aus dem Erfassen der Menschenwesenheit (GA 311).
4. Vortrag (Formenzeichnen, Symmetrieübungen. Hinweis auf Farbenharmonik bei den Kindern — Farbenumkehr- und Farbenaustauschübungen).
Fragenbeantwortung nach dem 7. Vortrag (Ausführliche Abhandlung über den Zeichen- und Malunterricht — Beispiel: Malen eines Baumes).

9. Konferenzen Rudolf Steiners mit den Lehrern der Freien Waldorfschule in Stuttgart 1919—1924 (GA 300/1 — 300/3).

22. Dez. 1919	(Mit Aquarellfarben malen, nicht mit Stiften)
15. Nov. 1920	(Hinweise über Farbenaufbau. Farbenmärchen. Malen von Plakaten)
17. Juni 1921	(Abwechseln von Plastizieren und Malen)
16. Nov. 1921	(Farben-Austausch- und Veränderungsübungen. Künstlerischer Epochenunterricht)
28. April 1922	(Malunterricht von Prof. Cizek, Wien. Kunstunterricht in der 8. Klasse: die Motive Albrecht Dürers)
15. Okt. 1922	(Farbe und vergleichende Anatomie)
9. Dez. 1922	(Kunstunterricht in der 9. Klasse — Hell-Dunkel bei Dürer und Rembrandt)
25. April 1923	(Hinweis auf die Malereien der Kinder an der Fortbildungsschule in Dornach — Sonnenaufgang und Sonnenuntergang — Regenstimmung im Wald).
3. Juli 1923	(Auf aufgespanntes Papier malen lassen)
12. Juli 1923	(Hinweis auf Dürers Kupferstich «Melancholia»)
18. Dez. 1923	(Malaufgabe für einen Schüler)
25. Febr. 1924	(Wichtige Hinweise für das Malen in der Oberstufe — Beispiel: Malen eines Baumes — Umsetzen von Schwarz-Weiß in Farbenphantasie.)

Ausführungen Rudolf Steiners über Farbe und Malerei

1. Vor dem Tore der Theosophie (GA 95).
1. und 2. Vortrag (Farbe von Ätherleib, Astralleib und Ich. Astralwelt — Welt der Farben).

2. Die Welt der Sinne und die Welt des Geistes (GA 134).
2. Vortrag (Erleben von Grün. Pflanzenblatt — Baumrinde. Rotwangigkeit. Werden und Vergehen).

3. Die geistigen Wesenheiten in den Himmelskörpern und Naturreichen (GA 136).
1. Vortrag (Moralisches Erleben der Farben, Blau, Grün, Weiß).

4. Wege zu einem neuen Baustil (GA 286).
4. Vortrag «Die wahren ästhetischen Formgesetze» (Farbe bei Tier und Mensch).
5. Vortrag «Die schöpferische Welt der Farbe» (Färbung der Tiere, Farbdynamik: Erleben von Rot und Blau — Farbwirbel).

5. Der Dornacher Bau als Wahrzeichen geschichtlichen Werdens und künstlerischer Umwandlungsimpulse (GA 287).
5. Vortrag (Der zeichnerische und der koloristische Pol in der Malerei. Malen von beleuchteten Wolken. Das Flutende der Farbenwelt).

6. Kunst im Lichte der Mysterienweisheit (GA 275).
   2. Vortrag «Umwandlungsimpulse für die künstlerische Evolution der Menschheit I» (Die Künste und die Wesensglieder des Menschen).
   3. Vortrag «Umwandlungsimpulse für die künstlerische Evolution der Menschheit II» (Das Malerische — Projektion der astralischen Innerlichkeit).
   5. Vortrag «Das moralische Erleben der Farben und Tonwelt». (Erleben von Rot, Orange, Gelb, Grün, Blau. Das Roterleben: Gottes Zorn und Gottes Barmherzigkeit).
   6. Vortrag «Plastisch-architektonisches Bilden I» (Morgenröte — Weben der Elohim).

7. Die Verbindung zwischen Lebenden und Toten (GA 168).
   1. Vortrag (Farberleben Rot, Blau, Grün).

8. Erdensterben und Weltenleben. Anthroposophische Lebensgaben. Bewußtseins-Notwendigkeit für Gegenwart und Zukunft (GA 181).
   9. Vortrag (Farben der Erde, von der geistigen Seite aus geschaut).
   16. Vortrag (Der Dornacher Bau. Malerei. Farbige Aura — selbstleuchtende Objekte).

9. Kunst und Kunsterkenntnis (GA 271).
   2 Vorträge «Das Sinnlich-Übersinnliche in seiner Verwirklichung durch die Kunst» (Zwei Ursprünge der Kunst, Impressionismus und Expressionismus. Malen von Menschen, Porträt. Rot-Gelb, Blau-Violett lebendig erlebt).
   Vortrag «Die Quellen der künstlerischen Phantasie und die Quellen der übersinnlichen Erkenntnis» (Künstler und Seher, Inkarnat)
   Vortrag «Das Sinnlich-Übersinnliche. Geistige Erkenntnis und künstlerisches Schaffen».
   Vortrag «Der übersinnliche Ursprung des Künstlerischen» (Malerei. Farbe wird in der astralischen Welt erlebt)

10. Architektur, Plastik und Malerei des ersten Goetheanum, Drei Vorträge, Dornach 23., 24. und 25. 1. 1920 (Dornach 1972).
    3. Vortrag «Die Kuppelmalerei. Das Goetheanum als Wahrzeichen der Anthroposophie» (Wesen der Farbe).

11. Der Baugedanke von Dornach, Drei Vorträge, Dornach 2., 9. und 16. 10. 1920 (Dornach 1942).
    2. Vortrag (Melancholia von Dürer. Horizont — Erlebnis der sich begrenzenden Farben).

12. Die Brücke zwischen der Weltgeistigkeit und dem Physischen des Menschen (GA 202).
    5. Vortrag «Licht und Finsternis als zwei Welt-Entitäten» (Entwicklung der Farbwahrnehmung. Rot — Vergangenheit, Blau — Zukunft).
    6. Vortrag «Das Leben im Licht und in der Schwere.»

13. Das Wesen der Farben (GA 291).
    1. Vortrag «Das Farbenerlebnis — Die vier Bildfarben».
    2. Vortrag «Bildwesen und Glanzwesen der Farben».
    3. Vortrag «Farbe und Materie — Malen aus der Farbe».

14. Der Baugedanke des Goetheanum (GA 290).
    (Malerei der kleinen Kuppel — Dynamik der Farben. Motiv Faust und Kind: Blau — Orange).

15. Anthroposophie als Kosmosophie I. Teil (GA 207).
2. Vortrag (Regenbogen und Inkarnat. Quelle des Farbigen im Menscheninneren).

16. Stilformen des Organisch-Lebendigen, Zwei Vorträge, Dornach 28. und 30. 12. 1921 (Dornach 1933).
1. Vortrag «Gestaltung der schaffenden Kräfte in der Natur» (Durch die Kuppelmalerei Zusammenhang mit dem Kosmos. Durch die Malereien soll man durchschauen können).
2. Vortrag «Die Kunst — eine Offenbarung geheimer Naturgesetze» (Malerei und Motive der großen und kleinen Kuppel).

17. Vom Leben des Menschen und der Erde (GA 349).
2. Vortrag «Vom Wesen der Farbe» (Morgen- und Abendröte. Pflanzenfarben — Rot, Blau und Gelb).
3. Vortrag «Farbe und Menschenrassen»

18. Das Künstlerische in seiner Weltmission (GA 276).
3. Vortrag (Über Malerei. Farbe in der Mineral- und Pflanzenwelt. Farbe der Edelsteine. Farbenperspektive).
5. Vortrag (Raffaels Sixtinische Madonna — dem Augenblick wird Ewigkeit verlichen. Stifters Großmutter: Abendröte — Kleider der Gottesmutter).
6. Vortrag (Metalle und Planeten. Goldfarbe, Malerische Motive: Malen von Bäumen, Malen von Menschen. Farbe der Beleuchtung, Farbe des Inkarnats. Madonna. Tizians «Himmelfahrt der Maria». Impressionismus und Expressionismus. Kunst und Unkunst).
7. Vortrag «Anthroposophie und Kunst» (Farbe als Offenbarung des Seelischen in der Welt. Die Bildfarben Grün, Pfirsichblut, Weiß und Schwarz).
8. Vortrag «Anthroposophie und Dichtung» (Bild- und Glanzfarben. Malen einer gelben und einer blauen Gestalt. Maler der Renaissance — Leben im Seelisch-Geistigen der Farbe. Das Naturgemäße des Malens).

19. Initiationswissenschaft und Sternenerkenntnis (GA 228). «Die geistigen Individualitäten unseres Planetensystems. Schicksalsbestimmende und menschenbefreiende Planeten».
3. Vortrag (Maß, Zahl und Gewicht. Frei schwebende Sinnesempfindungen, frei schwebende Farbe. Ikona und Madonna. Goldgrund. Cimabue — Giotto — Raffael. Malerische Versuche in Dornach).

20. Die Weltgeschichte in anthroposophischer Beleuchtung (GA 233). «Mysterienstätten des Mittelalters — Rosenkreuzertum und modernes Einweihungsprinzip».
1. Vortrag (4. 1. 1924) (Die Hierarchien und das Wesen des Regenbogens).

21. Esoterische Betrachtungen karmischer Zusammenhänge Bd. III (GA 237).
2. Vortrag (Farben der Äther- und Astralatmosphäre).
5. Vortrag (Aurische Farben über Pflanzen- und Tierwelt).

22. Aus zwei nicht mitgeschriebenen Vorträgen Rudolf Steiners über Malerei während des Jugendkurses 1922 in Stuttgart finden sich nachträgliche Aufzeichnungen in «Die erlöste Sphinx» von M. Strakosch-Giesler. Freiburg/Br. 1955.
1. Vortrag (Malerische Motive: Sonnenaufgang, Mondstimmung, Gesicht im Profil, Teufel- und Engelwesen).
2. Vortrag (Über Pflanzenfarben und das Pflanzenwesen. Farbenperspektive. Umsetzen der «Melancholia» von Dürer in Farben. Das Antlitz des Menschen).

MENSCHENKUNDE UND ERZIEHUNG
Schriften der pädagogischen Forschungsstelle beim Bund der Freien Waldorfschulen

3
GERBERT GROHMANN
Erste Tier- und Pflanzenkunde in der Pädagogik Rudolf Steiners
148 Seiten, kartoniert

7
ERNST BINDEL
Logarithmen für jedermann
Elementare Einführung mit Hinweisen auf höhere Gesetzmäßigkeiten
98 Seiten, kartoniert

8
WILLI AEPPLI
Sinnesorganismus – Sinnesverlust – Sinnespflege
Die Sinneslehre Rudolf Steiners in ihrer Bedeutung für die Erziehung
113 Seiten, kartoniert

11
WALTER HOLZAPFEL
Krankheitsepochen der Kindheit
94 Seiten, kartoniert

12
FRITS H. JULIUS
Grundlagen einer phänomenologischen Chemie
Teil 1: Zum Chemieunterricht der Mittelstufe
88 Seiten, kartoniert

17
KARL KÖNIG
Die ersten drei Jahre des Kindes
Erwerb des Aufrechten Ganges, Erlernen der Muttersprache, Erwachen des Denkens
110 Seiten, kartoniert

21
HILDEGARD GERBERT
Menschenbildung aus Kunstverständnis
Kunstgeschichte und Ästhetik in der Oberstufe der Waldorfschule
162 Seiten, kartoniert

22
HEINZ MÜLLER
Von der heilenden Kraft des Wortes und der Rhythmen
Die Zeugnissprüche in der Erziehungskunst Rudolf Steiners
117 Seiten, kartoniert

23
FRITS H. JULIUS
Das Tier zwischen Mensch und Kosmos
Neue Wege zur Charakterisierung der Tiere
324 Seiten, kartoniert

25
F. CARLGREN / A. KLINGBORG
Erziehung zur Freiheit
Die Pädagogik Rudolf Steiners
Bilder und Berichte aus der internationalen Waldorfschulbewegung
264 Seiten mit zahlreichen Abbildungen, kartoniert

27
E. DÜHNFORT / E. M. KRANICH
Der Anfangsunterricht im Schreiben und Lesen
in seiner Bedeutung für das Lernen und die Entwicklung des Kindes
87 Seiten, kartoniert